Elogios para Sandra Cisneros y
Una casa propia

"Un talento feroz. Nadie escribe como Cisneros... *Una casa propia* es una recopilación de historias verdaderas y narraciones que conforman una 'autobiografía tipo rompecabezas' de la autora". —Jezebel

"Un viaje mágico y extraordinario. Sandra Cisneros me hace sentir feliz de ser lectora, contenta de que ella sea escritora, y aún más eufórica de que ella sea parte de nuestro mundo. ¡Lee este libro y prepárate a reír, llorar y gozar!"

—Edwidge Danticat

"Cisneros está ahí mismo en el cuarto, con una ferocidad sincera, cálida y atenta y nos habla de todo... Un salón literario cargado de cuentos y escritores, *Una casa propia* hace honor a su proceso y sus influencias y llama la atención a los puntos cruciales y difíciles de su desarrollo. Como un manifiesto, reafirma el credo artístico de Cisneros".

—*The Atlanta Journal-Constitution*

"En un tono íntimo y acogedor, sentimos que estamos sentados justo al lado de [Cisneros] mientras toma un té (o quizás un tequila) en su casa de México, y relata sus aventuras con una sonrisa, 'Ay, Dios mío' ". —*Los Angeles Review of Books*

"[Cisneros] ha documentado su vida a través de una mezcla de ensayos, poesía, y un grito de guerra". —Oprah.com

"Cisneros ha escrito aquí lo que bien podría ser el mejor libro de memorias del año... Un feroz retrato de una artista y su búsqueda, de los caminos tomados y los no tomados para encontrar su propia casa".

—*Library Journal* (starred review)

"[Cisneros] nos abre las puertas a la casa de su vida, y todos nos sentimos privilegiados de cruzar el umbral".

—*The Austin Chronicle*

"A lo largo de cada historia, aunque escritas por diversos propósitos y para distintas personas, Cisneros moldea sus palabras como si fueran barro... [Sus] palabras harán que sus seguidores la quieran más, y también atraerán a nuevos lectores a sus otras obras al terminar este libro".

—*The Washington Times*

"La voz seria pero informal de Cisneros resuena a lo largo de este libro, con un sentido del humor y cierta urgencia".

—*Pasatiempo* (Santa Fe)

"Acogedor y profundamente gratificante". —NBC News

"Precioso". —*The Rumpus*

"Un franco, accesible análisis de múltiples temas intercalados con el estilo amable y autocrítico de Cisneros".

—*Albuquerque Journal*

Sandra Cisneros

Una casa propia

Sandra Cisneros nació en Chicago en 1954. Internacionalmente aclamada por sus obras de poesía y ficción, entre sus galardones se cuentan numerosos premios incluyendo el Lannan Literary Award, el American Book Award, y el Thomas Wolfe Prize, así como también dos becas del National Endowment for the Arts y del MacArthur Foundation. Cisneros es autora de dos célebres novelas, *La casa en Mango Street* y *Caramelo,* una colección de cuentos cortos, *El arroyo de la Llorona y otros cuentos,* dos libros de poesía, un libro infantil *Hairs/Pelitos*, y *¿Has visto a Maria?*, una fábula para adultos ilustrada por Ester Hernández. Su obra ha sido traducida a más de veinte idiomas. Cisneros creó las fundaciones Alfredo Cisneros del Moral y Macondo, que dan apoyo a escritores. Visítala en línea en www.sandracisneros.com.

Liliana Valenzuela ha traducido obras de Sandra Cisneros, Julia Alvarez, Denise Chávez, Nina Marie Martínez, Ana Castillo, Dagoberto Gilb, Richard Rodríguez, Rudolfo Anaya, Cristina García, Gloria Anzaldúa y muchos otros escritores. En 2006 recibió el premio Alicia Gordon Award for Word Artistry in Translation y ha sido miembro de la mesa directiva del American Translators Association. Poeta, ensayista y periodista, su obra ha aparecido en numerosas publicaciones como *The Edinburgh Review*, *Indiana Review* y *Huizache*. Su poemario bilingüe *Codex of Journeys: Bendito camino* está disponible de Mouthfeel Press. Originaria de la Ciudad de México, vive en Austin, Texas. Visítala en línea en www.LilianaValenzuela.com y www.ahorasi.com.

OTRAS OBRAS DE SANDRA CISNEROS

¿Has visto a María?

Caramelo

El arroyo de la Llorona

La casa en Mango Street

Loose Woman (poesía)

My Wicked Wicked Ways (poesía)

Hairs/Pelitos (libro infantil)

Vintage Cisneros (antología)

Una casa propia

Una casa propia

Historias de mi vida

Sandra Cisneros

Traducido por Liliana Valenzuela

Vintage Español

UNA DIVISIÓN DE PENGUIN RANDOM HOUSE LLC

NUEVA YORK

PRIMERA EDICIÓN VINTAGE ESPAÑOL, SEPTIEMBRE 2016

Se agradece a los siguientes por su permiso de reimprimir material previamente publicado:
Arte Público Press: "I Salute the Dead (Darkness Under the Trees)" de *The Sadness of Days* por Luis Omar Salinas, copyright © 1987 por Arte Público Press, University of Houston. Reimpreso con el permiso de Arte Público Press, University of Houston.
Princeton University Press: Fragmento de "Ithaka" de *Collected Poems* por C.P. Cavafy, copyright © 1992. Reimpreso con permiso de Princeton University Press, administrado por Copyright Clearance Center, Inc.

La página 401 constituye una extensión de la página de copyright (derechos de autor).

Información de catalogación de publicaciones disponible en la Biblioteca del Congreso de los Estados Unidos.

Vintage Español ISBN en tapa blanda: 978-0-345-80718-2
eBook ISBN: 978-0-385-35136-2

Fotografía de la portada por Diana Solís
Imagen de la contraportada y el lomo de la sobrecubierta: Mingei International Museum / Art Resource, N.Y.
Diseño de la sobrecubierta por Stephanie Ross
Diseño del libro por Cassandra J. Pappas

Para venta exclusiva en EE.UU., Canadá, Puerto Rico y Filipinas.

vintageespanol.com

Impreso en los Estados Unidos de América
10 9 8 7 6 5 4 3 2 1

Para Tey Diana Rebolledo, fe

Carla Trujillo, ánimo

Ruth Béhar, inspiración

Macarena Hernández, corazón

Josie F. Garza, devoción

Y para iluminación, Norma Alarcón

La perla es la autobiografía de la ostra.

—FEDERICO FELLINI

Contenido

Una casa propia

Mi escritorio en mi apartamento de Bucktown, Chicago, cuando estaba escribiendo *La casa en Mango Street*

Introducción

Hace mucho tiempo, es decir ayer, yo advertía el paso del tiempo según la letra de imprenta de mis manuscritos. Me refiero a ayer AC: Antes de las Computadoras. Yo tenía un surtido de máquinas de escribir manuales, y sólo gradualmente y de mala gana ingresé al mundo electrónico sin, de alguna manera, lograr conseguir jamás el Rolls-Royce de las máquinas de escribir: una IBM.

Vagué por la Tierra y pedí prestadas máquinas de escribir en Grecia, Francia, la antigua Yugoslavia, México y por todo Estados Unidos. Mis manuscritos eran fajos de papel con agujeros donde la tecla había golpeado en la página con demasiada ferocidad. Y, por dondequiera que yo fuera, los poemas o cuentos o ensayos que escribía a máquina, con sus tipos de letra que no hacían juego y sus errores de tipografía consistentes, me recordaban, como estampillas en el pasaporte, dónde había estado.

A veces vivía gracias a una beca. A veces vivía en una casa o cuarto prestados. A veces me convencía a mí misma de que estaba enamorada, pero la mayor parte del tiempo vivía sola en un espacio que no era mío, con cuentas que se encendían como pequeños fuegos. Eso significó que pasé por muchas casas, amores y máquinas de escribir, sin nunca encontrar del todo al acertado.

Escribo esto ahora en una computadora portátil desde el centro de México, en una región donde mis antepasados vivieron durante siglos. Mi estudio es una mesa y una silla de equipal de cuero en una terraza techada. A ambos lados de mí, un perrito chihuahueño dormita. En la casa de al lado una palmera se agita como una maraca y allá abajo en el centro del pueblo una campana retumba la hora.

En mi última casa de San Antonio, Texas, yo trabajaba en un estudio de dos pisos en el jardín trasero de la casa con una manada de perros que me seguía como el borreguito de la rima infantil *Mary Had a Little Lamb*. Todavía tengo perros y todavía tengo muchos tipos de letra en mis manuscritos; hay algunos archivos que no puedo abrir porque la computadora hace mucho tiempo que se descompuso, así como el *software*. Advierto el paso del tiempo mediante la compra de instrumentos de escritura.

Así que estoy juntando los borreguitos sueltos que he perdido de vista y pastoreándolos todos bajo un mismo techo, no tanto por el lector sino por mí. ¿Dónde están queridos míos y adónde se fueron? ¿Quién los escribió y por qué? Necesito saberlo para poder comprender mi vida.

Estos relatos de mi vida abarcan de 1984 a 2014. La mayoría fueron escritos para públicos específicos: una charla en una universidad o preparatoria, una revista literaria, una antología, a menudo a petición de alguien. Al principio, yo no tenía mucha confianza para hablar como yo misma. Usaba el telón de gasa de la poesía y la ficción. La verdad sesgada, como instruía Emily Dickinson. Hablar en mi nombre requeriría aprender a salir de detrás del biombo.

En una respuesta autobiográfica temprana compilada en un libro de entrevistas a chicanos, no sólo los hechos eran incorrectos (yo era joven y creía literalmente lo que me decía mi familia acerca de nuestras historias), sino que mi propia voz sonaba forzada, como si llevara puesto un gran traje con parches de gamuza y fumara una pipa. Niego ese primer ensayo y no lo incluyo aquí por esas razones.

He excluido casi todas las pocas reseñas, ensayos críticos y entrevistas que escribí en un principio para Third Woman Press y cuando fui directora literaria del Guadalupe Cultural Arts Center de San Antonio, ya que no parecieron caber dentro del tema o no toleraron bien el paso de los años. Algunas de las entrevistas que les hice a otros escritores siguen sin haber sido transcritas y quizá sea mejor que permanezcan así. Tampoco he incluido introducciones ni epílogos de libros cuando no podían aparecer por sí mismos: el parachoques sin el coche.

La memoria sabe de mí más que yo;
Y ella no pierde lo que merece ser salvado
—EDUARDO GALEANO

Las memorias que presento aquí son una forma de reclamar mi verdadera vida y diferenciarla de mi ficción, ya que parece decirse tanto sobre mí que se supone o se ha inventado. (No es cierto el rumor de que me morí, por ejemplo, como una vez lo reportó Wikipedia. Y, que yo me acuerde, nunca fui una prostituta en Tijuana, como una vez aseveró un periódico en español, aunque esa sería una magnífica historia). En vez de escribir una autobiografía, lo cual no tengo inclinación de hacer al momento, una manera de tejerse la propia mortaja, ofrezco estas historias personales como una manera de documentar mi propia vida.

La mayor parte de las selecciones incluidas en esta colección fueron modificadas para lograr una unidad, para evitar la repetición siempre que fuera posible o sólo porque mis propios estándares se han elevado con el tiempo. Algunas existían anteriormente sólo de forma hablada, hasta que hallé la manera de transcribirlas. A menudo tenía que contar y recontar la historia hasta sentir que estaba completa. Cuando esto sucedía, es posible que ya no recordara el "verdadero" suceso, pero podía comprenderme mejor a mí misma. Creo que eso le pasa a la mayoría de la gente. Contamos una historia para sobrevivir a un recuerdo, de la misma manera en que una ostra sobrevive a la invasión de un grano de arena. La perla es la historia de nuestras vidas, aun si muchos no quisieran admitirlo.

En 1985, la crítica literaria Tey Diana Rebolledo me invitó a dar lo que sería mi primera charla académica, para el congreso de la Modern Language Association (Asociación de Lenguas Modernas) en Chicago. Yo estaba aterrada y me dio laringitis. Tuve que dar mi ponencia en un susurro sobre el escenario, engullendo un vaso tras otro de agua caliente hasta que de alguna manera logré llegar al final. Puede que esto no haya marcado una gran diferencia ni para la MLA ni para el mundo, pero de todas formas sí representó un gran éxito para mí, y ese éxito me dio el valor de seguir escribiendo más prosa basada en hechos reales. Quiero dar las gracias a Tey por animarme y por tenerme fe hace tantos años. (Lo que pasó con esa primera ponencia, sólo Dios. Eso fue AC).

Al principio pensé en arreglar la secuencia de estos relatos como si fueran los cuartos de una casa, colocando cada selección en un área distinta como si el lector entrara en un domicilio: el umbral para la introducción, el zaguán para una historia sobre conexiones, la escalera para la ascensión espiritual, etc.

Al final, para mayor claridad, me vi obligada a arreglar los relatos en la secuencia en que los escribí. Aun si la historia ya hubiera sido contada antes, cada vez que la contaba esperaba llegar a una verdad más perfecta, añadiendo una capa de nácar, haciendo la historia más completa y entera. Mientras más lejana la historia, más claramente puedes verla, siempre he dicho, porque sólo entonces puedes verte a ti mismo.

Al hojear un diario escrito en enero de 1983, me encontré con un yo más joven, viajando bajo una beca del National Endowment of the Arts por Europa y reportando, después de deambular por un mes en casas prestadas, lo extática que me sentía cuando finalmente me alojaron en una colonia para las artes y me prestaron una casa propia y una máquina de escribir.

Una casa. Una máquina de escribir. Para mí estas dos cosas van de la mano. Una casa hace que tenga ganas de escribir. Y me dan ganas de escribir cuando estoy en casa. Hoy en día, agregaría que necesito otra cosa más para escribir: mis animales. Cuando están conmigo, me siento en casa.

En México, los días de fiesta se celebran con un magnífico despliegue de fuegos artificiales conocido como castillos. Estos castillos, montados en la calle o la plaza pública, no están hechos de piedra y cemento, sino de carrizo. Los cuetes van atados a una pirámide gigante de carrizo con la pirotecnia más complicada y deslumbrante arriba, como los novios que coronan un pastel. Parte del extraordinario placer de presenciar este espectáculo es que los espectadores pueden pararse tan cerca como gusten de los cuetes que caen, como una muchedumbre temeraria en un concierto de *rock*. No se han tomado medidas de seguridad que yo pueda ver. En cualquier momento la locura y el caos podrían espontáneamente hacer erupción. Creo que esto es parte del encanto.

Se enciende la primera capa, tres imágenes rotando y dando vuelta y lanzando un rocío poco entusiasta de chispas a la multitud: una estrella, un girasol, una bandera, encendiéndose brevemente hasta que se extinguen en una cola de humo como gasa. Pero son los niveles superiores los que aterran y deleitan, volviéndose más elaborados según suben, más peligrosos, dejándonos sin aliento con su esplendor, empolvándonos de ceniza y dejándonos tosiendo y abriendo y cerrando los ojos.

Finalmente se enciende la corona del castillo. La multitud desplaza su peso. La gente estira el cuello. Las abuelitas se cubren la cabeza con el rebozo negro y se persignan. Cargan a bebés en lo alto, como los globos de helio que se venden frente a la catedral. Los niños se cuelgan de los faroles de la calle, tan resistentes como monos araña. A esto hemos venido todos. La razón por la cual hemos aguantado con pies punzantes, multitudes que empujan y un aire que apesta a azufre y carne frita. Es hora.

¿Qué es? ¿Lo ves? ¿Quién? ¿El arcángel Miguel? ¿Zapata? ¿El cáliz y la hostia? ¡No, mira! ¡Es la Virgen de Guadalupe! ¡Ay, qué bonito! La Lupe cobrando vida y encendiéndose en rehiletes fulminantes en verde, blanco y colorado, por la bandera mexicana pero también, creo yo, por la santa trinidad de la cocina mexicana: el chile, la cebolla y el jitomate.

Guadalupe comienza a girar, lentamente al principio, a despedirse, como es propio. Luego la Santa Virgen toma velocidad, haciendo piruetas como una patinadora olímpica, girando hacia el cielo nocturno, desapareciendo por un segundo antes de explotar como un diente de león y desplomarse de vuelta a la Tierra en una espléndida bendición de luciérnagas. Así es como me imagino a la Muerte.

No tengo hijos a quienes contar las historias a continuación y, aun si los tuviera, ellos no querrían escucharlas. Así que se las ofrezco a ustedes, mis lectores. Al escribir esto, doy comienzo a mi sexta década. Un nuevo ciclo en mi vida se abre y uno viejo se cierra. Estoy entre vidas y entre casas, escribiendo desde el otro lado de la frontera entre México y Estados Unidos, desde dentro de México en lugar de más allá de éste. Y con eso, quiero mirar hacia atrás y hacia adelante a la vez, antes de transformarme finalmente en un rehilete de luz.

30 de noviembre de 2014
Casa Itzcuinapan
San Miguel de los Chichimecas, Guanajuato

La casa de Hidra

La calle que conducía a mi casa en Grecia

Yo tuve una casa en Grecia una vez, en una isla frente al Peloponeso. Fue la primera y, como tal, ocupa un lugar deslumbrante en mi memoria. Pertenecía a una pareja inglesa que veraneaba allí. En el otoño de 1982 fue mía.

Hidra es tanto el nombre de la isla, un paraíso exento de automóviles, como del pueblo, una cascada de casas de piedra y escaleras que se desbordan montaña abajo hacia el puerto. Allí fue donde terminé *La casa en Mango Street*. Mi casa era una estructura primitiva situada por encima de la aldea con una amplia vista del pueblo, el mar y el cielo. Estaba lo suficientemente cerca de la civilización y, al mismo tiempo, lejos. Solitaria pero sociable. Suficientemente remota como para mantener a la gente a raya y, sin embargo, yo podía, si quería, bajar al puerto en busca de compañía al final del día. Un equilibrio perfecto entre el retiro y la sociedad para un escritor.

Si el mío fuera un relato de Ovidio, mis metamorfosis como una nube comenzaron el año en que me mudé a Provincetown en el verano de 1982. Planeaba terminar allí *La casa en Mango Street*, antes de partir hacia Grecia. Eso es lo que le dije a mi editor, y eso es lo que me prometí a mí misma que haría. Estaba tan segura de que terminaría para el final del verano, que compré un boleto de ida de Nueva York a Atenas para septiembre y un pase de Eurail para poder viajar por Europa sin gastar mucho.

En Provincetown compartí un apartamento bajo las escaleras en el centro de artes Fine Arts Work Center con Dennis Mathis, amigo y corrector personal desde nuestros días juntos en Iowa. Dennis estaba trabajando como pintor de casas esa temporada y llegaba a casa de un mal humor que sólo una siesta podía disipar. De todas maneras, él hacía tiempo para leer mi producción del día y me ofrecía comentarios, cuidadoso de no destruir lo que llamaba mi peculiar voz.

Fue un verano excéntrico inundado de suficientes personajes como para poblar una película de los Hermanos Marx. Bailábamos en lunadas en las dunas de noche y en tardeadas en los bares gay de día. Con razón me costaba concentrarme en ese otro mundo dentro de mi cabeza.

En mi casa en Provincetown justo antes
de salir a Grecia

En septiembre metí mi manuscrito sin terminar en la maleta y me despedí de Provincetown. No sabía cuándo volvería, pero sabía que yo no sería la misma a mi regreso, gracias a Dios. Si había alguien de quien necesitaba huir, era de mí.

Quería que mi vida cambiara. Después de la maestría, había dado clases de preparatoria, luego trabajé como reclutadora para universidades y como consejera. Organizaba eventos comunitarios de las artes. Daba mi tiempo a todo el mundo menos a mi escritura. Quería ser escritora, pero no tenía idea de cómo lograrlo excepto viajando. ¿De dónde saqué esa idea? Bueno, por un lado, de las películas. Y por otro, de los emocionantes nombres de lugares que trotaban detrás del nombre del autor al final de un texto: Mallorca, Trieste, Marrakech, Tenerife. Y luego estaban las biografías de los reconocidos escritores (varones) portándose mal. Yo sabía tan poco acerca de cómo vivían las mujeres escritoras, y nada sobre los escritores de la clase trabajadora, aunque había asistido a un taller de creación literaria. No estaba segura de cómo proceder en este asunto de convertirme en escritora, pero sabía lo que no quería. No quería vivir en Nueva York ni dar clases en una universidad: lo primero porque (como persona pobre) odiaba las grandes ciudades y lo segundo porque (como persona pobre) las universidades me intimidaban. Quería vivir como una escritora y me imaginaba que los escritores lo hacían con una máquina de escribir y una casa junto al mar.

A los veintiocho años me sentía provinciana e ingenua. Afortunadamente llegó mi primera beca nacional de escritura; este fue mi momento de ahora o nunca. Al principio pensé en mudarme a San Francisco para estar cerca del ámbito literario latino. Pero ese sueño parecía uno que podría alcanzar fácilmente sin necesidad de una beca y pospuse ese plan para después. En lugar de eso, apunté hacia una geografía más exótica. Intentaba quedar bien con mi Némesis en Chicago, un hombre a quien yo consideraba sofisticado. Quería que él me admirara a *mí*, en lugar de lo opuesto. Para ganarme su aprobación, haría lo que él había hecho. Me convertiría en una trotamundos.

Mi destino favorito era la Patagonia, en la punta de Sudamérica, con un plan de abrirme paso hacia el norte a Buenos Aires, hogar de todas las cosas que me encantaban: el tango, Borges, Storni, Puig y Piazzolla. Pero, ¿cómo lograrlo? La idea de viajar por Latinoamérica era demasiado abrumadora para una mujer que nunca antes había viajado sola fuera de Estados Unidos. Y, para colmo de males, sabía que los hombres del lugar creerían que yo estaría invitando su compañía con sólo viajar sola. Abrumada, me convencí a mí misma de que sería más fácil aplazar Patagonia hasta que fuera una viajera más experimentada.

Afortunadamente, a principios de ese año yo había conocido a Ifigenia, una poeta de ascendencia griega. Ifigenia iba a ir a Atenas a visitar a su familia ese otoño y dijo que podría acompañarla. Hicimos planes de encontrarnos en septiembre en Atenas. Esto fue un alivio para mí, ya que tenía pesadillas que combinaban mis más grandes terrores. Soñaba estar encerrada en un cuarto oscuro con un ratón fantasma. Con Ifigenia a mi lado, me sentía más calmada.

Tengo un vago recuerdo de haber mandado una carta tipo "Mi perro se comió la tarea" a mi editor de la pequeña editorial que estaba esperando el manuscrito prometido para finales del verano. ¿Qué más podría yo hacer? No me devolverían el dinero de mi boleto a Grecia. Volé y traté de no pensar demasiado en él. Tenía un temperamento infame.

Fui a Atenas primero, donde me quedé con Ifigenia en la casa de sus padres, un apartamento inmaculado que olía deliciosamente a *musaca*. Anduvimos husmeando por el pueblo visitando las antigüedades de rigor y luego nos fuimos a El Pireo a visitar las islas, de hecho sólo una, a fin de cuentas, aunque llegamos con el plan original de ver otras.

Hidra es adonde fuimos, porque se decía que estaba llena de artistas e Hidra es adonde nos quedamos, porque era la gloria. Rentamos habitaciones en pensiones de medio pelo e hicimos lo que hacen los escritores en las islas griegas: sentarnos bajo el toldo de cafés al aire libre garabateando en diarios, comiendo calamares y haciendo amistad con los estrafalarios ciudadanos del pueblo. Cuando nos cansamos de atraer a excéntricos, regresamos a Atenas, donde me esperaba una airada carta de mi editor. No recuerdo qué decía, pero si fuera una caricatura yo dibujaría humo saliendo del sobre. Fue suficiente como para darme cuenta de que yo no iría a ningún lado hasta que terminara el libro.

El retraso de mi libro hizo que me fuera imposible mantener la promesa a mi Némesis de Chicago; habíamos planeado encontrarnos en Marruecos. Le escribí y le dije que no iría, y la respuesta fue un siroco de ira. Yo estaba escribiendo mi libro, no podía ir, pero era inútil explicarlo. Me sentía pésimo. Había escogido mi escritura por encima de un hombre. No sería la última vez.

De modo que regresamos, Ifigenia y yo. A *vivir* en Hidra en lugar de sólo estar de visita. Una isla a sólo unas horas de Atenas, tan cerca del Peloponeso que lo podías ver en el horizonte.

Al principio vivimos en ese puerto en forma de herradura con su día dividido por los silbatos de los barcos. "¡Ya llegamos!" o "¡Ya nos vamos!". Cada uno dándonos la hora del día sin tener que consultar un reloj. Los turistas diurnos se desbordaban de enormes trasatlánticos y tomaban las mismas fotos de tabernas, arcos floreados y burros antes de treparse de nuevo a bordo y salir pitando de ahí.

En nuestra primera visita a Hidra habíamos conocido a dos hermanos greco-egipcios que tenían una tienda a un extremo del puerto junto al café que vendía *paninis*. Konstantinos y Vasilis Embiricos. Eran dueños de una peculiar tienda de regalos con abrigos de piel e imitaciones baratas de antigüedades griegas de yeso, una extraña combinación de mercancía empolvada, lo cual resultaba aun más estrambótico bajo el sofocante calor de otoño.

Me caían bien los hermanos Embiricos y yo les caía bien a ellos. Vasilis, el mayor rechoncho, se parecía al actor de *film noir* Peter Lorre, la misma frente amplia, pelo seboso y unos enormes ojos de sapo taponados de tristeza, como si hubieran visto demasiado para una vida. ¿Era divorciado, separado, viudo? No recuerdo. Estaba solo y era solitario. Konstantinos, por otro lado, era delgado como un Giacometti, un hombre llamativo con un niño precioso que vivía en Atenas con su mamá. No eran millonarios, endeudados como estaban debido a sus alianzas expiradas y los hijos que estas habían producido. Vivían en una calle interior en casas modestas que con toda probabilidad rentaban y de las cuales no eran dueños, brillantes por fuera pero oscuras como cuevas por dentro. Su calle, como la mayoría de las calles de la isla, estaba meticulosamente pulcra, con el empedrado enfrente de la casa restregado a diario por fanáticas amas de casa griegas.

Cuando yo estaba buscando alojamiento, Konstantinos me ofreció su casa, la cual desafortunadamente venía con Konstantinos. Por el corto tiempo que viví allí disfruté de cómo entraban las mañanas, el placer de admirar la luz en el techo con su lustre de moneda pulida.

Entonces Konstantinos se encariñó demasiado conmigo y busqué una casa propia. Tomé la primera que me mostraron, en la cima de la montaña, prácticamente donde terminaba la civilización y comenzaba la tierra silvestre. (Ifigenia me acompañó en un principio, pero las escaleras a la larga la derrotaron. Conté más de trecientos cincuenta escalones desde el puerto hasta mi puerta. Al final se dio cuenta de que escribir en los cafés era más de su agrado y se mudó a otro hospedaje cerca del puerto). Firmé por el alquiler de dos meses por doscientos dólares al mes, la misma cantidad que costaba la renta de mi apartamento de Bucktown, Chicago, y devolví las llaves la mañana en que terminé *La casa en Mango Street*, el 30 de noviembre de 1982.

La casa de Hidra era una casa de veraneo sencilla. Como todas las casas griegas, la encalaban por dentro y por fuera cada Día de Pascua. Tenía un muro alto en el jardín, paredes gruesas, líneas suaves y esquinas redondeadas, como tallada de queso feta.

Desde la ventana del dormitorio de arriba sentías que podrías saltar y volar sobre el pueblo, una geometría de cubos de azúcar deslumbrantes que se precipitaban sobre el mar. En la orilla opuesta quedaba el espejismo de tierra llamada el Peloponeso con su cordillera brumosa y, encima de todo esto, la gran indulgencia del cielo. La famosa luz de Provincetown no le llegaba a los talones a Grecia. Esto era espléndido, eterno, sereno.

Nuestra aldea estaba construida como los anfiteatros de la antigüedad, completamente de piedra. Cada sonido podía ser escuchado por cada vecino, ya fuera una taza de porcelana *filtzanaki* colocada de nuevo sobre su plato o la radio a todo volumen con el gran éxito de Giorgos Salabasis de esa temporada: *"S'agapao m'akous"* ("Te amo, ¿qué no me oyes?").

Al principio, mientras los primeros días de octubre todavía eran cálidos, instalé mi estudio en el jardín bajo una enramada de vid atontada de abejas borrachas. Pedí prestada la máquina de escribir francesa de Konstantinos, cuyas teclas estaban dispuestas de manera distinta a un teclado en inglés, y todo lo que mecanografié esa temporada —cuento, poema, carta— salió con los mismos errores tipográficos consistentes.

Cuando levantaba la cabeza de la página, las montañas enfrente en el continente se veían de un lavanda desteñido por el sol, como un terciopelo antiguo listo para disolverse en polvo. Cada día el mar de un tono de azul distinto que el día anterior, y cada tono de azul contrastando con esas otras franjas de azul: el cielo y las montañas.

Uno de los grandes deleites de mi casa en Hidra era abrir las ventanas de mi recámara cada mañana, puertas gemelas de tres cristales cada una, desenganchar las contraventanas, un repiqueteo y un gemido, un ligero empujón, y giraban y se abrían como brazos abiertos de par en par para entonar a todo pulmón una canción: mar, cielo, jardín entrando a raudales. *¡S'agapao m'akous!*

La casa, sus ventanas y la dicha de abrirlas aparecieron en mi novela en la viñeta "Sally" (o quizás la viñeta se hizo realidad). Porque mi casa era como aquella con la que sueña la protagonista Esperanza, con ventanas que dejan entrar el cielo en abundancia.

Una vez, en esta misma ventana de la recámara atrapé con las manos lo que pensé era una palomilla gigante, pero entre su aleteo pude ver que era un pájaro aterciopelado o un murciélago o alguna otra criatura mítica a medio camino entre insecto y duendecillo. Lo dejé ir, demasiado asustada como para mirarlo con más detenimiento.

Mientras vivía en la casa de Hidra, tuve este sueño. Soñé que nadaba con delfines en el Egeo. Saltábamos dentro y fuera del agua alegremente como una aguja hilvanando el mar. Esto era aun más extraordinario porque en la vida real el agua me aterra.

Vivir en Hidra era así, en algún punto entre la realidad y la imaginación. Vivía una vida encantada y me veía a mí misma vivir esta vida encantada haciendo tap-tap-tap en la máquina de escribir, en una casa hermosa con vista al mar, como los escritores de las películas.

Quise compartir mi buena fortuna e inmediatamente invité a todos mis amigos y familiares a visitarme. Pero nadie me tomó la palabra. "*Good lucky*", como diría mi madre, qué suerte, o nunca hubiera terminado mi libro. Tenía dos meses para trabajar.

Trabajaba mejor en casa y prefería bajar al puerto sólo cuando necesitaba provisiones, lo cual era casi a diario, ya que yo no cocinaba mucho que digamos. Me levantaba al mediodía, me ataba las correas de las sandalias de cuero que le había comprado al zapatero en el puerto y bajaba corriendo al pueblo de dos en dos escalones a la vez, apurándome antes de que las tiendas cerraran para el almuerzo y una siesta sin prisas.

En el puerto compraba pepinos y yogur y ajo para hacer *tzatziki*. Compraba huevos para el desayuno. Compraba aceitunas sacadas con una cuchara de un barril con aceite y envueltas en un cucurucho de papel encerado y una rebanada gruesa de un queso feta empapado. Luego, de camino cuesta arriba por la montaña, paraba en una tiendita atestada de clientes comiendo parados como caballos y ahí hacía mi última compra: un pedacito de cordero asado para la cena.

Había agua a todo nuestro alrededor, pero no había peces. Las aguas habían sido pescadas por completo, explicó Konstantinos. Me aventuré una noche a pescar calamares con él, pero después de eso nunca jamás. Presenciar cómo los calamares agonizaban en nuestro barco después de haberlos pescado fue demasiado para mí y me hizo llorar. Pero no tanto como para que no los disfrutara al día siguiente con aceite de oliva y limón.

Cerca de la casa de Konstantinos había una panadería que vendía unas empanadas deliciosas de espinacas con queso que yo compraba recién salidas del horno, junto con hogazas de pan recién horneadas que rebanaba y donde metía barras de chocolate suizo. Yo pesaba 118 libras en ese entonces y he de haber quemado las calorías al trepar los trescientos cincuenta escalones hasta mi casa. ¿De qué otra manera explicar este milagro?

El costo de vivir en Hidra era alto para los lugareños porque prácticamente todo era importado, incluso el agua potable. Aunque el nombre de la isla quiere decir "agua", esto era sólo un recuerdo de siglos atrás cuando Hidra había una vez ostentado varios manantiales naturales. Ya no había agua en Hidra, así como ya no había peces en el mar. Tenía que importar su suministro del continente, así como importaba casi todo lo demás, incluso las escasas frutas y verduras. Unas naranjas tristes, unas manzanas magulladas, unos cuantos pepinos, quizá unas cebollas. Ir al mercado se sentía como vivir en tiempos de guerra, pero ahora mirando atrás quizá sólo había sido así para mí, la que se levantaba al mediodía y tenía que arreglárselas comprando las sobras.

Sólo había un vehículo en Hidra, un camión enorme que acarreaba la basura a alguna parte remota de la isla, un lugar que me asustaba cuando pensaba en él. Nuestra isla existía sólo para el egocéntrico puerto y la cercana aldea jipi de Kaminia, con grandes acantilados entre los dos pueblos que miraban hacia abajo, al agua atestada de bancos de peligrosas aguamalas.

De noche trabajaba sobre el mostrador de la cocina porque una lámpara colgante era la única iluminación adecuada de la casa. Si había tenido una buena jornada, después bajaba al puerto para encontrarme con Ifigenia o para cenar con Konstantinos en una taberna o en casa de su hermano Vasilis, porque a Vasilis le gustaba cocinar, o a bailar en una discoteca o tomarme un *ouzo* en un bar después de un día de canalizar historias.

Aunque disfrutaba de la compañía de otros, me sentía más feliz que nunca cuando me quedaba a bordo de mi propio barco rodeado de tierra, contenta de admirar el mundo desde ese remoto navío llamado hogar. Me detenía a la ventana de mi habitación como una Penélope esperando a su Ulises, el jardín desbordándose de uvas, plumbago y jazmín por un lado y por el otro lado un ajetreado puerto con trasatlánticos que oscilaban de arriba abajo, humildes barcos pesqueros y yates millonarios.

Mi casa era apenas una casita campestre, sin embargo era el lugar más hermoso en el que he vivido jamás, entonces y desde entonces. Me sentía en la luna por ella como una adolescente loca de amor y la casa absorbía mi adoración. Durante el día dejaba las puertas dobles y las ventanas abiertas, la luz suave como una perla, la casa llena de viento. Lavabos y pisos de cemento, tubería a la vista, bancos empotrados en la pared, una cocina rudimentaria con una estufa de campamento aprovisionada de un tanque de propano. Nada lujoso. *Algún día tendré una casa tal como esta*, me dije a mí misma. Su sencillez me daba un infinito placer y ese placer me permitía escribir.

¡Hidra, Hidra, Hidra! Una bandera ondeando en el viento. Me encantaba su intimidad. Yo podía caminar a donde quisiera. Me encantaba la privacidad de sus altos muros. Me sentaba a la ventana de mi dormitorio con una pierna dentro y la otra fuera, como sentada a horcajadas sobre un gran caballo blanco alado, admirando tanto el mundo interior como el exterior.

Me sentía en casa. Consideré incluso quedarme para siempre. Pero no podía razonar el cómo. Yo no era griega. Tendría que aprender una cultura completamente nueva. Esta no era mi gente, no era mi causa. Y, ¿cómo me ganaría la vida? *Ah, si tan sólo...*, pensé para mis adentros.

¿Sería cierto que había tantas capillas en la isla como había días del año? No lo sé. Pero había suficientes milagros o así me parecía. Una vez Konstantinos arrancó una flor de jazmín de una enredadera y me la dio a mí, y yo me quedé tan pasmada como si él hubiera sacado un conejo de un sombrero. No tenía idea de que el jazmín creciera sobre las paredes. Nunca había visto una flor de jazmín hasta esa noche, blanca como la luna, lechosa y dulce.

Lo asombroso de la isla era que no había manera de que un criminal se escapara. Yo podía caminar sola a casa de noche sin miedo. Todo el mundo sabía quién eras y adónde ibas, y podrían detenerte antes de que abandonaras la isla. Ya sea que este sentido de seguridad fuera cierto o no, era una sensación nueva para mí como mujer y como oriunda de Chicago. Nunca me había sentido así antes y pocas veces lo he hecho desde entonces.

La maravilla más grande de todas, escribía todos los días o al menos así lo recuerdo. Escribía en letra manuscrita y luego pasaba a máquina lo que había escrito, anotaba correcciones sobre mi texto mecanografiado hasta que no lograba entender ese hilo anudado llamado mi letra. Luego volvía a escribir la página en limpio desde un principio, un proceso que se repetía una y otra vez, y el cual yo disfrutaba, porque me permitía escuchar el texto, como un compositor escuchando la música en su cabeza.

¿Dónde están ahora esas hojas de papel?, me pregunto. Probablemente en el basurero municipal de Hidra, un lugar de terror, me imagino, sobrepoblado de ratas gigantes al otro extremo de la isla, cada pedacito tan escuálido como el otro lado era glamoroso.

¿Leía yo en esa época? No puedo imaginarme lo contrario. Sé

que tenía un ejemplar de tapa blanda de *La necesidad del arte: un acercamiento marxista* de Ernst Fischer, con el que trataba de impresionar a mi Némesis de Chicago, pero había pasajes subrayados sólo en los primeros capítulos, aunque acarreé el libro por Grecia, Italia, Francia, España y Yugoslavia, tratando de aparentar ser inteligente. No recuerdo nada acerca de este.

Las tabernas eran las ágoras democráticas donde los caminos de los ricos y los no tan ricos se entrecruzaban. Reconocí la colosal cabeza de Ted Kennedy en la taberna donde yo estaba almorzando una tarde lluviosa con Konstantinos y Vasilis. Ted y compañía se habían bajado de un yate deslumbrante y estaban ocupados masticando las mismas papas grasosas y el pollo recocido que nosotros.

La isla hacía alarde de bellas mansiones de piedra construidas por millonarios, antiguos capitanes marinos y, corría el rumor, piratas, antiguos y modernos. Ciertamente se veían como si hubieran costado un tesoro en construir. Quiénes eran estos adinerados, nunca lo supe. Todo el mundo sentado en los cafés se veía

tan pudiente o tan pobre como todo el mundo. En ese sentido parecía ser una sociedad igualitaria, aunque sabíamos que eso no era verdad.

Vivir en una isla con tierra a la vista es calmante. Enormes trasatlánticos se deslizaban puerto adentro depositando a los turistas del día. Los hidroplanos flotaban sobre el agua acelerando de ida y vuelta hasta El Pireo como libélulas nerviosas. Nuestro puerto apestaba a meados de gato, pescado muerto, algas, resina. Todo el tiempo el sonido del agua chapaleaba constantemente contra los muros mohosos del puerto. Los hombres griegos daban vueltas a sus *kompoloi*, esa especie de rosario de cuentas griego, holgazaneaban todo el día en los cafés, miraban la cosecha fresca de mujeres extranjeras en su escasa ropa de veraneo bajar galopando de los barcos, mientras que las mujeres griegas, tragedias griegas de su propia manufactura, eran más industriosas que las hormigas obreras, limpiando, siempre limpiando, su labor, como la de Sísifo, nunca terminada.

Observábamos a los hoteleros revolotear sobre los turistas que llegaban tan pronto como se bajaban del muelle, esperando atraerlos a sus alojamientos. Y nadie intervenía para advertir a las jovencitas mochileras sobre la pensión cerca de la torre del reloj cuyo dueño era un notorio voyerista. No importaba. Ya pronto se darían cuenta.

Los griegos tienen un lenguaje no verbal que tuve que aprender a descifrar. Cuando movían la cabeza y chasqueaban con la lengua cuando les hacías una pregunta, no querían decir: "¡Qué pregunta tan estúpida!", sino simplemente "no". Y cuando te gritaban al hablarte, aprendías a no tomártelo a pecho. Este era el tono normal que usaban al hablar entre ellos.

Fue mientras viví en Hidra que me di cuenta de que las mujeres griegas tenían la misma voz triste y ronca que las gaviotas. Me imaginaba que se habían metamorfoseado como en un relato de

Ovidio. Eran las mujeres más hermosas que vi en Europa, con ojos de ágata, seres hermosos incluso con sus voces ásperas. Pero su belleza se marchitaba demasiado pronto, mientras que los encantos de los hombres perduraban.

Dado que la nuestra era una isla sin vehículos, no había forma de arrastrar cosas cuesta arriba excepto a mano o en burro. Las rutas que los animales tomaban estaban sembradas de estiércol fresco. Los hombres que pastoreaban estas bestias hablaban un lenguaje de burro hecho de sonidos como "brrr", y chasquidos con la lengua como el que quería decir "no", y gritos que yo esperaba que los burros no se tomaran a pecho, pero al parecer sí lo hacían. Eran criaturas sensibles que lloraban echando la cabeza hacia atrás mirando el cielo. Pobrecitos.

Como las calles de Hidra no tenían nombres cuando viví allí, para dar una dirección tenías que llevar a alguien de la mano o darle señas muy específicas. "¿Conoces la casa con el muro con el águila de dos cabezas? Das a la izquierda allí y subes y subes siguiendo la "Calle de la Caca de Burro", no puedes perderte, sigues su sendero y luego cuando llegues a una pasarela cubierta de jazmín, la segunda casa a la derecha, por el olivo. Allí es donde vivo yo".

Había una mujer de Alemania en la isla a la que llamaré Liesel. Ella había trabajado para los directores famosos del nuevo cine alemán: Fassbinder, Herzog, Wenders. Liesel vivía en una casa hermosa con varias terrazas donde la montaña se negaba a ceder. Eso hacía que fuera una experiencia mágica entrar a esa casa con sus altos muros pintados de cal y los olivos, los limoneros y la buganvilia, sus cuartos escasa pero hermosamente decorados con objetos acarreados con gran esfuerzo desde Viena o Cuzco. Cada objeto en la casa de Liesel parecía estar listo para un *close-up*: una cubeta de madera bajo una llave de latón en el jardín, una cama antigua de madera curvada en el centro de un cuarto vacío, una canasta de cocina que colgaba de una viga de madera en el techo de un mecate peludo.

El trabajo de Liesel durante sus días de cineasta tenía que ver con buscar lugares de filmación, obtener permiso para filmar allí, asistir con arreglar el plató, tratar de conseguir a los extras, asegurarse de la continuidad y muchos otros detalles que sonaban glamorosos a alguien que no era cineasta. Mientras trabajaba en Sudamérica con Werner Herzog filmando *Aguirre, la ira de Dios*, ella contrajo una enfermedad misteriosa que iba y venía y la dejaba retorcida de dolor. Como resultado, varios cineastas habían juntado sus recursos y comprado la casa de Hidra que Liesel ocupaba, pero de la cual no era dueña. No supe la causa de su generosidad. Se dijo que era porque ella se estaba muriendo. Liesel estaba bastante convencida de esto y a menudo estaba lo suficientemente enferma como para también convencer a otros. Quizá se estaba muriendo de vez en cuando. ¿Quién sabe? Yo sólo sé que asustaba a las mujeres griegas locales tener a una mujer tan pálida con el cabello y la piel del color de un fantasma merodeando por el cementerio de noche y maldiciéndolas durante el día porque su basura soplaba hacia su jardín.

Acompañé a Liesel en una de sus excursiones por el cementerio. Me fascinaban las tumbas griegas con sus lámparas de aceite prendidas y los retratos sin sonreír de los muertos grabados en las lápidas, tal como en los cementerios mexicanos y, siempre y cuando no anduviera sola, no me daba miedo. Yo le tenía mucho afecto a Liesel. Me contaba historias maravillosas de una vida vivida con el pie puesto en el acelerador. En esa época ella me parecía ya mayor, aunque ahora me doy cuenta de que ella era más joven de lo que soy yo al escribir esto.

Cuando me presentaban a los isleños, la gran pregunta en mi mente era: "¿Dónde vivía Leonard Cohen?". Pregunté y pregunté, pero nadie supo o no me lo quiso decir. No tendría que haber mirado muy lejos. Había suficientes genios creadores por todas partes. Tengo en mi diario de esa época una tarjeta postal de la artista de *performance* formada en Julliard, Charlotte Moorman, la chelista que tocaba desnuda con un chelo hecho de pantallas de video en 1967 y que era la musa de Nam June Paik, el fundador del video arte. La conocí en uno de los cafés, donde ella tuvo la bondad de darme su dirección y decirme que la buscara cuando estuviera en Nueva York, pero yo era demasiado tímida y nunca lo hice.

Tuve una amistad en esta época con una mujer casi una década más joven que yo. Se llamaba Willhemina. Era una belleza sureña a la que habían mandado a vivir con una tía en París. (En mi imaginación esa tía se parecía a la viejita que se hace amiga de Babar el elefante). De alguna manera, Will se las había arreglado para aparecer sola en las playas de Hidra. Hombres prehistóricos y núbiles estaban locos por Will. Ella tenía la cara cuadrada y ancha de la hija de un granjero; era pálida, de piel pecosa; cabello rubio rojizo; y ojos tan brillantes como el Egeo. Era bonita, pero no hermosa, y había cierta desproporción en su cuerpo que hacía que me preguntara a qué se debía tanto alboroto. Pero ella era joven y una vez había sido porrista, y a los hombres les gusta eso, supongo.

Will me contó sobre las obligatorias píldoras de dieta que repartían a todas las porristas de la universidad sureña a la que asistía, lo cual me hizo suspirar: "¡Ay, mujer!". Y una noche cuando compartimos el apartamento de Vasilis me contó la historia de su aborto. Ella era la Gloria Trevi de la isla, sobreviviendo episodios que me hacían temblar. ¿Dónde, me preguntaba, estaban sus padres alcahuetes?

Will decía que lo único que extrañaba de Estados Unidos eran los malvaviscos. Le mandé seis bolsas cuando llegué a casa, pero viajaron por medio mundo y regresaron como un bumerán de regreso a Texas con varios sellos del correo que decían "Devolver

Will y yo en el puerto de Hidra

al remitente". Qué habrá sido de Will, nunca lo sabré. No me sorprendería si estuviera casada con un magnate griego.

Mi vida personal era un desastre. Tuve múltiples aventuras amorosas porque quería proteger mi corazón de mi Némesis de Chicago. Estábamos en una relación abierta, me decía él, lo que quería decir que eso le venía bien a él, pero no a mí. Pero de nada servía. Mientras él menos me necesitaba, yo más lo quería. La independencia inspira admiración y la admiración es un afrodisiaco.

Yo trataría de ganarme su admiración durante décadas sin darme cuenta de que él estaba revuelto en mi cabeza/corazón como el arquetipo del padre, hasta que finalmente un día me di cuenta de que yo nunca obtendría su aprobación. Pero para entonces ya no necesitaba su aprobación. Él era un producto de mi imaginación.

Mientras tanto, allá en la isla, Konstantinos y yo tuvimos un breve romance, pero se apagó a los pocos días, dejando sólo un hilillo de humo.

Konstantinos a los cuarenta me parecía viejo a mis veintiocho. Algunas veces cuando compartíamos la intimidad, su cara se transformaba en una calavera, y sentía como si me estuviera acostando con la Muerte, aunque nunca se lo dije. Él tenía unos grandes ojos felinos, una cara delgada con pómulos extraordinarios, el cabello revuelto de un gladiador y un mentón cubierto de una barba de Ulises bien recortada. Se veía exactamente como esos retratos egipcios bien parecidos encontrados en las momias de Faiyum, con ojos tan oscuros y húmedos como las aceitunas griegas. Puedo ver los encantos de Konstantinos claramente hoy, pero en el momento en que lo conocí yo estaba distraída con la novedad de los muchachitos que revoloteaban a mi alrededor, habiendo salido con un hombre mayor cuando yo tenía la edad de ellos.

Cuando me salí de la casa de Konstantinos, seguí con mi vida sin pensarlo dos veces. Es posible que él admirara mi independencia y eso pudo haberlo atado más a mí. Al escribir esto pido disculpas por cualquier dolor que le haya causado a Konstantinos por mi indiferencia, y perdono a mi Némesis quien de manera similar me causó lo mismo.

Durante mi temporada en Hidra mi piel estaba cobriza por haber vivido dos temporadas en dos costas: el Atlántico y el Egeo. Traía el pelo largo y rizado como las sacerdotisas cretenses que saltaban sobre los lomos de los toros y agarraban serpientes con las manos. Yo estaba creando. Tenía mi propio dinero. Y, tenía una casa propia. Esto para mí representaba el poder.

Los hombres llegaban con frecuencia a mi vida y con frecuencia me parecían encantadores. Era fácil razonar: "¿Por qué no?". Pero hubo sólo uno que guardé en mi corazón: Dimitri, un marinero griego, que me ayudó a distraerme de mi Némesis de Chicago. Los demás fueron sencillamente pasatiempos.

Mi marinero griego zarpó después de una pasión breve e intensa. Cuando lo conocí por primera vez en el puerto, me dijo su nombre con una voz suave y adormilada. Me gustó de inmediato. Sus ojos de *Las mil y una noches*. Su cuerpo de campeón boxeador con un pecho como el escudo de Aquiles. Ahora que lo pienso, parecía un Javier Bardem de joven. Con razón he estado loca por Bardem todos estos años.

La casa de Hidra y *La casa en Mango Street* están unidas por ese viaje. Un momento eterno, como estar enamorado. Intento recordar a la distancia dónde escribí cada una de las viñetas de *La casa*, pero sólo puedo ubicar algunas y, como no tenía computadora en ese entonces ni ningún lugar donde almacenar mis borradores como viajera, debo depender de la memoria.

La noche en que empecé el libro en Iowa, escribí el primer capítulo, "La casa en Mango Street", el capítulo "Meme Ortiz", y una viñeta que se quedó a mitad del camino.

Cuando estuve trabajando como maestra de preparatoria en Chicago, escribí los capítulos "Darius y las nubes", "Chanclas", "Minerva escribe poemas", "Geraldo sin apellido" y "El jardín del mono".

"La familia de pies menuditos" nació el año en que trabajé como consejera en la Universidad Loyola, mi *alma mater*, después de un comentario que hizo un estudiante sobre mis propios pies menuditos. "Alicia que ve ratones" y "Lo que Sally decía" también se basaron en algo que había dicho alguien a quien yo aconsejaba. Durante esta misma época de mi vida compartí "El primer empleo" con el escritor de Chicago James McManus. Jim tomaba mi trabajo en serio y me recordaba hacer lo mismo, y eso fue justo lo que necesitaba oír en una época de fe tambaleante en mis propios poderes creadores.

Acabé varias viñetas mientras estuve en Provincetown. Cuáles, no estoy segura. Pero recuerdo haber comenzado y terminado

"Elenita, barajas, palma, agua" sobre esa mesa de roble redonda de la biblioteca junto a la ventana, que dejaba ver los pies de los inquilinos de arriba pisando fuerte al subir y bajar las escaleras.

Una mañana en Atenas, justo antes de despertar, soñé con la primera línea de "Las tres hermanas". "Vinieron con el viento que sopla en agosto, delgadito como tela de araña y casi sin que las vieran". Quizá estar en Grecia me hizo pensar en tres; yo era una gran admiradora de *La diosa blanca* de Robert Graves. Metí esa oración en mi diario y la llevé en el transbordador hasta Hidra, donde escribí esa viñeta.

Una noche, con apenas mi linterna y la luna iluminando el camino, iba subiendo los escalones hasta mi casa en Hidra. Me debatía si escribir o no un cuento sobre una violación. Quería proteger a mi protagonista. No quería que le pasara nada malo. También estaba la dificultad de cómo escribir una historia que el personaje no quería contar. Y, ¿cómo escribirlo si yo no tenía experiencia de primera mano, ya fuera como víctima o testigo?

Pero luego recordé algo que me había pasado en el octavo grado. Cómo un chico alocado me había agarrado la cara en contra de mi voluntad y me había besado una noche mientras caminaba de regreso a casa por North Avenue con una amiga. Cómo mi amiga, más sabia sobre las cosas del mundo, se había bajado de la banqueta hacia la calle y me había dejado sola cuando este chico y su amigo se acercaron.

Los dos probablemente no eran mayores que nosotras, pero había algo sobre su manera de pavonearse que le advirtió a ella: "*Oh, oh, lío*". Yo fui quién quedó a la mano. El embistió. Moví la cara, pero no lo suficientemente rápido, y su boca aterrizó de manera torpe en uno de mis ojos. Fue mi primer beso.

Dijo: "Te quiero, *Spanish girl*". Luego salieron corriendo con torpeza, rugiendo, supremamente satisfechos consigo mismos.

"¿Te hizo daño?"

"Estoy bien estoy bien estoy bien", dije, fingiendo que no era nada. Pero no estaba bien. No podía ponerlo en palabras, ni siquiera para mí misma. Cómo mi cuerpo habló de ello por años. Cómo no se lo conté a nadie y traté de olvidarlo, pero tratar de olvidarlo sólo hizo que brotara a la superficie como una mujer ahogada en ese pantano llamado los sueños.

En la isla yo seguía el mismo horario de escritura que hoy día. Del mediodía al anochecer. Luego me ponía las sandalias de piel y volaba con los pies alados de Hermes por los trescientos cincuenta escalones de piedra hacia la civilización abajo. De alguna manera era una vida ideal. Un convento de clausura de día y El Bar Pirata de noche. La excéntrica población de la isla al alcance cuando necesitaba de su compañía.

¿Compartí lo que escribía con alguien durante esos dos meses? ¿Le mostré algo a Ifigenia, quien también era escritora? No recuerdo comentario alguno. Yo escribía a máquina en la tarde y a veces toda la noche. Aunque no escribí las viñetas en orden lineal ni las arreglé en un orden fijo mientras las escribía y, aunque le dije a mi editor que sugiriera una disposición, yo sabía intuitivamente cómo se suponía que debían de ir. Dos meses después, cuando estaba alojada en el sur de Francia, mandaría instrucciones a mi editor y pondría en claro la secuencia específica.

Hacia fines de noviembre, llegaron unas tormentas horribles con su alborotado cabello de rayos de Medusa, a veces cancelando los barcos que iban y venían. Moví mi estudio adentro, pero a la larga me vi forzada a terminar mi última semana en Hidra en el puerto, en la casa de Vasilis, ya que mi casa no tenía calefacción y, como estaba hecha de pura piedra, era tan húmeda y fría como un mausoleo.

A Vasilis le gustaba que Will y yo nos quedáramos en su casa cuando él estaba fuera. Creo que él pensaba que acrecentaba su reputación el tener a dos chicas jóvenes, una morena, una rubia, yendo y viniendo. Me recuerda a algo que dijo Carlos Fuentes, sobre cómo Don Juan no se da cuenta de cuándo se ha convertido en Don Quijote.

Mientras escribo esto, un recuerdo que había olvidado burbujea a la superficie. Vasilis y yo estamos sentados en su sofá una noche. Él se lanza hacia adelante, su cara de prisionero triste sobrevolándome; me empuja sobre mis espaldas, intentando besarme. Pero yo me paro cual resorte como un payasito boxeador y me río tan fuerte que él nunca vuelve a intentarlo.

La noche en que terminé *La casa*, me estaba quedando en el apartamento del segundo piso de Vasilis. Quedaba sobre un callejón angosto detrás de la panadería, sin vista al mar pero con una preciosa vista del pueblo y el cielo estrellado. Me parece recordar que el apartamento tenía calefacción a vapor, pero quizá sea sólo en mi memoria. Era cómodo y acogedor, decorado a la manera oriental con alfombras por doquier. Vasilis se había ido a Atenas, y yo tenía conmigo esa noche a un muchacho griego alto a quien no amaba, que tenía ojeras oscuras como un mapache debajo de los ojos. Pasé mis últimos días en la isla con él; no recuerdo por qué. Los hombres eran una lata cuando yo estaba escribiendo. Exigían que fueras a la cama de inmediato. Tenían hambres urgentes. Pero una vez que les dabas de comer, como niños se quedaban dormidos. Entonces podía volver a mi escritura.

Estaba guardando un disco de la colección de Vasilis para el momento en que terminara el libro. "El Danubio azul" de Strauss. Qué callado estaba el mundo esa noche. Había apenas el círculo de luz sobre la página. Eran cerca de las cuatro de la mañana cuando llegué al final. Me sentía tan aliviada de que el muchacho en el cuarto de al lado estuviera roncando. Esta dicha era mía y quería saborearla a solas.

Abrí las ventanas y empujé las pesadas contraventanas de madera aunque hacía fresco afuera. Se abrieron con un crujido y la luna dio un paso adentro. Era una noche clara llena de estrellas. No se esperaba una luna llena hasta el día siguiente, pero la noche estaba encendida, pintando el blanco pueblo de azul.

Las primeras notas del "Danubio azul" comenzaron, suave, tímidamente al principio. El cielo estaba abrumado de nubes extrañas, recuerdo. Las miré estirarse y bostezar con las primeras notas y, a medida que la música gradualmente adquiría ímpetu, éstas se pusieron más animadas. Al final, terminaron pasando a toda velocidad como una camada de peces precipitándose a través de ese mar llamado cielo.

Cuando terminó el vals agarré mi Walkman y corrí por el pueblo azul hasta el mar, con Astor Piazzolla y Gerry Mulligan en los oídos. Cuando llegué a la pasarela entre Hidra y Kaminia, me trepé al muro y comencé a bailar, sintiéndome toda una hechicera. "¡Ya acabé!", grité, y podía ver los barcos pesqueros que salían a buscar calamares, porque los calamares sólo se pescan de noche. "Es de mala suerte ver a una mujer cuando uno está pescando", Konstantinos me había dicho. Y me pregunté si los marineros podían verme bailar sobre el muro como una bruja, maldiciendo porque no podrían pescar ningún calamar esa noche.

Entonces recordé a Liesel, y fui a despedirme. Liesel siempre estaba despierta de noche, así que no temía visitarla a esas horas. Años después Liesel me diría que bailamos bajo la luna esa noche, pero no lo recuerdo. Fue todo breve y apresurado. Yo tenía que empacar y agarrar el primer hidroplano de la mañana y era casi el amanecer cuando toqué a la puerta de Liesel.

Al alba besé al muchacho mapache de despedida, deposité las llaves de la casa, y me subí al hidroplano hacia Atenas, donde mandé por correo el manuscrito desde la oficina de correos de la Plaza Síntagma sin hacer una copia. Esto me parece increíblemente descabellado ahora en esta época de computadoras, pero así era mi vida AC.

Una década después, cuando regresé a Hidra, creí haber recordado la isla a la perfección, pero cuando me bajé del barco me di cuenta de que se me había olvidado una cosa. El aliento fresco que se eleva de la piedra húmeda aun en el verano.

De vez en cuando, el sonido de un gallo que canta o el lamento quejumbroso de un burro me lleva de vuelta a mi isla. ¿Por qué digo "mi"?, me pregunto. Parte de esta me fue dada por siempre, creo yo. Al escribir hoy a la distancia, es como si hubiera vivido siempre en esa casa con las ventanas que dan al jardín y al mar.

Pensé que yo era Penélope durante mis días griegos, pero ahora me doy cuenta de que fui Ulises. "Al partir para Ítaca / espero que tu camino sea largo / lleno de aventuras, lleno de descubrimientos". Como en el poema de Cavafy, me siento agradecida por la maravillosa travesía.

En los tejados, Hidra

No hay como el propio hogar

Este fue uno de los ensayos escritos para la Ponencia Thomas Wolfe, en la Universidad de Carolina del Norte, Chapel Hill, el 21 de octubre de 2014. El segundo, "Una casa prestada", está incluido cerca del final de esta colección.

Cuando Thomas Wolfe ya era un autor exitoso, alguien le preguntó si consideraría mudarse de vuelta a Carolina del Norte. Él dijo: "Mi escritura es mi hogar, ahora".

Sucedió así en los años treinta, cuando la escritora Betty Smith se mudó a Chapel Hill y se sintió como en casa aquí de muchas maneras. Primero, encontró un lugar que era calmado, seguro y accesible para una madre soltera criando a dos hijos, y calmado, seguro y accesible son elementos esenciales para un escritor. Mientras vivía en Chapel Hill, Smith encontró otro hogar. Ella encontró su hogar en un libro que le daría permiso para escribir su propio libro de mayor venta, *Un árbol crece en Brooklyn*. El libro *Of Time and the River* (Del tiempo y el río) de Wolfe la guio de regreso a casa. Fue mientras vivía en Chapel Hill que Smith pudo ver su niñez con mayor claridad, ver a su Brooklyn, admitir qué era lo que separaba sus propios recuerdos de los de los demás en Chapel Hill, de su propia familia en Brooklyn. A menudo, uno tiene que huir de casa y visitar otras casas antes de poder ver claramente la propia.

Me pasó lo mismo cuando me fui a vivir a los extraños parajes de Iowa para hacer la maestría. Me puso un espejo en frente y me permitió ver qué era lo que me hacía distinta de mis compañeros de taller, volver a mi niñez en Chicago, al barrio y a la gente que sólo yo conocía, las historias que eran sólo mías y no las de mis hermanos o primos o amigos. Mientras estuve en Iowa comencé un libro que no era parte de mi tesis, pero que sirvió para protegerme durante mi estancia allí. Yo necesitaba de cobijo. Quizá nunca me sentí más desamparada que durante esos dos años en el posgrado. Encontré mi hogar en los monólogos de los campesinos del escritor mexicano Juan Rulfo, en la antipoética del poeta chileno Nicanor Parra, la rabia de Malcolm X.

Nos encontramos más en casa, o encontramos el instinto de regresar a casa, en los libros que nos permiten convertirnos más en nosotros mismos. El hogar "no es sólo el lugar donde naciste", como advirtió una vez el cronista de viajes, Pico Iyer. "Es el lugar donde te conviertes en ti mismo".

Cuando era una estudiante joven en Chicago, las letras de un Carl Sandburg de hombros anchos me enseñaron a cantar con las sílabas. Encontré mi camino a Mango Street a través de Gwendolyn Brooks, quien escribió sobre aquellos que comían frijoles en las cocinetas de Bronzeville al sur de Chicago, sobre personas que vivían amontonadas en apartamentos con baños compartidos y sin suficiente agua caliente. Yo también conocía a mucha gente que comía frijoles, pero vivían en las comunidades mexicanas de Pilsen, Humboldt Park, Little Village o Logan Square. El agua caliente también era un lujo en mi casa, aunque no teníamos que compartirla con los vecinos; ya éramos bastante barrio en sí mismo con una familia de nueve. Sandburg y Brooks, sus libros decían: "¡Éntrale!".

La pluma dorada de Nelson Algren le dio a Studs Terkel un aventón a casa por siempre con su *For Keeps and a Day* (Por siempre y un día) y Studs a la vez revolucionó la radio al grabar las historias orales de la gente común y corriente, aquellos a quienes nunca

Mi madre, Studs Terkel y yo

escuchamos, los valientes y los exhaustos desde Kentucky hasta Guanajuato que trabajaban en las fábricas y las plantas siderúrgicas, demasiado ocupados para llegar hasta el centro de la ciudad por un poco de cultura. Fue Studs quien dio a conocer la poesía de Pablo Neruda a mi madre desde el radio encima del refrigerador, que estaba junto a la barra de pan Bimbo encorvada. La cocina era el salón de clases de mi madre y ella recibió una promoción del noveno grado a un doctorado en la Universidad de la Vida. Studs la educó. Studs le mostró el camino de vuelta a casa.

Tuve la fortuna suficiente de decírselo a Studs antes de que él partiera a la gran estación de radio en el cielo, y él tuvo la fortuna suficiente de conocer a su estudiante estrella, Elvira Cordero. Tengo una foto de mi mamá y yo y Studs en el estudio WGN, donde nos vemos todos sorprendidos de que la Divina Providencia pudiera reunirnos, pero así es la Divina Providencia.

En la novela de la escritora mexicana Elena Poniatowska *La "Flor de Lis"*, este diálogo ocurre más de una vez entre la protagonista y los demás:

"Pero tú no eres de México, ¿verdad?"

"Sí soy".

"Es que no pareces mexicana".

"Ah, sí. Entonces, ¿qué parezco?".

"Una gringa".

"Pues no soy gringa. Soy mexicana".

"A poco".

Algunos artistas pertenecen mucho. Quizá no tanto a su país de origen, sino al adoptado. Elena Poniatowska nació en París, pero de niña se fue a vivir a México con su abuela durante la Segunda Guerra Mundial. Ella hablaba francés en casa, inglés en la escuela y aprendió español de los miembros más pobres de la sociedad mexicana, los trabajadores domésticos indígenas: la cocinera, la nana. Este español mexicano acogió a Elenita y ella lo acogió a su vez a tal grado que llegaría a ganar el más alto honor literario para un escritor en lengua hispana —el premio Cervantes— por una escritura tan esencialmente mexicana, que ha hecho que sea casi intraducible. Ella se ha convertido en una embajadora para los que carecen de voz, una voz osada en un país donde decir lo que uno piensa puede costarte la vida.

Recuerdo haber visto a Carlos Fuentes hablar en la Universidad de Illinois, Chicago, cuando yo era una jovencita. ¡Qué dominio! ¡Qué presencia! El público lo adoraba. ¡Lo adoraba! Bueno, aquel era el embajador de todo, tan guapo y gallardo, como un Cary Grant mexicano. ¿Quién no le iba a hacer caso?

Recuerdo que Fuentes se puso de pie, corrió por el pasillo y brincó sobre el escenario como un cabrito. Leyó algo... no recuerdo qué, excepto que recuerdo que no entendí ni una palabra. Pero lo que se me quedó grabado en la memoria fue ese pequeño salto al escenario, una especie de jarabe tapatío que sólo alguien con la máxima confianza en sí mismo podría dar antes de pronunciar siquiera una sílaba. En esos tiempos, en ese país.

Eso me recuerda también a las muchas veces que estuve entre

el público para las conferencias que dictaba Jorge Luis Borges. Cada vez que venía a Chicago, creíamos que sería la última ya que estaba tan viejo. Siempre había una ola enorme de discípulos, y un silencio enorme, aun antes de que él abriera la boca para hablar. El maestro Borges ya era un señor grande, y además ciego, lo cual, como él mismo admitía, inspiraba bondad.

En esos tiempos, el maestro Borges se sentaba en una silla y se apoyaba, me parecía, en un bastón. Al menos se apoya en un bastón en mi memoria. Hablaba de maravillas, de cosas que causan estupefacción, laberintos, espejos, historias que te dejan con la boca abierta, porque le gustaba contar ese tipo de cuentos.

Y como un Tiresias ciego, Borges hablaba como un profeta para aquellos de nosotros que éramos escritores. Su obra atraía a los escritores jóvenes. Él era experimental y *avant-garde*. La forma de sus cuentos en fábula, los que más tarde serían publicados en Estados Unidos en una colección llamada *Dream Tigers* (*El hacedor*), tuvo un impacto especial sobre mí, un nuevo género entre la poesía y la ficción, aunque la poesía de Borges me parecía entonces, como ahora, chapada a la antigua. Pero eran sus cuentos, muchos de ellos de menos de una página, los que me inspiraron a inventar una nueva forma de escribir, una novela como un collar de perlas, sin haber conocido el ciclo de cuentos diminutivos de Elena Poniatowska, *Lilus Kikus*.

No quiero parecer pretenciosa y decir que escribo como el maestro Borges. Sólo quiero decir que su *Dream Tigers* me dio permiso de soñar, de la misma manera en que Kafka dio permiso de soñar a Gabriel García Márquez, en que Thomas Wolfe dio permiso a Betty Smith. A veces necesitamos permiso, ánimo, alguien que llene nuestro corazón de deseo, porque sin deseo no puedes inventar nada.

No sé cómo acabé escribiendo un libro de ficción estando en un taller de poesía, pero sé que el International Writing Workshop

(Taller internacional de escritura) de Iowa y los libros del *boom* latinoamericano me ayudaron a encontrar mi camino de regreso a casa cuando sentía que no pertenecía a ningún lado.

No sé nada, pero sé esto: cualquier cosa hecha con amor, en nombre de los demás, sin ganancia personal, cualquier cosa hecha con el corazón en nombre de alguien o algo, ya sea niño, animal, vegetal, roca, persona, nube, cualquier trabajo hecho con completa humildad, siempre saldrá divinamente, y algo más valioso que la fama o el dinero llegará. Eso me consta.

La casa en Mango Street fue escrita en una época de impotencia total. Como maestra de preparatoria, no tenía idea de cómo salvar a mis estudiantes de sus propias vidas excepto incluirlos en mi escritura, no por su bien, sino por el mío. No podía deshacerme de sus historias de ninguna otra manera. ¿Cómo es posible conciliar el sueño por las noches cuando eres testigo de historias que no te dejan en paz?

Durante las Olimpiadas de 1968 en la Ciudad de México, una manifestación de estudiantes tomó lugar en la plaza de Tlatelolco. Miles de estudiantes fueron masacrados por la policía, incluso el hermano de Elena Poniatowska. Ella dijo que no quiso ser cómplice de la impotencia, así que escribió *La noche de Tlatelolco*, un libro que dio a Elena un hogar en las letras mexicanas al inventar un nuevo género, un libro conformado de testimonios de historia oral. Creo que las más grandes oportunidades de la vida llegan cuando estamos en ese estado de gracia.

De modo que me encuentro de vuelta en casa al leer a Thomas Wolfe. Los Gants son mi familia, sus cuartos atestados íntimamente compartidos con aquellos extraños llamados familia. Me acogen y de casualidad me llevan a mis propios cuartos atestados en una casa en Mango Street o a una casa modesta a punto de derrumbarse en El Dorado Street en San Antonio, dentro de una novela llamada *Caramelo*, con una mamá que también tenía grandes sueños de bienes raíces.

Wolfe guio a Betty Smith todo el camino de regreso a Brooklyn con sus propios escritos sobre la misma geografía. Y la escritura de Betty Smith sobre crecer pobre, crecer avergonzada porque era pobre, cobijó a mi madre cuando ella era una jovencita tratando de salir de la pobreza y la vergüenza hacia su verdadero hogar. Soy pariente de Betty Smith y Betty Smith es pariente de Thomas Wolfe, así que somos ramas del mismo árbol. Tu gente es mi gente, adonde vayas, yo también iré.

La paradoja de ser una escritora de la clase trabajadora es que nunca estamos más exiliados de nuestro verdadero hogar, de los parientes de sangre que hemos honrado en nuestras páginas, como cuando nos hemos alejado de ellos sobre esa pequeña balsa blanca llamada la página.

Salí a cenar recientemente con otras dos escritoras latinas y les pregunté si sus familias ya habían hablado con ellas sobre sus nuevos libros, e hicimos una pausa y miramos a nuestro alrededor y parpadeamos. Ninguna de nosotras pudo admitir que nuestros libros nos hubieran acercado más a nuestras familias. Ni una vez siquiera en el pasado reciente ni remoto. Quizá es como dice la escritora Cherríe Moraga: ellos no necesitan leer nuestros libros; nos tienen a nosotros.

En mi caso sé que no puedo volver a casa a ese lugar donde me criaron excepto a través de las historias, habladas o escritas en papel. Una vez, cuando traté de invitar a un familiar a una lectura que iba a dar en Chicago, ella se me quedó viendo, exasperada, y dijo: “Sandra, yo soy familia. Yo no soy tu fan”.

Debí haber dicho: “Pero yo soy *tu* fan”. Por supuesto, no se me ocurrió decírselo entonces, pero soy escritora, así que lo digo aquí ahora.

En lugar de eso, busco a mi familia entre mis compañeros escritores. Aquellos que conozco en persona y aquellos que conozco sobre la página. Me siento afortunada de por lo menos abrir libros y ser invitada a entrar. Si ese libro me cobija y me abriga, sé que he llegado a casa.

Luis Omar Salinas

Luis Omar Salinas perteneció a la escuela de poetas de Fresno que influenció a una generación de poetas más jóvenes como yo. Su obra me recordaba a los poetas españoles por su lirismo y por dejar volar su imaginación, pero ahora en retrospectiva me recuerda al artista autodidacta Martín Ramírez, quien lidiaba con sus fantasmas para hacer arte. Yo me adentraría en mi propia oscuridad tres años después de conocerlo. Ojalá pudiéramos conversar ahora. Le preguntaría: ¿Cómo se las arregló para convertirse en poeta viniendo de un hogar de clase trabajadora, cómo se las arregló para vivir en casa ya de adulto con su padre, era cierto que alguna vez había formado parte de la reserva de la marina, la locura llegó antes o después, y alguna vez habló con algún curandero o algún terapeuta? Le mencionaría que a mí también trataron de intimidarme los activistas chicanos de hueso colorado porque mi escritura no era lo suficientemente chicana. Al releer este artículo me doy cuenta de que yo era demasiado joven como escritora para entender todo lo que Salinas me estaba diciendo. Yo había de vivir una vida primero y hacerme las preguntas difíciles después.

Este artículo apareció en el ejemplar de junio/julio de 1984 de *Tonantzin*, la revista del Centro Cultural de las Artes Guadalupe, donde fui la directora literaria en aquel entonces. Salinas realizó unas visitas en abril y mayo de ese mismo año como parte de una serie de lecturas que incluyeron a Norma Alarcón, Cherríe Moraga, Helena María Viramontes, Ana Castillo, Pat Mora, Rolando Hinojosa, Evangelina Vigil, Alberto Ríos y Ricardo Sánchez, entre otros. Con la excepción del poema incluido, las citas de Salinas provienen de una conversación que tuvimos justo antes de su presentación en el Teatro Guadalupe.

Una versión de esta selección fue reimpresa en la antología de 2014 *Messenger to the Stars: A Luis Omar Salinas New Selected Poems and Reader* (Mensajero a las estrellas: antología y selección de poemas nuevos de Luis Omar Salinas), editado por Christopher Buckley y Jon Veinberg.

Yo aclamo a los muertos

En este pueblo borracho
mordido por las putas
de Texas, hago una pausa con
una cerveza para aclamar a los muertos.

Alguien está en mi casa
—el niño muerto de Texas
ronda las molduras
y el niño está en todas partes
esta noche esperando el amanecer,
mañana quizá jugando
en el lodo.

Mi sobrino pregunta si los niños
negros que ve en la TV
son los pobres, y le contesto:
"Nosotros somos los pobres".
Él no puede entenderlo,
y sé que esta casa
es tan pobre como este pueblo
borracho
y me tomo la cerveza y
canto entre hipos.

Darkness Under the Trees/Walking Behind the Spanish: Poems by Luis Omar Salinas, Chicano Studies Library Publications, University of California, Berkeley, 1982

Era definitivamente Salinas, con la mano extendida para saludarnos. Salinas el poeta había venido a la ciudad a leer sus poemas. Salinas el hombre acercándose a nosotros en el aeropuerto de San Antonio. Salinas el creador de "sus labios tienen la suavidad / de aceitunas machacadas por la lluvia". Salinas llegando con una versión más pequeña de sí mismo en un traje color café: Salinas y el padre de Salinas. El Salinas padre hablaba el español amable de las abuelas y los niños. Un intercambio de formalidades.

Sí, su vuelo había estado bien. No, esta no era su primera visita a San Antonio, recordando la muerte de un pariente y un funeral que los había traído aquí hacía tres años.

Salinas parecía tímido, cansado, triste como el tío que nunca se casó. Un hombre que usaba el lenguaje con frugalidad, sin embargo el Salinas que yo conocía de los poemas parecía intoxicado con el lenguaje, saltando de una imagen relumbrante a otra: "las palabras llegan como alondras confundidas... juguete[ando] juegos".

Si no hubiera estado familiarizada con la fotografía de Salinas en la portada de *Prelude to Darkness* (Preludio a la oscuridad), si no hubiera conocido la cara de Salinas con su puchero quijotesco que a veces se convertía en una enigmática mueca de dolor como si una abeja lo hubiera picado, Salinas llevándose un cigarro a los labios, Salinas joven, congelado por siempre en esa foto en blanco y negro de la antología *Entrance: 4 Chicano Poets* (Entrada: 4 poetas chicanos), si no hubiera conocido esa cara que se aproximaba a nosotros, la misma, un poco más llena, un poco más triste, me pregunté si lo hubiera reconocido solamente por sus poemas. Salinas el romántico, Salinas el lírico, el Salinas sombrío de la poesía.

Definitivamente era él. El mero chingón de la poesía, como el poeta chingón José Montoya lo había coronado. Un poeta con cinco libros en su haber, ganador del premio Stanley Kunitz Award, el reciente ganador del premio GE Foundation Award para la Poesía. Tímido. Hace una pausa. Reticente a contestar nuestras interrogantes.

Lo llevamos a dar un breve paseo por San Antonio, las atracciones turísticas de costumbre, señalamos El Álamo, el Paseo del Río, lo llevamos a El Mercado. Pasó un trolebús. "Si tuviéramos tiempo nos subiríamos a uno de esos", dije. Salinas sólo sonrió. Era difícil saber si él estaba disfrutando mientras lo llevábamos por aquí y por allá señalando las cosas que uno debe señalar. Era difícil saber en qué estaba pensando dentro de sus silencios. Cuando paramos en el Instituto Cultural de México, donde se sentó junto a una cabeza olmeca de piedra pacientemente dejando que lo fotografiaran y lo refotografiaran, no pude evitar hacer una conexión entre la cara que Salinas traía puesta y la otra antigua cara de piedra.

Salinas, después de todo, estaba volviendo "a casa" en Texas. Había nacido aquí, en Robstown, pero se había mudado a los ocho años a California, un paso crucial, declara Salinas, para convertirse en poeta.

"De hecho el fenómeno de convertirme en poeta fue más bien accidental, solamente con el conocimiento de la gente y también por estar dispuesto a involucrarme. Es extraño, sabes. Es el destino. Pude haber sido otra persona, un albañil, un carpintero o un vendedor de zapatos. Si no hubiera sido por la revolución [refiriéndose al movimiento chicano de los años sesenta] y todo este interés por la literatura chicana, probablemente no me hubiera involucrado, o si no hubiera ido a la universidad o si me hubiera casado como lo había planeado a los veintiséis".

Salinas admite que "formó filas" con los escritores de la Costa Oeste, escritores como Jon Veinberg, Peter Everwine, Philip Levine. ¿Quizá esto explique su popularidad en círculos no chicanos? ¿Cómo es posible, entonces, que la poesía de Luis Omar Salinas sea aceptada más allá de la comunidad literaria chicana?

"No sé por qué", admite Salinas con sinceridad. "En realidad no sé cómo explicarlo. Siempre me he considerado un poeta chicano, aunque los escritores que me influenciaron no eran chicanos. En lo personal siento una afinidad con los poetas españoles. Hernández, Jiménez, Lorca. Pero definitivamente soy un poeta chicano", Salinas respondió a la defensiva durante un micrófono abierto la noche anterior cuando le preguntaron sobre su tendencia política. "Cada chicano que escribe es un escritor chicano. La poesía chicana es poesía humana —he ahí el meollo del asunto— la compasión humana".

Salinas parecía menos confortable con las preguntas sobre la teoría política de su obra. "Tiene que haber algún tipo de tensión, algún tipo de conflicto", confesó Salinas. "La mayoría de los escritores no está a gusto en su medio ambiente o consigo mismo. Para que la poesía tenga consecuencia alguna, el poeta debe tener una pelea entre manos".

"En mi vida", continuó Salinas, "siempre ha habido una batalla con la locura, los malos amigos, la falta de dinero, los romances que no funcionaron. Todo esto ha jugado un papel en mi aislamiento. La mayoría de los poetas tiende a la tristeza", rio. "Supongo que ha habido mucha tristeza en mi vida".

En cuanto a si estos momentos difíciles lo ayudaron con su escritura, Salinas discrepó. "No, pero sí requirieron de coraje. ¿Cómo puede una persona escribir bajo malas circunstancias? Pero soy un poeta que trata con todas las facetas de la experiencia. No dejo nada en el tintero. Y la poesía, por supuesto, es como magia. Me ayuda a equilibrar mi vida. Ese equilibrio es muy importante. Cuando no escribo, tiendo a perder el equilibrio".

Curiosamente Salinas parece sentirse en casa con ese extraño rol como poeta. Los poemas dan fe de ello. Salinas se refiere a Salinas, crea un personaje de sí mismo, se divide en dos como cuando Jorge Luis Borges habla de un Borges y otro Borges en "Borges y yo".

"Sí, siempre me he sentido a gusto como poeta, más aún en mis primeros años de universidad. Últimamente se me hace más difícil escribir. Cuando no viajo tanto como solía, surgen los mismos tipos de poemas y eso no sirve. Tengo periodos así cuando no escribo durante meses".

¿Cómo explica, entonces, el lapso de diez años entre *Crazy Gypsy* (Gitano loco), su primer libro, y la rápida sucesión de los otros cuatro que le siguieron?

"Después de *Crazy Gypsy* regresé de un extraño purgatorio", explicó Salinas. "Me estaba muriendo, en cierto sentido, espiritualmente, y los poemas parecían mejorar según los escribía. *Crazy Gypsy* fue escrito en la cúspide de mi juventud. Básicamente es una batalla por sobrevivir y escribir y no enloquecer, no suicidarse. Los libros eran una manera de salvarme. Mis amigos me animaban, mi familia.

"Mi abuelo era un poeta y también un orador, pero nada de su obra sobrevivió. Escribió muchas cosas en verso fijo, con líneas rimadas y todo eso. No lo recuerdo muy bien, pero tengo un poema que escribí para él.

"Y, por supuesto, mi familia me ha apoyado mucho como poeta. Mi madre tiene una educación del octavo grado, mi padre del cuarto grado, pero son muy listos y perceptivos. Siempre le muestro mis poemas a mi padre, y él me hace comentarios. Puede señalarme una línea que no funciona. Siempre me ha ayudado. Mi madre, ella me dice 'Qué bueno' cada vez que traigo un cheque a casa de una lectura. Sólo me dice que no debería frecuentar los bares. A veces tiene miedo de que me escape al mundo de fantasía de Cervantes".

Martes, 1ro de mayo. El día de la lectura de poesía. Salinas llega al Teatro Guadalupe, donde va a compartir el escenario con el poeta de San Antonio, Art Muñoz. Salinas se ve guapo en su traje y corbata, impecable, como un monaguillo. Se sonroja un poco cuando le hago un cumplido.

"Sabes", Salinas me hizo una confidencia antes de la lectura, "venir a San Antonio y conocerte a ti y al personal del Guadalupe y a todos los demás es una de las partes más memorables de mi vida. Todo el mundo ha sido tan amable. Los chicanos me han apoyado mucho y eso me complace. Me siento muy agradecido".

"¿Te sorprende?", pregunté.

"De cierta forma", dijo y sonrió. "De cierta forma, *yo* estoy sorprendido".

Y luego comenzó la lectura. Olvídate de su nerviosismo la noche anterior, su falta de respuestas elocuentes acerca de la teoría o la política. Lee sus poemas, repentina, simplemente. Porque de golpe uno comprende que Salinas no es un poeta de la retórica y la teoría. Es un poeta del corazón, de la "compasión humana" que es la poesía chicana. Salinas el poeta y Salinas el hombre se funden en uno, vulnerable y hermoso.

"Todos nos esforzamos por alcanzar a la musa", me había dicho Salinas antes en cuanto a la poesía. "Todos nos esforzamos por alcanzar ciertas cosas. En mi vida si algo ha sucedido del todo o no ha sucedido, es un poquito de fama, de reconocimiento. Pan, sueños y poesía. Es todo lo que busco".

Pensé en esto mientras él leía sus poemas con esa extraña, lírica voz que es sólo suya, luminosa y optimista como cualquier poeta del mundo.

Aplausos y la recepción en espera de Salinas el poeta. Salinas revirtiéndose con sigilo a su otro yo, el menos elocuente, el tímido. Pero antes de salir al *lobby* y los muchos visitantes ansiosos por hablar con el poeta, Salinas el hombre me lleva a un lado junto a las cortinas gruesas de terciopelo y me confiesa, radiante: "Sabes, esto es una gran cosa para mí".

Y se notaba que así era.

Enamoramiento

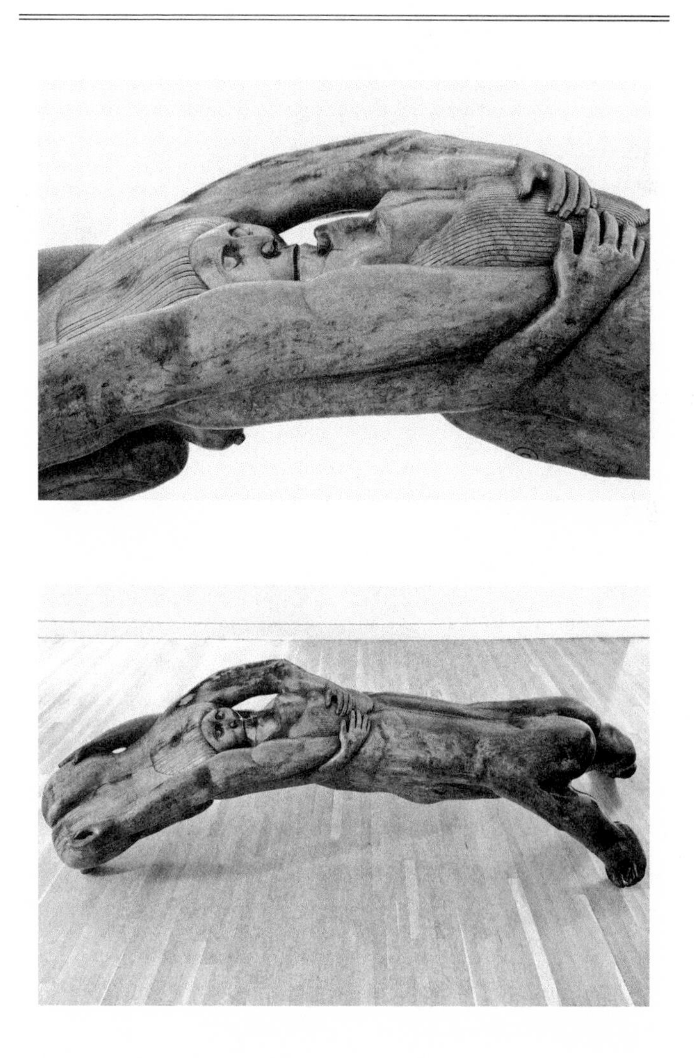

El Museo de Arte de San Antonio me invitó a formar parte de una guía de visitantes que resaltaría piezas favoritas de su colección. Eso fue en el 2006. No sé qué sería de ese proyecto; nunca vi mis palabras impresas. Quizá pensaron que lo que escribí era demasiado escandaloso. Nunca pregunté. Sencillamente me dio gusto echarle unos pétalos de rosa a un artista cuya obra he admirado durante mucho tiempo, el escultor José Luis Rivera-Barrera, oriundo de Kingsville, Texas, que vive en San Antonio. Aunque él trabajó varios materiales, Rivera prefería trabajar la madera, sobre todo el mezquite autóctono.

Cuando recién llegué a San Antonio en 1984, recuerdo haber sido invitada a una exhibición de la obra de José en Broadway, a unas tres o cuatro millas de mi apartamento sobre un garaje. Era una hazaña para mí asistir en ese entonces, porque tenía que tomar el autobús, y era domingo, día en que pasaban sólo una vez cada hora. Como yo era de Chicago, no tenía idea de que hubiera llegado más rápido si hubiera ido a pie. Después de lo que me pareció como un largo, largo trecho, recibí mi recompensa al estar frente al esplendor de la obra de José. Admiré una cucaracha gigante salida de Kafka, la cual el pintor César Martínez adquiriría por trueque después y mostraría en su casa durante muchos años hasta que fue tan tonto como para venderla. Yo quería más que nada llevarme a casa el torso de una mujer embarazada cuyo vientre rogaba que lo sobaran. Las esculturas parecían tan vivas como cuando eran árboles luchando contra el calor de Texas para sobrevivir. No estaba dentro de mis posibilidades el comprar una obra de José Luis Rivera Barrera en ese entonces, y posiblemente tampoco ahora, pero a este maestro artesano, en gratitud por la inspiración y la excelencia, le hago una reverencia.

Son unos desnudos de un hombre y una mujer saltando para encontrarse en un beso. José Luis Rivera Barrera los talló de un solo bloque de mezquite, y es mi pieza favorita de todo el Museo de Arte de San Antonio. Se llama *Enamoramiento*.

Espero hasta que el guardia se aleja y entonces me meto a gatas debajo del torso del hombre de mezquite. Mi amiga, la Dra. Ellen Riojas Clark, me dijo que lo hiciera. No sé por qué, y no sé por qué lo hago.

"Es anatómicamente correcto", dice una voz masculina.

Volteo la cabeza y veo un par de zapatos negros lustrados, me salgo de allí cabizbaja y le muestro al guardia mis papeles de autorización.

"El museo me invitó a escribir sobre esta pieza", digo, pero el guardia sólo sonríe maliciosamente y se va.

¿Cómo explicarlo? Vine a admirar bajo todos los ángulos una escultura que habla de lo sagrado, no de lo mundano. De ese momento en que dos seres se besan y son infinitos.

Es como si el escultor José hubiera hecho esto con los ojos cerrados basado en el recuerdo del cuerpo de su amada, del recuerdo de esa tierra natal, su propio cuerpo. Es como si recordara la fuerza del amor.

Es una escultura que nos atrae y nos repele, de la misma manera en que uno podría sentirse tanto fascinado como avergonzado al importunar en un momento tan privado. Los hoyuelos y las hendiduras, las tetas con sus anchas aureolas mexicanas, los pies mexi/indios, cuadrados y gordos como tamales. Tanto amor. El hueco del ombligo del árbol, tan lleno de magia que quisieras dejar allí tus oraciones.

Algo del poder y lo sagrado del mezquite están presentes

todavía. La madera recuerda las arduas estaciones luchando por la vida. Un impulso dinámico, una sed, una necesidad, un empujón contra toda posibilidad.

Conozco al artista sólo de saludo. Pero cuando veo su obra, veo en ese árbol, atesorado como la lluvia, todo el amor que un hombre podría sentir por una mujer en una breve vida.

Marguerite Duras

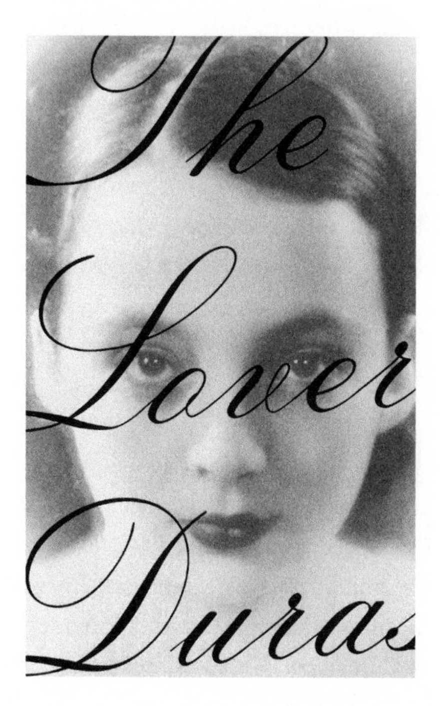

Recuerdo el rostro de aquella muchacha joven en la portada de *El amante* de Duras y recuerdo haberme gustado esa niña con cejas a la Greta Garbo. No sabía entonces que esa niña era la autora de joven. Me encontraba en la Librería Ghandi de Chimalistac, la colonia de Elena Poniatowska en la Ciudad de México, antes de una cita con Elena. Para ser más exacta, Norma Alarcón era quien tenía una cita con Elena; yo era su acompañante. Fue entonces que conocí a la gran Elena y fue también entonces que conocí a Marguerite. Más tarde leería los demás libros de Duras que recuentan la misma historia que *El amante*, libros escritos antes y después. Y como Christopher Isherwood en su *Christopher and His Kind* (Christopher y los suyos), ella intentaría contar de nuevo una historia de su juventud, pero con revisiones, como si con la edad nos acercáramos más a dar en el blanco de admitir la verdad. El escritor de ciencias Jonah Lehrer asevera que nunca revisitamos un recuerdo sin alterarlo. Si esto es cierto, quizá entonces toda la memoria es una oportunidad de contar una historia y cada historia nos acerca más a revelarnos a nosotros mismos ante nosotros mismos. Prometo revisitar lo que no se dice aquí en mi próxima colección. La crítica y editora Marie Arana del *Washington Post Book World* me pidió que escribiera lo siguiente para una publicación de febrero de 2005. Sentí que yo había estado esperando una eternidad para contar esta historia; saltó como un delfín de mi corazón a la página.

Yo tenía treinta el verano que conocí *El amante* de Marguerite Duras. Esto sucedió en la Ciudad de México, 1985. Se suponía que yo debía terminar mi libro de poesía. En verdad, yo estaba huyendo del hombre que me había creado y luego destruido. En unos meses, la Ciudad de México también sería destruida, por un terremoto. En unos cuantos años, Emiliano Zapata* se levantaría de entre los muertos en Chiapas. Pero esto fue antes. Sin saber lo que quedaba delante abordé un autobús al sur hacia San Cristóbal y desaparecí en la furia de la jungla y la furia de la historia que es la novela de Duras.

La historia comienza en un autobús de segunda clase como en

* En el Año Nuevo de 1993, en el estado mexicano de Chiapas, los indígenas mayas se sublevaron bajo el nombre del líder revolucionario mexicano Emiliano Zapata, en defensa de sus tierras y sus derechos.

el que yo viajaba aquel día, pero en el Vietnam de la colonia francesa. Una jovencita cruza un río y entonces cruza líneas de color y clase a causa del amor. Yo había hecho algo muy similar en mi desastrosa aventura amorosa.

Leí a través de varios paisajes y, finalmente, en el peligroso camino por las montañas más allá de Tuxtla Gutiérrez me encontré al final del libro, cuando el amante, a diferencia del mío, declara su amor por ella. Después de eso y de todo. Después de que sus vidas casi se habían terminado. Él todavía la amaba, siempre la amaría, le dijo.

Entonces fue como si me hubiera vertido de nuevo en el receptáculo de mi cuerpo. Y me di cuenta del calor del asiento del camión pegado a mi espalda y muslos, y el ronco rechinar del engranaje de las velocidades del autobús a medida que retumbábamos hacia delante, y los ronquidos de mis compañeros de camión, y el aroma adormecedor de la selva.

Decir que me sentía abrumada en ese momento no sería preciso. En ese momento, con acontecimientos temblando al frente y detrás de mí, y yo en esa tierra de nadie y de todas partes llamada mi vida, me sentía emocionada. Había leído la novela en español, el idioma de mi amante, el idioma de mi padre. Y ahora, la última oración, en español, reverberaba dentro de mí como algo vivo. Quise deslizar la ventanilla empolvada del autobús y gritar en ese idioma a toda la belleza salvaje del mundo: "Dijo que la amaría hasta la muerte, ¿lo escucharon? ¡Hasta la muerte!".

Huipiles

Cuando el Museo Smithsonian de San Antonio propuso en 2007 una muestra de colecciones locales de huipiles, esas túnicas indígenas, me invitaron a participar así como a escribir algo para el catálogo. Eso me permitió pensar en un viaje que había hecho a Chiapas para terminar mi primera colección de poesía. Cualquier viaje al sur a México siempre me traía grandes brotes de creatividad. Creí que iba a rentar una casa y trabajar sola allí, pero en lugar de eso mi tiempo en San Cristóbal estuvo lleno de ansiedad y tristeza.

Norma Alarcón y yo estábamos en una cafetería local para turistas cuando nos encontramos a una turista japonesa joven que habíamos conocido recientemente. Tenía un rasguño en la cara, pero no reparé en este hasta que ella nos contó su historia. Nos dijo que había estado visitando una iglesia a media tarde, y un hombre la había violado allí. Y justo ahora en la plaza atestada de gente, había visto de nuevo a su atacante, pero para cuando había encontrado a un policía, este ya se había ido. Eso le había pasado y eso fue lo que nos contó bajo la sombra de una lámpara sobre la mesa de una cafetería.

Su testimonio me llenó de terror. No puedo borrar esa angustia de mi recuerdo de San Cristóbal. Me embargó una sensación de desesperación mientras estuve allí y que todavía siento casi treinta años después, como si acabara de suceder. Como si ella todavía estuviera contando y contando su historia.

Comencé a usar huipiles el verano previo al gran terremoto en la Ciudad de México. 1985. Me encontraba de viaje con mi amiga y editora, Norma Alarcón, primero a la capital mexicana, luego en autobús a Oaxaca y finalmente a Chiapas por carreteras de la sierra, tan temerarias y espeluznantes que te hacían devota al instante.

Anteriormente a este viaje, no creo haber viajado a México sin mi familia. Por lo general, iba acompañada de mi madre y mi padre, incluso ya de adulta. Esto no es tan extraño como parece. Las familias mexicanas son muy unidas y acostumbran viajar juntas hasta el día de su muerte.

Uno de mis primeros huipiles

A decir verdad, siempre me ha aterrado la idea de viajar sola en México, como sólo las pochas (las americanas mexicanas) pueden sentirse aterradas. No porque sabemos muy poco sobre el país que visitamos, sino porque como mexicanas del otro lado, sabemos demasiado. Pero ése es otro cuento.

Norma estaba realizando una investigación sobre la escritora feminista Rosario Castellanos, quien era de Chiapas, y por eso habíamos viajado tan al sur, casi hasta la frontera con Guatemala. Yo había recibido una beca modesta del Consejo para las Artes del estado de Illinois y tenía que terminar un libro. Contaba con dinero en los bolsillos de mi pantalón vaquero, un propósito en el corazón y mi cuata Norma con quien viajar.

Yo añoraba tener una casa propia. Varios años atrás había rentado una en Grecia y fue allí donde había terminado mi primer libro. Ahora tenía que terminar un libro de poesía y la editorial de Norma, Third Woman, estaba ansiosa por publicarlo. De modo que fue con la idea de rentar una casa y pedir prestada una máquina de escribir que seguí sus pasos.

Pero Chiapas no es como Grecia. Yace sobre montañas frías y húmedas, aun en verano, y es una de las regiones más pobres de México. Entramos no sólo en otro país, sino en otro tiempo. Fundada en 1528, mucho antes que Plymouth Rock, San Cristóbal de las Casas es un pueblo de iglesias macizas, calles empedradas y mercados donde abundan los miembros más humildes de la humanidad: los descalzos, los bizcos, los de labio leporino, ciudadanos de otro siglo.

Cuando llegamos allí en el verano de 1985, yo no sabía acerca de las tierras comunitarias que habían sido robadas en siglos anteriores, ni tampoco que la gente se levantaría en armas muy pronto para reclamar esas tierras bajo el subcomandante Marcos. Ni sobre los muchos poblados que se habían inundado después de que se construyeran presas para suministrar de energía a la Ciudad de México. Ni de la destrucción de la selva.

Yo sólo sabía que la oscuridad imponía un toque de queda. Que todo el mundo veía el episodio más reciente de una telenovela en los pocos televisores disponibles en cafés o tiendas. Que el pueblo estaba dividido entre los ladinos (los mexicanos que no eran indígenas o los indígenas que se habían olvidado de su vestido y su lengua tradicionales y hablaban únicamente en castellano), los turistas y los mismos mayas que ocupaban el peldaño más bajo de la pirámide social (chontales, tzotziles, tzetzales, tojolabales, mames y lacandones). Y que, excepto por un breve intervalo al mediodía, el clima era neblinoso y frío.

Después de mucho indagar, encontré una casa de alquiler, una casita rústica de piedra de paredes gruesas y ventanas de madera en lugar de vidrio, que abrían a un jardín brumoso. A mis ojos era encantadora, pero Norma me preguntó: "¿Cómo la vas a calentar?". En Chiapas, los hogares se calientan con leña y sus habitantes huelen a leña y a humo. Me desanimé y regresé a mi celda en el zócalo, un hotel con puertas como las de una prisión medieval y la austeridad de un convento de monjas desprovista de cualquier encanto.

En esa época yo llevaba el cabello corto como el de un muchacho. Vestía la misma ropa que había usado en Europa: una chamarra de mezclilla, bluyines o una minifalda de mezclilla; una pañoleta larga de Grecia atada dos veces alrededor del cuello y anudada a la garganta y, debido al frío, una boina. Fue durante este viaje, en el corazón de México, en el corazón del territorio maya, que me di cuenta de que yo era una gringa.

En el pueblo de Chamula visité una iglesia católica con influencia maya humeante a copal, el piso de tierra apisonada recubierto de agujas de pino. Las mujeres envueltas en rebozos oscuros oscilaban arrodilladas, sus niños acurrucados mansamente a su lado. Los devotos ofrecían blanquillos, botellas de Coca-Cola y encendían velas largas y delgadas, el aire zumbando con el murmullo de sus plegarias. Los guardias comunitarios nos vigilaban para asegurarse de que no tomáramos fotos. Ésta era una iglesia que parecía más pagana que cristiana, que carecía de bancas y de una barra acojinada donde arrodillarse, que contenía estatuas de santos vestidos con huipiles en miniatura, las túnicas que las mujeres del lugar han usado desde antes de Colón, con capas y capas, una encima de la otra, y encima de todo esto cada uno llevaba puesto un collar de espejos.

Para llamar menos la atención, para ser menos como una intrusa y para ser más respetuosa, me puse la pañoleta griega sobre la cabeza y también me arrodillé. Cierta santidad resplandecía en el aire ahumado. De eso estaba segura. Era uno de los lugares más sagrados que he visitado jamás, entonces o desde entonces.

Mecanografié mi manuscrito de poesía en la única máquina de escribir que pude alquilar: en la escuela de mecanografía, una fachada como la de cualquier otro comercio con una cortina de metal corrugado por puerta y sin nada que separara el exterior del interior más que un escalón alto de piedra. Los perros y las moscas se metían libremente. Los viejos sinvergüenzas aprovechados y los enamorados se entretenían al pasar y hacían ojitos. Todo el mundo tenía permitido venir a mirar a las jovencitas, prácticamente unas niñas, tecla-tecla-tecleando para conseguir un certificado, un boleto que las sacara de su miseria.

Yo también tecleaba. Con mi chamarra de mezclilla y mi minifalda. Tecleaba poemas de amor, poemas de abandono, poemas de sexo y pasión. Si alguien se enterara de lo que estaba escribiendo, pensé, me arrastrarían frente a las autoridades, me pondrían en el cepo y me apedrearían. Me sorbía la nariz, me secaba las lágrimas con mi pañoleta griega y tecleaba mis poemas perversos entre aquellas castas vírgenes, preguntándome bajo los focos pelones cómo el Destino me había traído hasta acá, a un pueblo llamado San Cristóbal de las Casas, a un cuarto ruidoso lleno de máquinas de escribir, lleno de mujeres, todas nosotras jóvenes, soñando con una fuga insensata.

En ese entonces comencé a comprar huipiles, el primero de una cooperativa de tejedoras mayas que creaban obras de artesanía fina, no esas prendas de mala calidad que se venden en la frontera entre México y Estados Unidos.

Todavía tengo ese primer huipil, una túnica de algodón sencillo con un tejido multicolor en el cuello y bandas rojas a lo largo del centro, tan hermoso como el día en que lo compré. Su precio era el equivalente a cuarenta dólares y esperé un día antes de comprarlo. Cuarenta dólares representaba un buen pedazo de mi beca artística.

Mientras estuve en San Cristóbal, conocí a una mujer maya cuyo nombre nunca supe, pero en mis notas yo la apodé *Madame Butterfly*. Vendía mariposas frente al único café donde los turistas pasaban el rato. Ella y sus hijos atrapaban las mariposas que yo le enviaba a mi hermano Lolo.

Ella vestía el huipil tradicional de los tzotziles, una blusa pesada bordada en lana roja, amarilla y negra, sobre una falda envolvente color azul índigo. Y aunque yo traía calcetines de lana y zapatos gruesos, ella iba descalza, los pies recubiertos de barro endurecido.

Arriba en la montaña es donde dijo que vivía. Señaló detrás de una nube vaporosa. "Allá arriba", dijo, la niebla descendía ya aquella noche. Dijo que tenía que caminar y caminar, tirando de sus chiquitos que estaban de pie frente a mí, y cargando a cuestas al bebé dormido.

Dijo que a menudo salían de casa en la oscuridad y llegaban a casa en la oscuridad. Me dijo todas estas cosas y me dio tristeza no poder invitarla a cenar en el café. No le hubieran servido. Así que le compré todas sus mariposas, tiesas y frágiles como flores secas, incluso aquellas destrozadas, con las alas rotas.

Luego encontré huipiles usados en tiendas a lo largo de la calle donde estaba la escuela de mecanografía. Debido a que soy la hija de un tapicero, sé cómo revisar las costuras y el revés para evaluar la calidad. Al poner de revés las prendas, era capaz de descifrar su historia.

He aquí un parche pequeño de una tela de lunares; allá un cuello de flores bordadas rescatado de una prenda más vieja; acullá un cuello tan angosto, que me pregunté cómo era posible que una mujer se lo hubiera podido meter por la cabeza.

Algunos estaban finamente bordados con aves y flores y animales con puntadas apretadas, perfectas. Ciertas puntadas no parecían hechas a mano sino como a los mexicanos les gusta decir cuando algo está mal hecho, como si estuvieran "hechas con las patas"; sin duda por una jovencita que tenía prisa de ir a hacer alguna otra cosa. Unos todavía emitían un aroma a leña. ¿Quién lo había usado y por qué había tenido que renunciar a él? ¿Cuánto le habrían pagado? Y ahora, ¿dónde se encontraba ella? ¿Renunciaría una mujer a sus más preciadas posesiones a menos que se sintiera desesperada?

¿Tenía que trabajar como Madame Butterfly porque un esposo la había abandonado con todo e hijos? ¿Acaso las guerras civiles de Centroamérica la habían obligado a vender su ropa? ¿Dónde orinaba una mujer como ella cuando tenía que hacer sus necesidades en la ciudad? ¿Quién cuidaba de ella y de sus hijos cuando se enfermaba? Pensé en todas estas cosas mientras compraba mis primeros huipiles, sintiéndome culpable de que me alcanzara para comprar una docena, incluso con mi escasa beca artística, y triste y sintiendo lástima por las mujeres que tuvieron que renunciar a ellos.

Cuando volví al hotel y le mostré a Norma mis maravillas, ella me preguntó con brusquedad: "¿Qué vas a hacer con todo eso?".

"Pensé en ponérmelos", dije sin mucha convicción, "o quizá colgarlos de la pared".

Ya de vuelta en casa *sí* colgué algunos de la pared. Luego, poco a poco, comencé a bajarlos de allí y a ponérmelos. Al principio sólo

Estados Unidos. No en México. Porque no quería que pareciera una falta de respeto a las mujeres que los confeccionaron.

Desde ese viaje, mi colección de textiles ha ido creciendo con el tiempo y he incluido piezas de todo México. He conocido a otras mujeres que coleccionan y usan esta ropa de "mujeres pobres", porque eso es lo que es, la ropa del segmento más humilde de la sociedad.

Sé que mis parientes de la Ciudad de México se asombran de que me vista como sus sirvientas, indígenas provenientes de sus pueblos que al principio usan su ropa típica hasta que les entra la vergüenza y comienzan a vestirse como gente de ciudad. Pero del lado estadounidense de la frontera, nos adueñamos de estas prendas sin las restricciones culturales y de clase existentes en México. Me gusta mezclar las prendas mexicanas de formas no tradicionales, quizá un huipil tehuano con un *sarong* tahitiano, o una falda oaxaqueña con un chaleco de hombre chiapaneco, para crear algo nuevo, algo que nadie haría en México.*

Hoy en día, como vivo en Texas, prefiero los huipiles de tierra caliente, sobre todo los de Oaxaca. Son los que escojo con más frecuencia cuando voy al trabajo: es decir, a escribir. Reservo los elegantes para cuando soy la Autora.

Para el trabajo, los días en que ando descalza, cuando a veces olvido cepillarme el cabello, cuando tengo ansias de olvidarme de

* Y aquí mi comadre escritora Liliana Valenzuela, quien traduce mis libros al español, me interrumpe por un momento: "Algunas mujeres y hombres en la Ciudad de México (y quizá en otras partes de la república) han usado ropa indígena, quizá desde la época de Frida Kahlo y otros artistas después de la Revolución, y más recientemente durante los años sesenta, setenta y ochenta, y probablemente hasta el presente, principalmente en universidades. Recuerdo cuando era de rigor usar huipiles y blusas de manta y huaraches de cuero cuando era una estudiante de antropología en el D.F. en 1980... No era muy común, pero tampoco éramos los únicos. Quizá no mezclábamos las prendas con lo moderno o con prendas de otros países como tú, pero hay que reconocer que algunos mexicanos y mexicanas anti-imperialistas hemos usado esta ropa durante mucho tiempo, principalmente con pantalón de mezclilla. Supongo que era una manera de ir en contra de la moda comercial, de solidarizarse con las comunidades indígenas, de tener un *look* distinto y ve tú a saber qué más".

mi cuerpo y necesito sentirme cómoda, sin ropa interior que me restrinja o me cale, prefiero mis huipiles de manta del diario. Los que puedo manchar de café o de un taco y no lamentarme. Los que puedo echar a la lavadora. Mis batones estilo hawaiano, mis atuendos carcelarios, mis vestidos caseros.

Mi madre espiritual y mi maestra es la señora María Luisa Camacho de López, una especie de Smithsonian ambulante portadora de historias e información acerca del folclor y los textiles mexicanos. Aprendí lo que sé acerca de los textiles gracias a esta hija de un rebocero. Varias de mis prendas más preciadas le pertenecieron alguna vez.[*]

Siento decir que no he heredado ningún textil de ninguno de mis antepasados de verdad.[†] No los conocí. Lo único que tengo es una funda de almohada de bebé enmarcada que mi bisabuela, Victoria Rizo de Anguiano, bordó para la recién nacida Elvira Cordero, mi madre. Un burro bordado en hilo de seda y con las iniciales "E.C".

Guardo mi colección de huipiles en mis baúles mexicanos antiguos. Me gusta pensar que los huipiles que tengo fueron hechos por mujeres como mis abuelas y que estos huipiles fueron, de alguna manera, su biblioteca.

Quizá las mujeres de mi familia tejían en un telar de cintura amarrado a un árbol del patio o quizá bordaban a la sombra, después de hacer el quehacer. Y en lugar de escribir libros, lo cual

* Recientemente fueron donadas al Museo Nacional de Arte Mexicano.

† Desde que escribí esto, ahora tengo en mi posesión un rebozo de bolita que encontré entre las cosas de mi mamá cuando ella murió. Mi tía Margaret me dio recientemente una mascada de recuerdo de la Virgen de Guadalupe de los años cuarenta que le perteneciera a Felipa Anguiano, mi abuela. Añadí estos textiles a mi instalación *A Room of Her Own* (Un cuarto propio), un altar para mi madre que fue exhibido en el Museo Nacional de Arte Mexicano, en Chicago; el Centro Nacional Cultural Hispano de Albuquerque (una foto de esta instalación se encuentra en la página 301); el Museo de Historia Estadounidense del Smithsonian, Washington, D.C.; y el Museo de Arte Latinoamericano, Long Beach, California.

La señora María Luisa Camacho
de López

no podían hacer, crearon un universo con diseños tan intrincados y complejos como cualquier novela. Pienso en estas cosas porque no puedo imaginar a mis precursores literarios escribiendo de ninguna otra forma que no fuera con aguja e hilo, urdimbre y trama.

Reflexiono sobre la ironía de poder comprar huipiles hechos por mujeres que andan descalzas. Ahora únicamente las damas norteamericanas más privilegiadas pueden darse el lujo de comprar huipiles dignos de un museo. Damas como yo.

En San Antonio hay un grupo de mujeres llamadas "las huipilistas", una nueva clase de latinas. Son profesoras, abogadas, artistas y activistas que tienen el poder de compra como para arrebatar con un fervor de cazadoras los más finos huipiles que encontramos, porque cada vez resulta más y más difícil hallarlos. En una época en que el 75 por ciento de la industria manufacturera pertenece a corporaciones estadounidenses que operan en México, en que las comunidades indígenas ya no pueden permanecer en sus pueblos y se ven obligadas a emigrar al norte, los conocimientos necesarios para producir esta artesanía textil podrían perderse por completo y esta ropa podría desaparecer para siempre.

Han pasado más de dos décadas desde que Norma y yo realizamos ese viaje al sur a San Cristóbal. Norma, la profesora universitaria jubilada que prefiere usar camisetas y pantalones para correr, que trae unos mechones color rosa mexicano en el pelo y calza zapato tenis tipo botita, recientemente me pidió este favor: "Oye, Sandra, la próxima vez que vayas a México, a ver si me puedes encontrar un huipil; me gustaría colgarlo de la pared". Así comenzamos, pienso yo, sin decírselo.

Cada vez que me pongo un huipil, es como decir: "Mira, ya sé que me podría dar el lujo de comprarme ropa en Neiman Marcus, pero prefiero usar la ropa de un diseñador indígena mexicano, algo que nadie más en este lugar traerá puesto".

Me pongo este textil como una manera de resistir la mexifobia que experimentamos actualmente bajo el pretexto del Homeland Security (Seguridad Nacional). Para mostrar que no estoy de acuerdo con los vigilantes fronterizos. Para decir que soy de las Américas, tanto del norte como del sur. Esta tela es la bandera que dice quién soy yo.

Vivan los Muertos

La revista *Elle* me pidió que escribiera un artículo sobre viajes para su ejemplar de octubre de 1991, pero como recién estaba llegando a casa después de andar de gira, ofrecí escribir sobre un viaje anterior que había hecho a México en 1985, a la zaga del peor terremoto del siglo. Deseé haber escrito sobre lo que había visto en la Ciudad de México aquel otoño, cuando la destrucción creó una instalación del Día de los Muertos por toda la ciudad y en cada cuadra. O sobre los artistas poco convencionales que acamparon en Tepito, uno de los barrios más pobres y viciados de la ciudad, y dieron clases de arte bajo carpas de plástico instaladas en las calles. O acerca de las costureras de San Antonio Abad, quienes se levantaron de entre los escombros de sus talleres clandestinos y crearon un sindicato, después de ser testigo de cómo sus jefes arrastraron la maquinaria de las fábricas, en lugar de buscar a sus compañeras. O sobre las dos costureras que fueron invitadas a Austin a recaudar fondos para su sindicato. Se quedaron conmigo en el Rancho Dobie Paisano durante mi residencia en el otoño de 1985. La noche del evento, unas inundaciones repentinas nos dejaron aisladas, pero ni siquiera las turbulentas aguas pudieron detener a estas mujeres resueltas. Unos amigos de Austin manejaron hasta la orilla opuesta del arroyo y lanzaron una soga. Observé a medida que las dos mexicanas vadeaban a salvo a través de la violenta corriente, tan valientemente como San Cristóbal y el niño Jesús. El evento de beneficencia resultó ser todo un éxito, recaudando mucho dinero para la causa de los trabajadores de la confección.

Pero, para cuando ordené mis pensamientos para el siguiente artículo, el terremoto (al menos en Estados Unidos) ya era noticia de ayer.

Mi familia no celebra el Día de los Muertos. Nadie en nuestro barrio pone un altar en memoria de sus antepasados difuntos.* Yo había nacido y crecido del otro lado, al norte del río Bravo, una americana mexicana de "Chicano, Illinois", conocedora de calles rudas y navegadora de ciudades, entendida en las costumbres del "truco o trato". Yo veía a los muertos como los ven los niños estadounidenses, a través del filtro de demasiadas películas de Boris Karloff y Halloween.

Ojalá hubiera crecido más cerca de la frontera como mi amiga María Limón, de El Paso. Allí, como en México, el Día de los Muertos puede ser ocasión en la que familias enteras vayan al camposanto con escobas, cubetas y una canasta con el almuerzo, un día para festejar con los antepasados que una vez al año regresan del más allá, el 1 de noviembre para los angelitos, el 2 de noviembre para los adultos finados. Se quita la mala hierba de las tumbas, se lavan las lápidas, se arreglan las flores frescas y se dispone una ofrenda con la comida favorita del difunto: un picnic instantáneo para vivos y muertos.

Una vez le pregunté a mi padre mexicano: "¿Nunca tuvieron un altar para el Día de los Muertos cuando eras chiquito?".

"Creo que tu abuela encendía velas en su cómoda y rezaba", dijo.

"Pero, ¿no había ninguna ofrenda en la sala, ni platos de mole y xempoaxóchitl, nada de vigilias a medianoche en el cementerio, ni caballitos de tequila para el difunto, ni calaveras de azúcar o

* En la época en que escribí esto, yo era espiritualmente inocente. He aprendido mucho desde entonces y regularmente instalo ofrendas como un ritual del recuerdo y el respeto, y para la transformación personal.

La madre de mi padre, Trinidad del Moral

pan de muerto, ni calaveras escritas, ni incienso de copal, ni decoraciones de papel picado, ni fotos enmarcadas de los familiares, ni nada?".

"No, no, no, no, no", dijo mi padre. "Nosotros somos de la ciudad. Esas son costumbres de indios". En otras palabras, la familia de la Ciudad de México de mi padre era demasiado clasemediera, demasiado "española" para ese fenómeno pagano cuyas raíces datan de la América precolombina.

El año en que María y yo viajamos a México en búsqueda del Día de los Muertos, yo tenía treinta años. Como estadounidenses ingenuas, hijas de inmigrantes, estábamos llenas de nostalgia por un país imaginario, uno que sólo existe en imágenes prestadas de galerías de arte y películas mexicanas viejas. Queríamos conocer a la Muerte por sus apodos mexicanos: la Flaca, la Calaca, la Catrina, la Huesuda, la Pelona, la Apestosa, la Llorona.

Ese mismo año, la misma Muerte había barrido por las calles de la Ciudad de México. El terremoto de 1985 reclamó al menos diez mil vidas. Queríamos investigar personalmente quién necesitaba más de nuestra ayuda financiera, ya que no confiábamos en donar nuestro fondo de auxilio a las agencias gubernamentales. En cualquier cuadra de la capital aparecían ofrendas espontáneas en la banqueta, junto a los escombros de un edificio: veladoras y xempoaxóchitl esparcidos junto a un montón de fotografías familiares, el juguete de un niño, un empolvado zapato extraviado.

Nuestras ganas de conocer al final nos llevaron al estado de Michoacán, al oeste de la Ciudad de México. Era un viaje corto a Morelia, la capital del estado, un viaje rápido en autobús a Pátzcuaro y luego un transbordador por el lago a la aldea en la isla de Janitzio, famosa por sus pescadores que todavía pescan con esas hermosas redes en forma de mariposa y por sus festividades del Día de los Muertos.

Como los difuntos que regresan, nosotras también regresábamos del más allá. Del norte, donde la tradición del Día de los Muertos estaría casi olvidada a no ser por una generación de artistas que la ha reintroducido a la comunidad, en un esfuerzo por reclamar nuestro pasado indígena. Nos abrimos camino al sur, de la misma manera en que nuestros antepasados se habían abierto camino al norte.

"¿De dónde son?", nos preguntaban los vendedores de Pátzcuaro, después de ser delatadas por nuestra ropa y acentos. "De Chicago, El Paso, Austin, San Antonio". *Ah, pochas*, pensaban, esa horrible palabra que quiere decir mexicanos que viven al norte de la frontera.

Pasamos el día en el mercado de Pátzcuaro observando mientras el pueblo se preparaba para la celebración de la noche:

mujeres cargando manojos de xempoaxóchitl, cresta de gallo roja y racimos vaporosos de nube; los puestos del mercado palpitando de naranjas dispuestas en forma de pirámides radiantes, una gama vertiginosa de especias, torres de chocolate para el mole y enormes cañas de azúcar.

En la plaza principal, bajo los arcos, la señora de los dulces nos dejaba tomarle fotos si le comprábamos algo. ¡Muy bonito! Sus dulces con un betún color pastel, diamantina y papel de estaño. Corazones de mazapán decorados con rosas, damas de azúcar y perros de azúcar, patos de azúcar y ángeles de azúcar, cadáveres de azúcar en sus ataúdes de azúcar, todos ellos bien arreglados sobre un paño bordado recién planchado. Escogí una calavera de azúcar y pedí que le pusieran mi nombre con glaseado azul, un servicio personalizado sin cargo adicional.

El vendedor de juguetes vendía la versión mexicana de los dientes que castañean: una calavera que castañeaba, marionetas de esqueletos que se jalan con un cordel, miniaturas de esqueletos donde la Muerte hace de todo, desde conducir un taxi hasta tocar en una banda mariachi. Repisas de pan de muerto tradicional también en exhibición, panes redondos con diseños de huesos encima, o de cadáveres con los brazos cruzados sobre el pecho. En todas partes los vivos se afanaban por darle la bienvenida a los muertos, recientes y de hace mucho.

Esa noche, a medida que viajábamos en el transbordador por el lago de Pátzcuaro y la bruma comenzaba a levantarse del lago, la aldea de Janitzio surgía en una espiral del agua, iluminada tan brillantemente como un pastel de cumpleaños. Todas las tiendas abiertas, sartas de lucecitas decorándolo todo. Los vendedores nos daban la bienvenida, pregonando croquetas de pescado que ofrecían de grandes canastas. Los portales estaban enmarcados con arcos de xempoaxóchitl.

Se dejaban las puertas abiertas para dejar que los transeúntes se asomaran y admiraran los altares. En una casa con puertas de madera pesada, una señora ya mayor estaba sentada a solas en un cuarto en llamas, donde mil velas iluminaban un mar de fotografías, los muertos de su vida más numerosos que los vivos.

Pasamos por un altar público gigante en la plaza principal, dedicado a las víctimas del desastre en la Ciudad de México, hacia el panteón de la iglesia. El camposanto era sólo un cuadrángulo de polvo pelón, un patio amurallado de tierra accidentado de lápidas al azar, nada que ver con los cementerios como los conocemos en Estados Unidos donde todo está bien ordenado e incluso el pasto es disciplinado.

Los aldeanos se afanaban encontrando a sus parientes. "¿Estás allí? ¿Cómo estás?" Colocaban las velas sobre la losa de una tumba. Una simetría de flores. Un cuenco con pan de muerto sobre una servilleta limpia y almidonada. Algunas calabazas amarillas y anaranjadas para dar color. Platos y candeleros que se guardaban para esta ocasión una vez al año.

María y yo habíamos traído nuestra propia ofrenda. Nos sentamos en una tumba que nadie había recordado y pusimos nuestra ofrenda para su padre y mi abuelo. Yo había traído un puro y un caramelo Kraft para mi abuelito y María traía el pasaporte de su padre con su última foto. ¿Le molestaría a aquel muertito si pidiéramos prestada su tumba? Habíamos llegado desde tan lejos. Una aldeana en la siguiente tumba dio un codazo suave a su familia y nos señaló con su mentón, pero nadie dijo nada. Nuestra ofrenda portátil lucía bastante triste comparada con la de los demás, ocupados como estaban en arreglar las flores y la comida. "Con la intención basta", le dije a María.

"¿Y se quedan aquí con la comida toda la noche?", preguntamos a nuestros vecinos.

"Ay, no, sólo guardamos vigilia un rato y luego nos llevamos la comida a la casa, después de que los espíritus han visitado y saboreado todo".

Pero qué tan tarde, no lo sé. Nosotras teníamos tanto frío de estar sentadas sobre esa losa de piedra, como si la misma Muerte estuviera perforándonos, que nos fuimos antes de que terminara la vigilia.

Como no pudimos encontrar un cuarto en Pátzcuaro, tuvimos que hacerle señas a un autobús para que nos llevara a Uruapan, a una hora de camino. Encontramos dos asientos junto a una ventana que no cerraba. Rellenamos la humedad de la noche con periódicos enrollados y tratamos de dormir. El viento nocturno de Michoacán olía a pasto dulce.

¿Hicimos bien, crees tú, en hacer lo que hicimos y poner allí nuestro altar improvisado? Habíamos tenido buenas intenciones. Dos pochas vestidas de pantalón vaquero y boina. Quizá no habíamos visto a los espíritus. Quizá los espíritus sólo podían ser vistos por los aldeanos. Yo no estaba segura. Todo el camino de regreso me quedo pensativa. Esa leve grieta entre mi yo mexicano y mi yo 'mericano, esas dos mitades que no cuadran.

"María, le tengo miedo a los fantasmas, ¿tú no? A veces tengo unas pesadillas horribles".

"Son sólo los malos espíritus tratando de fregar mientras duermes", dijo María. "¿No conoces a ningún espíritu bueno?".

"¿Espíritus?".

"Como alguien que era muy cercano a ti mientras vivía; tal vez tu abuelo".

"¿Mi abuelito?".

"Él es un espíritu. La próxima vez que tengas una pesadilla, llama a tu abuelito. Cuando tengas miedo, nada más llámalo. Él te protegerá".

Nunca había pensado en mi abuelito como alguien cuya fuerza yo pudiera invocar de la misma manera en que llamaba a mi familia cuando necesitaba un préstamo. La idea de que un fantasma pudiera ser un familiar, alguien que te quería y nunca te haría daño, era nueva para mí.

María se quedó dormida antes de que pudiera hacerle más preguntas. Miré el paisaje subir y bajar, las gruesas y frondosas siluetas a través de la tierra verde, verde, y el cielo una cosa profunda, la luna que nos seguía y seguía, entera y redonda y perfecta.

Transformar paja en oro

En la primavera de 1987, estuve viviendo en Austin, Texas, en un apartamento sobre un garaje demasiado pequeño incluso para dos personas furiosamente enamoradas entre sí. Para agregar más tristeza a la situación, estuve desempleada la mayor parte de los ocho meses que pasé ahí.

Esta charla fue escrita antes de que se acabara la esperanza. La Dra. Harriett Romo, en ese entonces profesora de la Universidad de Texas, me invitó a dar una plática a su clase. Eso fue antes de que Austin me mandara de una patada a Chico, California, y mi primer empleo universitario.

Todavía me sentía optimista cuando escribí esto y tuve la ambiciosa idea de crear una presentación que incluyera transparencias gracias a la ayuda de mi entonces enamorado, un fotógrafo.

Si algunas de las siguientes oraciones suenan melodramáticas o presumidas, es porque una imagen humorosa las contradecía o porque yo me sentía genuinamente asombrada ante mi vida en ese momento. Repetí esta presentación muchas veces después hasta que, en una de mis muchas mudanzas por todo el país, el carrusel con las transparencias fue robado de una unidad de almacenamiento de San Antonio. (Afortunadamente, tengo la mayoría de las fotos originales). En retrospectiva, es un retrato irónicamente optimista de mi vida, dado que para fines de 1987 yo caería en las llamas de una depresión meteórica a la que más tarde apodaría El Sótano del Infierno.

Cuando yo vivía en una colonia de artistas en el sur de Francia, unos compañeros latinoamericanos que daban clases en la universidad de Aix-en-Provence me invitaron a compartir una comida hecha en casa con ellos. Yo había estado viviendo en el extranjero durante casi un año para ese entonces, gracias a mi beca de escritura, subsistiendo principalmente de pan francés y lentejas para que el dinero me rindiera más. Así que cuando llegó la invitación para la cena, acepté sin titubear. Sobre todo cuando me prometieron comida mexicana.

De lo que no me di cuenta al aceptar la invitación fue que yo tendría que participar en preparar la comida. Creo que supusieron que yo sabía hacer comida mexicana porque soy mexicana.

Autorretrato en mi porche del frente, Vence, 1983

Querían específicamente tortillas, aunque nunca en la vida había hecho yo una tortilla.

Es cierto que había sido testigo de cuando mi madre convertía con el rodillo pequeños ejércitos de masa en círculos perfectos, pero la familia de mi madre es de Guanajuato, provinciana. Sólo sabían hacer tortillas de harina.[*] La familia de mi padre, por otro lado, es chilanga, de la Ciudad de México. Comíamos tortillas de maíz, pero no las hacíamos. Mandaban a alguien[†] a la tortillería de la esquina a comprarlas. Nunca había visto a nadie hacerlas. Nunca.

* Cuando escribí esto yo era lo suficientemente ingenua como para creer que las tortillas de harina eran de Guanajuato, tierra de la tortilla negra, azul, gris y amarilla, pero, no, no de harina. Mi madre hacía tortillas de harina, las cuales sin duda aprendió a hacer de su madre. Pero las tortillas de harina son de la región del norte de México y del suroeste de Estados Unidos. Los padres de mi madre vivieron en El Paso; Flagstaff; Rocky Ford, Colorado; Kansas City; y, finalmente, Chicago cuando emigraron del centro de México. En algún punto de su peregrinar, la harina de trigo reemplazó al maíz.

† Invariablemente, ese alguien era una sirvienta, una mujer indígena, usualmente del campo. La familia de mi padre era de clase media. Pero esos eran temas en los que yo no pensaba en aquel entonces.

De alguna manera mis anfitriones habían conseguido un paquete de harina de maíz y eso fue lo que me arrojaron a manera de órdenes de producir tortillas. "Así como sea" y siguieron cocinando.

¿Por qué me sentí como la mujer del cuento de hadas a quien encierran en un cuarto y le ordenan que transforme paja en oro? Sentí el mismo malestar como cuando fue requisito que yo escribiera un ensayo crítico para el examen de Maestría en Creación Literaria (MFA), el único trabajo de escritura de no ficción requerido para recibir mi posgrado.* ¿Cómo comenzar? Había reglas que seguir, a diferencia de escribir un poema o un cuento, lo cual yo hacía intuitivamente. Se requería de un proceso, paso a paso, y más valía que yo lo supiera. Sentí como si hacer una tortilla —o escribir un ensayo crítico, para el caso— fuera una tarea tan imposible que me daban ganas de echarme a llorar.

De alguna forma, no obstante, logré hacer tortillas: chuecas y quemadas, pero comibles de todas formas. Mis anfitriones eran absolutamente ignorantes en cuanto a la comida mexicana; mis tortillas les parecieron deliciosas. (Me alegro de que mi madre no estuviera allí). Al mirar atrás y ver esa fotografía antigua que nos documenta a los tres consumiendo esos círculos chuecos, me maravillo. Así como me maravillo de poder haber terminado mi examen del MFA.

He logrado hacer muchas cosas en la vida de las cuales no me creía capaz y de las que otros tampoco me creían capaz. Sobre todo por ser mujer, latina y la única hija en una familia de seis hijos varones. A mi padre le hubiera gustado verme casada hace mucho tiempo. En nuestra cultura los hombres y las mujeres no abandonan la casa paterna a no ser por el matrimonio. Yo crucé el

* Ese ensayo terrible fue escrito sin convicción ni verdad. Era un aro por el cual yo tenía que saltar, y salté. No tenía idea de cómo escribir ese tipo de ensayo y lo niego ahora.

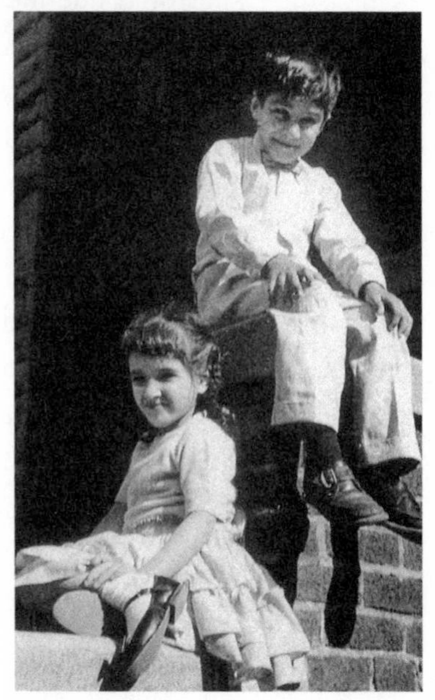

Quique (Kiki) y yo

umbral de mi padre sin nada que me cargara más que mis propios pies. Una mujer a quien nadie pidió y a quien nadie corrió.

Para colmo de males, me fui antes de que cualquiera de mis seis hermanos se hubiera aventurado lejos del hogar. Rompí un tabú terrible. De alguna manera, al mirar mis fotos de niña, me pregunto si ya era consciente de haber comenzado mi propia guerra silenciosa.

Me gustaría pensar que de alguna forma mi familia, mi mexicanidad, mi pobreza,[*] todo ello tuvo que ver con mi formación como escritora. Me gustaría pensar que mis padres me estaban preparando todo ese tiempo para mi vida como artista, aunque no lo supieran. De mi padre heredé el gusto por viajar. Él nació en la Ciudad de México, pero de joven vagabundeó hasta Estados Unidos. Al final lo reclutaron para el servicio militar y de esa manera a la larga se convertiría en ciudadano estadounidense. Algunas de las historias que me ha contado sobre sus primeros meses en Estados Unidos, cuando hablaba poco o nada de inglés, brotan a la superficie en cuentos de *La casa en Mango Street*, así como en otros que pienso escribir en un futuro.[†] De él heredé un corazón sentimental. Él siempre llora cuando ve las telenovelas mexicanas, sobre todo si tratan de hijos que han abandonado a sus padres.

Mi madre nació como yo, en Chicago de ascendencia mexicana. Su voz dura, callejera, es la que ronda todos mis cuentos y poemas. Una mujer increíble a quien le gusta dibujar y leer libros, capaz de cantar una ópera. Una *smart cookie*.

Cuando yo era niña viajábamos tanto a la Ciudad de México que yo creía que la casa de mis abuelos en Fortuna, número 12, era mi hogar. Era la única constante en nuestro deambular nómada de

* Ahora nunca usaría la palabra "pobreza"; quizá "pobre". Mi prima Anita dijo: "Yo creía que tu familia era rica comparada con nosotros". La riqueza es relativa.

† Escribiría las historias de mi padre en *Caramelo*.

La casa de los abuelos de Cisneros, Fortuna #12, Colonia Tepeyac, Ciudad de México

un apartamento a otro en Chicago. Esa casa de la colonia Tepeyac sería quizá la única casa que conocí y esa nostalgia por un hogar se volvería un tema que me obsesionaría.

Mis hermanos también figuran en mi arte. Sobre todo los dos mayores. Henry,* el segundo y mi favorito, aparece en poemas que he escrito y en cuentos, que a veces sólo piden prestado su apodo, Quique. Él jugó un papel muy importante en mi niñez. Éramos compañeros de litera. Éramos cómplices. Éramos cuates. Hasta que mi hermano mayor regresó de estudiar en México y dejaron a la niña fuera.

¿Qué dirían mis maestros si supieran que ahora soy escritora? ¿Quién se lo hubiera imaginado? Yo no era una estudiante muy brillante que digamos. No me gustaba mucho la escuela, porque nos mudábamos tanto y yo siempre era la nueva y tenía una apariencia rara. En mi tarjeta de calificaciones del quinto grado no

* Mi hermano Henry "Quique" o "Kiki" Cisneros no es el mismo Henry Cisneros que fuera alcalde de San Antonio y secretario de vivienda durante la administración de Clinton. Mi Henry es artista y músico.

tengo más que una avalancha de letras C y D, pero no recuerdo haber sido tan tonta. Yo era buena en artes plásticas y leía un montón de libros, y Quique se reía de todos mis chistes. En casa yo me sentía bien, pero en la escuela nunca abría la boca a menos que la maestra me preguntara algo.

Cuando pienso en cómo me veo a mí misma, tendría que ser a los once años. Ya sé que tengo treinta y dos por fuera, pero por dentro tengo once. Soy la niña en la foto de brazos delgados, una falda arrugada y flecos chuecos. No me gustaba la escuela porque sólo veían lo que estaba por fuera de mí. La escuela era un montón de reglas y sentarte con las manos recogidas y tener miedo todo el tiempo. Me gustaba mirar hacia afuera por la ventana y pensar. Me gustaba quedarme viendo a la niña al otro lado escribir su nombre una y otra vez en tinta roja, o al niño enfrente de mí que usaba la misma camisa raída todos los días. Me imaginaba sus vidas y las casas a las que regresaban cada noche, preguntándome si su mundo era feliz o triste.

Mi foto de graduación del octavo grado de St. Aloysius

Mi madre enfrente del garaje de nuestra casa en Campbell Street

Creo que mi madre y mi padre procuraban mantenernos abrigados y limpios, y nunca hambrientos. Teníamos fiestas de cumpleaños y graduación y cosas así, pero había otra hambre que alimentar. Había un hambre que yo ni siquiera podía nombrar. ¿Fue entonces que comencé a escribir?

En 1966 nos mudamos a una casa, una verdadera casa, nuestra primera casa de verdad. Eso significó que ya no tendríamos que cambiarnos de escuela y ser los chicos nuevos de la cuadra cada par de años. Podíamos hacer amigos y no tener miedo de tener que despedirnos de ellos y comenzar de nuevo. Mis hermanos y la manada de amigos que traían a casa a la larga se convertirían en personajes importantes de mis cuentos: Louie y sus primos, Meme Ortiz y su perro con dos nombres, uno en inglés y otro en español.

En el mostrador del Woolworth's en
San Antonio

Mi madre floreció en su propia casa. Sacaba libros de la biblioteca y se enseñó a trabajar en el jardín, cultivando unas rosas que eran tan envidiadas que tuvimos que ponerle candado a la reja para mantener a raya a los robaflores de medianoche. Mi madre nunca ha dejado de trabajar en el jardín.

Fue esa época de mi vida, esa edad resbalosa cuando eres tanto niña como mujer y ninguna de las dos cosas, que registraría en *La casa en Mango Street*. ¿Cómo iba a saber que documentaría a las mujeres que apoyan su tristeza en su codo y miran por la ventana?

He hecho todo tipo de cosas que no pensé que podría hacer desde entonces. He asistido a una prestigiosa universidad, estudiado con escritores famosos y recibido un posgrado en Creación Literaria. He dado clases de poesía en escuelas de Illinois y Texas. Los premios literarios llegaron y con ellos hui tan lejos como mi valentía me lo permitiera. He visto las montañas desteñidas y amargas del Peloponeso. He vivido en una isla. Admirado la luna de Venecia en invierno. Vivido en Yugoslavia. Visitado el mercado de flores en Niza. Presenciado el diario desfile de gente paseándose por una aldea al pie de los Alpes.

Texas es otro capítulo de mi vida, tierra de los cielos azul Polaroid y bichos grandes. Conocí a artistas y a políticos chicanos, incluso a un alcalde con el mismo apellido que yo. Texas generosamente me otorgó la beca Dobie Paisano, una residencia de seis meses en un rancho de 254 acres. Texas también me devolvió a México: en su cielo, comida, días de fiesta y, aun más importante, su idioma.

En aquellos días cuando me sentaba en mi lugar favorito para observar a la gente, el mostrador en forma de serpiente del Woolworth's[*] al otro lado de El Álamo, no podía pensar en ninguna otra cosa que me gustaría ser aparte de escritora.[†] He viajado y dado ponencias desde Cape Cod a San Francisco, España, Yugoslavia, Grecia, México, Francia, Italia y ahora hasta Texas. A lo largo del camino, siempre ha habido paja a la disposición. Con un poco de imaginación, puede hilarse hasta transformarla en oro.

* El cual ha sido demolido desde entonces para convertirlo en un Museo de Ripley's Believe it or Not. A mi amigo el artista Rolando Briseño esto le parece muy gracioso y totalmente apropiado, dado que El Álamo también es una historia de aunque-usted-no-lo-crea.

† A los cincuenta y nueve puedo imaginarme un sinfín de cosas que preferiría ser en lugar de escritora: curandera; actriz de doblaje para caricaturas; bailarina de flamenco; bandoneonista; cantante de ópera; comediante; diseñadora de zapatos; médium; sombrerera; vendedora de palomitas; florista; alguien que pruebe los colchones; cuidadora de perros; escaparatista; curadora de textiles; alguien que pinte manos con henna; jueza en *RuPaul's Drag Race*. Cualquier cosa más sociable.

Un tango para Astor

La música de Astor Piazzolla me ha hecho delirar desde que la escuché por vez primera a mediados de los años setenta, una combinación de tango, jazz, música sinfónica y de cámara. Siempre he sentido que su música cuenta mi propia historia.

Piazzolla fue tan extraordinario como músico que como compositor. Su principal instrumento fue el bandoneón, un artefacto endemoniado posado en su rodilla como un acordeón, pero tan poderoso como un órgano. Cerca del final de su vida dijo que su más grande deseo era que su música siguiera escuchándose en el año 2020. Dado que sus composiciones son ahora obligadas en el repertorio de muchos músicos desde Yo-Yo Ma a Al Di Meola, parece ser que se le concederá su deseo.

Gracias a Piazzolla soñé por mucho tiempo con fugarme a

Buenos Aires y aprender a bailar tango. Pero cuando finalmente llegué allí y observé el protocolo de los salones de tango, me llevó de vuelta a aquellas tardeadas pasivas de la preparatoria que odiaba de adolescente. Si eras mujer tenías que sentarte a las orillas y esperar a que un hombre te escogiera y luego tenías que sonreír tontamente y hacerlo sentir agran-decido. Eso no es lo mío. Así que abandoné ese sueño y nada más me compré los zapatos.

Aun así, me encantaría imaginarme que puedo tocar el bandoneón, retorcerlo y hacerlo chillar y gimotear y aullar como un fabuloso orgasmo. Debe ser maravilloso poder hacer eso con un instrumento, aunque me han dicho que toma toda una vida dominar el bandoneón. Bueno, pues, ni modo, no hay nada que hacer al respecto en esta vida.

Creo que la música de Piazzolla exige que la bailes solo, de preferencia bajo las estrellas. Después de haber escrito y cuando no hay nadie a mi alrededor para hacerme sentir como una boba, me gusta disfrutar de una copa de vino tan exuberante como una pared menstrual, un puro como el que fumaba mi abuelito el coronel y Piazzolla. Esto me induce a escribir poesía por razones que no quiero comprender.

Impartí lo siguiente en una ponencia durante una cena en la Universidad de St. Mary's de San Antonio en el 2005. Es una historia que había contado suficientes veces en voz alta. Pero contar una historia sobre papel es otra cosa por completo. En voz alta puedes depender de los gestos y la voz, las expresiones faciales y las pausas para crear una imagen. Cuando escribes una historia no tienes otro objeto de utilería más que las palabras, la puntuación y los espacios en blanco intermedios. Los espacios en blanco son tan importantes para mí como la letra impresa en negro. Son como las partituras que siguen los músicos cuando tocan una composición. Todo ya debe estar allí para que el lector pueda seguirlo.

Conocí al compositor y músico argentino Astor Piazzolla en 1988, un domingo 24 de abril, en el Great American Music Hall sobre O'Farrell Street, en San Francisco. Estoy segura de la fecha porque tengo un volante firmado para probarlo. No me hubiera molestado en guardarlo. Esa fecha está grabada en mi corazón. El año anterior yo apenas había sobrevivido el trigésimo tercer año de mi vida, un momento en que te mueres y, si tienes suerte, resucitas.

Así que 1988 fue el año de mi resurrección. Recuerdo haber manejado las cinco horas desde Chico, California, donde era profesora invitada, convencida de que Astor Piazolla, el hombre que había revolucionado el tango, había venido a California a conocerme a *mí*. El año de mi casi muerte yo había perdido mi propósito en la vida. Sé que suena demasiado dramático, pero es la verdad. Estaba cansada de la molestia de seguir viva. No podía entender por qué me habían puesto en el planeta si parecía que no podía hacer nada para ganarme la vida. Estaba llorosa y nerviosa y asustadiza como un gato. En Texas había estado sin trabajo por casi un año. Un amigo que daba clases en Cal State, en Chico, iba a tomarse una licencia temporal y me había recomendado para su puesto.

Lo último que quería era dar clases en una universidad. Nunca me había sentido a gusto allí. La verdad era que no sentía que yo fuera lo suficientemente inteligente como estudiante y menos aún como profesora. Sin embargo, me estaban ofreciendo un empleo en una universidad. Estaba tan necesitada que me vi forzada a ignorar mi terror y aceptarlo.

Pedí dinero prestado a mi familia por enésima vez, acarreé mis muebles de segunda mano en un tráiler y pronto descubrí lo que había temido desde un principio: yo era un fracaso. El letargo de los estudiantes de primer año que tomaban la clase de redacción comparado con los adultos a quienes había dado clases en centros comunitarios, me convenció de que yo no servía, no valía nada, era un fiasco. Por lo menos, así lo veía entonces.

Y si no servía para dar clases... y tenía treinta y tres años y todavía tenía que pedir prestado para sobrevivir... y qué importaba que hubiera escrito un libro que me había hecho ganar apenas lo suficiente como para cubrir unos pocos meses de renta... y odiaba estar en el mundo académico, con la sensación de que yo tenía que saberlo todo cuando apenas sabía cualquier cosa... y qué tal si descubrían que yo era un fraude... y si tenía que pedir dinero prestado a mi familia una vez más, pues... había perdido la voluntad de seguir adelante.

Pero un premio nacional de escritura llegó justo a tiempo y me recordó por qué me habían puesto en el planeta, y ahora aquí estaba, y aquí estaba *él*, Astor Piazzolla, uno de los más grandes músicos y compositores del nuevo tango, el más grande, en mi opinión, que venía a tocar. ¡Para mí!

Descubrí la música de Piazzolla a los veintitantos años gracias a mi Némesis, el Zapata de mi corazón, quien inspiró varios poemas y cuentos y mis viajes por Europa para volverme exactamente como él, de mundo y sofisticada, en lugar de la miedosa que era.

La música de Piazzolla, una tempestad de notas, llegó por conducto de este hombre, mi amante, quien en cierto sentido era lo mismo que la música. Un gañido atrapado entre el dolor y el placer. Un aullido lleno de anhelo y desesperanza. La pequeña quemazón que una boca deja en la carne. Intensa, tierna, cómica, feroz, infiel y, en última instancia, condenada. Todo esto me obsesiona cuando escucho las composiciones de Piazzolla que fusionan el tango tradicional de Buenos Aires con el jazz *avant-garde* de Nueva York. Piazzolla me enseñó a convertirme en la artista que yo quería ser.

"Así, tontita", me imaginaba a Piazzolla diciéndome. "Escucha". Y el ulular de su bandoneón, un encontronazo entre la belleza y la tragedia ensangrentadas, se convirtió en mi maestro. Yo comía ansias de realizar mi aprendizaje.

Cuando me sentía perdida, triste, derrotada, frustrada con mi escritura, con mi vida, sólo tenía que escuchar la música de Piazzolla, y esta proyectaba un halo de luz en la noche, una flecha perforando el blanco, una guía tan pura y constante como la Estrella Polar.

Esto explica mi suprema arrogancia e ingenuidad en la oscuridad del Great American Music Hall ese día de 1988. El maestro apareció sobre el escenario todo de negro, tan negro como su bandoneón, digno, divino. Entonces comenzó. Una música que se elevó terrible como un cuchillo apuntado al propio corazón, llorosa, melodramática, cursi, maravillosa a la vez. El violín, el bandoneón, el violonchelo, el piano como la lluvia. Tuve que pararme y recargarme contra un pilar, soplarme la nariz con una servilleta de cóctel. Cuando las luces parpadearon para el intermedio, salí corriendo detrás del escenario.

No estaba borracha. ¿Cómo explicar la absoluta confianza de mi misión? Empujé las puertas giratorias que separaban a los dioses de la plebe y marché hacia adentro. Me sorprendió que no hubiera guardias de seguridad, ni gorilas, ni policías. Nadie. Sólo un corredor triste, vacío, demasiado maltrecho como para albergar la grandeza.

Afuera de una puerta abierta escuché voces y de pronto me entró miedo. Entonces la osadía de mis acciones se hizo evidente. Astor y sus músicos probablemente estaban exhaustos y tomando un bien merecido descanso. Yo no tenía idea de qué hacer después.

Afortunadamente alguien pareció resolver el problema, un tipo joven con la misma idea de conocer a su ídolo que yo, pero con más audacia. Comenzamos a parlotear bastante fuerte de manera que al final Piazzolla salió de un solo para ver por qué estábamos allí.

El fan sabía exactamente lo que quería; pidió un autógrafo y le dio a Piazzolla un volante amarillo corriente que anunciaba el evento de esa noche. Qué más podría hacer yo, sino prepararme para hacer lo mismo. Pero, ¿qué le diría?

Primero tenía que decirle. Tenía que decirle lo que había estado guardando en mi corazón todos estos años. Quería decirle: *Astor, tu música me ha dado aliento a través de tantas desilusiones, a través de los puros explosivos del amor, a través de experiencias cercanas a la muerte, a través de mi propia muerte y resurrección. Viajé para encontrarme a mí misma cuando escuchaba tu música. Fue tu música la que me daba ánimos cuando llegué por primera vez a las islas griegas del Egeo, y en el barco que me llevó lejos de Grecia donde por fin había terminado mi primera novela, y en las noches frías de París, cuando no tenía dinero y estaba durmiendo en el piso donde los argentinos. Astor, no tienes idea. Ha sido tan difícil inventarme y convertirme en la escritora en la que deseaba convertirme. Tuve que escaparme de casa. Tuve que comprar un boleto sencillo a Atenas porque nunca antes había ido a ningún lugar sola, aunque ya casi tenía treinta. Y ya fuera que estuviera lavando mis calcetines en el lavabo una mañana fría de invierno en Chicago o la Toscana, al pie de los Alpes en el sur de Francia o en el sur de Texas, andando en bicicleta por la ciudad o manejando de un extremo a otro del país, Astor, me enseñaste con tu música qué tipo de pasión quería yo alcanzar con mi escritura. Soy consciente, Astor, de cómo luchaste por encontrar tu propia voz, cómo tu maestra Nadia Boulanger te aconsejó retomar el instrumento que habías abandonado porque te avergonzaba el bandoneón. Ella te estaba recordando que recordaras quién eras y haciendo que te sintieras menos avergonzado y alabándote por no ser nadie más que tú, y te mandó de vuelta a esa parte despreciada de ti mismo, porque tú eras a quien habías abandonado, y en ese monstruo de caja habías sido capaz de brincar de lo sentimental al sentimiento, lo cual es una tenue línea, y cómo los tradicionalistas querían asesinarte por lo que le habías hecho a su tango. Había sido tan difícil para mí convertirme en escritora, pero tu música, Astor, tu música me había mostrado, cuando tenía frío y miedo, a ser valiente. Tú hiciste del tango algo propio, Astor, y este se volvió mío cuando yo tenía veintitantos años y ahora a principios de mis treinta, habiendo apenas escapado de las fauces de la muerte, ese terror estaba en tu música, Astor, todo estaba en tu música, el Némesis a quien amaba y el cual me abandonó, y cómo de esa herida abierta, yo había transformado ese gañido en un aullido, y ese aullido era mi escritura, inspirada en ti, Astor, ¿comprendes?*

Pensé en todo esto mientras al tipo enfrente de mí le firmaban su volante. Y ahora era mi turno, y Astor Piazzolla en su pantalón negro con las líneas bien marcadas, en su camisa de seda negra y botas negras pulidas, Astor con sólo sus manos y cara iluminando el momento, se acercaba y tomaba el volante de mi mano. Me quedé allí con la boca un poquito abierta.

Ahora mientras lo firmaba debía decírselo. Era mi oportunidad, sí. Lo podría decir ahora. Podría decírselo. ¡Ahora!

"Señor Piazzolla", le dije sin aliento. "Su obra. Es. ¡Mi vida!".

Él asintió, pasó el volante a la hilera de sus compañeros músicos para que lo firmaran, y entonces...

Mi momento se había esfumado.

Apreté con fuerza el volante autografiado en un puño y me tambaleé de vuelta a mi asiento, sintiéndome tonta y llorosa. *¡Su obra es mi vida!* ¿Cómo se me ocurre?

Entonces agaché la cabeza para escribir. "Cosa en mi zapato, / diente de león, espina, huella digital, / un grano de dolor que me ha desbaratado una vez más, / oh padre, siento de corazón este lado derecho del cerebro / que me ha alarmado y mutilado y me ha tumbado muchos días ya inválida". Y cuando alcé la cabeza, tenía un nuevo libro de poesía. Tal como si hubiera pasado por el parto, mi cuerpo cambió, asombrándome con carne donde antes había tenido hueso. Agaché la cabeza de nuevo y de nuevo la alcé, otro libro, y de nuevo mi cuerpo se alteró, de modo que ya no era yo misma, sino una mujer mirando fijamente a una mujer desde el otro lado del agua. Libros y más libros, y más cambios a la casa que uno llama el ser.

La gente joven se forma en fila para conocer al autor y tener su libro autografiado. Yo soy la autora que han venido a conocer. Algunos de ellos apenas pueden hablar, sus ojos como barcos perdidos en altamar.

"No sabe lo que esto significa para mí", dicen, encontrando con torpeza la página que quieren que les firme. "Es que. Es que usted no sabe".

Única hija

El año en que estuve a punto de morirme, 1987, estuve enferma durante un periodo de diez meses. Si hubiera estado enferma de algo visible, físicamente, hubiera sabido que debía salir corriendo a buscar a un doctor. Pero cuando estamos enfermos del alma, pasa mucho tiempo antes de darnos cuenta de que una herida del espíritu que no sana es tan peligrosa como una herida en la carne que no sana.

Lo siguiente fue escrito en 1989, a medida que me levantaba de esa oscura noche. Me abrumaba entonces y me abruma ahora darme cuenta de lo oportuno que fueron esos galardones; podrían haber llegado póstumamente. He aprendido desde entonces que la desesperanza es parte del proceso, no el destino.

Una vez, hace muchos años, cuando apenas comenzaba mi carrera como escritora, me pidieron que escribiera mi propia nota como colaboradora para una antología literaria. Escribí: "Soy la única hija en una familia de seis hijos. *Eso* lo explica todo".

Bueno, lo he pensado desde entonces, y sí, para mí eso explica mucho, pero por el bien del lector hubiera escrito: "Soy la única hija de una familia mexicana con seis hijos varones". O incluso: "Soy la única hija de un padre mexicano y una madre mexicoamericana". O: "Soy la única hija de una familia de clase trabajadora de nueve". Todas estas cosas tuvieron todo que ver con quién soy hoy día.

Fui/soy la única hija y *sólo* una hija. Ser la única hija en una familia de seis hijos me forzó por circunstancia a pasar mucho tiempo a solas, ya que mis hermanos sentían que se rebajaban al jugar con una *niña* en público. Pero esa soledad, ese estar sola fue algo bueno para alguien que aspiraba a ser escritora: me dio tiempo de pensar y pensar, de imaginar, de leer y prepararme para mi profesión de escritora.

Ser sólo una hija para mi padre significaba que mi destino me llevaría a convertirme en la esposa de alguien. Eso es lo que él creía. Pero cuando yo estaba en el quinto grado y compartí mis planes universitarios con él, estoy segura de que él lo comprendió. Recuerdo a mi padre haber dicho: "Qué bueno, mija". Eso significó mucho para mí, sobre todo porque mis hermanos creían que esa idea era tan chistosa. De lo que no me di cuenta es que mi padre pensaba que la universidad era buena para las chicas, buena para encontrar marido. Después de haber terminado cuatro años de universidad y dos de posgrado, y todavía no tener esposo, mi padre aún ahora sacude la cabeza y dice que malgasté toda esa educación.

Mirando atrás, me siento afortunada de que mi padre creyera que las hijas estaban destinadas a los esposos. Quería decir que no importaba que escogiera una carrera en algo bobo como Literatura Inglesa. Después de todo, a la larga encontraría a un buen profesional que se casaría conmigo, ¿no es cierto? Eso me dio la libertad de matar el tiempo bordando mis pequeños poemas y cuentos, sin que mi padre me interrumpiera sin siquiera preguntar: "¿Qué estás escribiendo?".

Pero la verdad es que yo *quería* que él me interrumpiera. Quería que mi padre comprendiera lo que yo garabateaba, que me presentara como "Mi única hija, la escritora". No como "Esta es mi única hija. Es maestra". Ni siquiera "profesora".

En cierto sentido, todo lo que he escrito ha sido para él, para ganarme su aprobación aunque sé que mi padre no puede leer las palabras en inglés. Las únicas lecturas de mi padre son los libros de historietas: *La familia Burrón*, el *Esto* con tinta de chocolate, la revista de deportes mexicana, o las fotonovelas, libros de bolsillo con fotos en donde la tragedia y el trauma hacían erupción de la boca de los personajes en burbujas. Mi padre representa, entonces, la mayoría pública. Un público a quien no le interesa leer y, sin embargo, uno sobre el cual y para quien escribo y, en privado, al que trato de cortejar.

Cuando éramos niños en Chicago, nos mudábamos mucho debido a mi padre. Él sufría ataques de nostalgia. Entonces teníamos que salirnos de nuestro apartamento, almacenar los muebles con los parientes de mi madre, empacar la camioneta con equipaje y sándwiches de mortadela, y dirigirnos hacia el sur. A la Ciudad de México.

Regresábamos, claro. A otro departamento más en Chicago, otro barrio más en Chicago, otra escuela católica. Cada vez, mi padre buscaba hablar con el cura de la parroquia para que nos dieran un descuento con la colegiatura y se quejaba o presumía: "Tengo siete hijos".

Él quería decir seis hijos y una hija, pero lo traducía como *sons* o hijos varones. "*I have seven sons*", le decía a cualquiera que le hiciera caso. Al empleado del Sears que nos vendía la lavadora de ropa. Al cocinero de comida rápida donde comía sus desayunos de *ham-and-eggs*. "Tengo siete hijos", como si se mereciera una medalla del Estado.

Mi papá. No hacía esa traducción errónea a propósito, estoy segura. Pero de alguna manera yo sentía que eso me borraba. Yo le jalaba la manga y le susurraba: "No tienes siete hijos. ¡Seis! Y una hija".

Cuando mi hermano mayor se recibió de la Facultad de Medicina, él realizó el sueño de mi padre de que estudiáramos duro y usáramos esto, la cabeza, en lugar de esto, las manos. Aun ahora, las manos de mi padre están gruesas y amarillentas, golpeteadas tras una historia de martillo y clavos y cáñamo y resortes y muelles. "Usa esto", decía mi papá, dándose un golpecito en la cabeza, "y no esto", enseñándonos aquellas manos. Siempre se veía cansado cuando lo decía.

¿Acaso la universidad no era una inversión? Y, ¿no había yo pasado todos esos años en la universidad? Y, si no me casaba, ¿de qué había servido todo eso? ¿Por qué iría alguien a la universidad y luego escogería ser pobre?

El año pasado, después de diez años de escribir profesionalmente, las recompensas financieras comenzaron a llegar poco a poco: mi segunda beca del National Endowment for the Arts; una cátedra como profesora invitada en la Universidad de California,

Nuestra familia de camino a la Ciudad de México, hacia 1964; yo estoy sentada a la derecha de mi madre.

Berkeley; mi libro vendido a una de las principales editoriales de Nueva York.

En Navidad, volé a Chicago. La casa palpitaba, como siempre: tamales de chile y tamales de dulce siseando en la olla exprés de mi madre, y todo el mundo —mi madre, seis hermanos, esposas, bebés, tías, primos— hablando demasiado fuerte y al mismo tiempo, porque así somos.

Subí al segundo piso al cuarto de mi padre. Uno de mis cuentos acababa de ser traducido al español y publicado en una antología de escritura chicana y quería mostrárselo. Desde que se recuperó de un derrame cerebral hace dos años, a mi padre le gusta pasar sus horas libres horizontalmente. Y así es como lo encontré, viendo una película de Pedro Infante en la televisión y comiendo arroz con leche.

Había un vaso recubierto de una capa fina de leche en el buró. Había varios frasquitos de pastillas y Kleenex hechos bola. Y en el piso, un calcetín negro y un orinal de plástico que yo no quería ver, pero vi de todas formas. Pedro Infante estaba a punto de ponerse a cantar y mi padre se estaba riendo.

No estoy segura de si fue porque mi cuento había sido traducido al español o porque había sido publicado en México o quizá porque la historia tenía que ver con Tepeyac, la colonia donde mi padre se crió y la casa donde creció, pero de cualquier forma, mi padre apretó el botón silenciador del control remoto y leyó mi cuento.

Me senté en la cama junto a él y esperé. Lo leyó muy lentamente. Como si estuviera leyendo cada línea una y otra vez. Se rio en todos los lugares apropiados y leyó las líneas que le gustaron en voz alta.

Él señalaba y hacía preguntas: "¿Este es fulano de tal?".

"Sí", le decía yo. Siguió leyendo.

Cuando por fin terminó, después de lo que parecieron ser horas, mi padre alzó la vista y preguntó: "¿Dónde podemos conseguir más copias para los parientes?".

De todas las cosas maravillosas que me sucedieron el año pasado, esa fue la más maravillosa.

Carta a Gwendolyn Brooks

Una vez me encontré a Gwendolyn Brooks en el sótano del almacén Stop & Shop en el centro de Chicago. Eso fue cuando ella me conocía como maestra de preparatoria y no como escritora. Ella estaba formada en la fila del mostrador de la panadería como una madre en camino del trabajo a casa.

"Señorita Brooks, ¿qué hace por aquí?".

"Estoy comprando un pastel", dijo la señorita Brooks como si nada.

Por supuesto que estaba comprando un pastel. Sin embargo, no parecía posible que poetas de su talla fueran al centro en el metro y se compraran un pastel. Gwendolyn Brooks era famosa, quizá la persona más famosa que yo conocía en ese entonces, y yo la admiraba mucho. Había estado leyendo su obra desde la preparatoria. Encontrármela en la universidad o en una librería era una cosa. Pero, ¡aquí estaba esperando para comprarse un pastel! No se veía como una autora ganadora de un Pulitzer. Se veía como un gorrión o como una monja en el marrón y azul marino modestos que siempre usaba.

Al igual que Elena Poniatowska, ella me enseñó lo que es ser generoso con los demás, hablar con cada miembro de tu público como si *ellos* fueran el escritor invitado, y no al revés.

Esa generosidad y esta manera de honrar a sus lectores me ha hecho verla no sólo como una gran poeta sino como un gran ser humano, y este, a mi manera de ver, es el mejor tipo de escritor.

Esta carta fue escrita mientras estuve como profesora invitada en la Universidad de Nuevo México, Albuquerque.

---

5 de marzo, 1991

Estimada Srta. Brooks:

Es lo que Winnie-the-Pooh llamaría un día ventoso por aquí. O lo que Miss Emily designaría como un viento como una corneta. Desde allá y más allá por los altiplanos, mordiendo el polvo y asustando a los árboles.

Estoy en mis pijamas aunque ya es después del mediodía, pero me gusta en mi ocio soñar un poco más mientras duermo y seguir soñando sobre el papel cuando estoy despierta. Estoy releyendo su maravilloso MAUD MARTHA otra vez, un ejemplar que me regaló, y por el cual le estoy muy agradecida. Recuerdo cuando descubrí ese libro por primera vez, en la biblioteca estadounidense de Sarajevo, al otro lado del famoso río donde fuera asesinado el archiduque, lo que comenzó una guerra mundial. Y fue allí también que leí los poemas escogidos de T. S. Eliot. Si va a Sarajevo y busca el capítulo sobre PRACTICAL CATS encontrará una mancha de cereza en una de las páginas, porque yo estaba leyendo el libro en la orilla opuesta del río, bajo una hilera de cerezos enfrente de la casa de mi amiga estadounidense Ana, y al momento en que yo estaba leyendo sobre uno de los gatos de Eliot —¿el Rum Tum Tugger?— un viento desprendió una cereza que aterrizó con un zas sobresaltado sobre la página. Y mi corazón también dio un pequeño vuelco porque el libro no era mío. Una mancha color vino sobre las gruesas páginas cremosas.

Quisiera dar una clase sobre este libro junto con otros que

utilizan una serie de cuentos cortos interrelacionados. Quizá con CANEK de Ermilo Abreu Gómez y CARTUCHO de Nellie Campobello, aunque ambas traducciones al inglés de estos libros están torcidas. La forma me fascina. Y yo había hecho algo parecido con MANGO STREET, aunque aún no había conocido su MAUD. Quizá yo estaba "recordando las cosas por venir".

Srta. Brooks, sepa por favor que no me he desaparecido del todo de la tierra. He sido una profesora migrante estos últimos años, escritora invitada en UC Berkeley, UC Irvine, la Universidad de Michigan en Ann Arbor, y ahora estoy aquí por un semestre. Todo para proteger a mi yo escritor. Algunos años sentía que me hundía y en otros volé hasta el cielo. Pero ahora los días me tratan bien. Tengo un nuevo libro que editará Random House (vea las reseñas adjuntas), y he vendido mi pequeña casa en Mango a la editorial Vintage. Ambos libros están anunciados para abril próximo. Y parece que mi vida es un remolino como el viento afuera de mi ventana hoy. Toda agitada, quebrada y limpiada por el viento y fresca y, sí, tal cual debe ser.

Sólo quería decirle esto hoy. Que su libro me da un gran placer. Que lo admiro horrores. Pienso seguido en Ud., Srta. Brooks, y su espíritu está siempre conmigo.

Un abrazo fuerte, fuerte,

Sandra

Mis malas malas mañas

La reedición de mi primer libro de poemas por Knopf en 1992 precisaba de un comentario. Después de publicarlos bajo una pequeña editorial la primera vez, había tenido una extraña sensación de depresión postparto. Nunca se había discutido sobre la libertad de elección en cuanto a publicar poesía cuando yo era estudiante de posgrado en creación poética; se suponía que si escribías poemas debías publicarlos, o no eras un verdadero poeta. Se daba por sentado. Como ser mujer significaba que debías tener un hijo para convertirte en una mujer verdadera. ¿O debías?

Me parece que el acto de escribir poesía es lo opuesto a publicarla. Así que me prometí a mí misma después de ese primer libro que yo escogería *no* publicar poesía de allí en adelante. Diría lo que tenía que decir públicamente a través de la ficción, pero los poemas debían escribirse como si no pudieran publicarse en vida. Surgían de un lugar tan personal. Era la única manera en que podía liberarme para escribir/pensar con absoluta libertad, sin censurarme. A partir de entonces, los echaría debajo de la cama como Emily Dickinson. Y por una época, eso fue lo que hice.

Cuando finalmente me mudé de una pequeña casa editorial a una grande una década después, me resistí a reeditar mi libro de poemas tempranos, pero sentí que un libro de tapa dura de una editorial grande de Nueva York ayudaría a la pequeña casa editorial de Norma Alarcón, Third Woman, la cual había apostado por mí.

Me pidieron que escribiera una nueva introducción y estuve de acuerdo. Pero luego, por supuesto, me entró un bloqueo mental de escritor. La única manera de sortear mi miedo era engañarme a mí misma. Después de muchos intentos en falso, me di cuenta de que la manera de lograrlo era escribir mi introducción en verso. La terminé en junio de 1992, en Grecia, en la isla de Hidra, en el mismo lugar donde había terminado *La casa en Mango Street* diez años atrás. El *Los Angeles Times Book Review* publicó el poema el 6 de septiembre de 1992 como "Poema como prefacio". Quiero agregar que al volver a mirar este poema ahora como una mujer a fines de mis cincuenta, que *puedo* y *disfruto* vivir sola. Y, sí, a pesar de todos mis lloriqueos, me encanta trabajar.

Puedo vivir sola y me encanta trabajar.

—MARY CASSATT

Allí está el detalle.

—CANTINFLAS

Damas, caballeros. Con su permiso: estos
son mis poemas perversos de aquel entonces.
La década de la chava achicopalada. Mis perversos años
de monja, por así decirlo. Pequé.

No como las mujeres blancas.
No como Simone turisteando por el hermoso
barrio de la mala muerte escoltada de un brazo dorado.
    Y no,

no aventurera como el mero macho,
ese chamaco chamuco de Holly-
Wood, borracho, mujeriego,
máximo auto destructor. Yo no.
Bueno. No mucho. Dime,

¿cómo una tal por cual se vuelve una mera mera?
Una mujer como yo. Hija de
un hombre con un martillo y unos pies con callos
que remojaba en una tinaja mientras cenaba.
Una mujer sin derecho natural en el asunto.

¿Qué hereda una mujer
que la guíe en su
camino?

Mi primer delito: me fugué con la poesía.
Por esta infracción, se me quemó el arroz.
Mamá me advirtió que nunca me esposaría.

¿Esposa? Una mujer como yo
cuya opción era o rodillo o fábrica.
Un vicio absurdo, esta malcriada mañosa
vida de escritora.

Boté la vida
a la que mi padre le había dado el dedazo.
Salté al fuego salamandresco.
Una chica que nunca había vagado
más allá del ojo de gallo de su padre.
Apalanqué la puerta con poesía y me marché.
Para siempre. Me largué y me arrepentí
cuando me sentía tan sola.

En mi cocina, a la hora flaca,
un calendario de Cassatt cantaba:
Repite después de mí:
Puedo vivir sola y me encanta...
Qué caca. Cada semana, las puras lágrimas.
La década de los trancazos.

Tomé el camino chueco y me encantó la mala vida.
Jugué a la querida.

Me tatué una nalga.
Sorbí mi felicidad de una copa.
Era algo, al menos.

No tenía idea.

¿Qué hace una mujer
dispuesta a inventarse
a los veintidós o veintinueve?
Una mujer sin un cómo ni un quién
Y, cómo iba a saber lo que era una pendejada.
Quería ser escritora. Quería ser feliz.
¿Qué es eso? A los veinte. O veintinueve.
Amor. Bebé. Marido.
Todo el paquete. Los grandes chingazos de la vida.
Querer y no querer.
¡Suéltame!

Dejé la casa de mi padre
antes que los hermanos,
vagabundeé por el globo
como una blanca rica.
Conseguí un apartamento.
Pagué el alquiler. Lo mantuve limpio.
A veces el silencio me asustaba.
A veces el silencio me bendecía.

Me buscaba.
Muy de noche.
Se abría como una ventana,
Hambriento por mi vida.

Escribía cuando estaba triste.
El apartamento frío.
Cuando no había amor

—nuevo, viejo—
para distraerme.
No habían seis hermanos
con su escándalo felinesco.
Ninguna madre, padre,
con su sabio *Te lo dije*.

Te digo,
estas son las perlas
de la comezón de esa década,
mis joyas, mis niños berrinchudos,
fastidiosos, quienes me
desvelaban en las malas malas noches
cuando sólo quise...
Sin nada en los textos para guiarme.

Pero eso fue entonces.
El quién-era se convertiría en el quién-soy.
Estos poemas son de aquel trabado entonces.

Quién quiere historias ahora

Di este discurso sobre mi amiga Jasna el mismo día en que lo escribí, el 7 de marzo de 1993, para un mitin del Día Internacional de la Mujer en un parque en el centro de San Antonio, Texas. Yo había vivido en Sarajevo antes de las Olimpiadas de Invierno de 1984, y el tema en la noticias esa temporada era la guerra en Yugoslavia y la violación de las mujeres de Bosnia. Yo no había hablado de mi estancia allí ni de mi amiga que todavía vivía en Sarajevo, porque me sentía culpable de no poder hacer nada. Pero cuando me invitaron a hablar en el mitin, acepté, aunque no tenía idea de qué podría decir. La noche anterior recuerdo haber hurgado a tientas en mi biblioteca buscando inspiración, cuando un libro que Jasna me había regalado cayó del estante. Era un libro del monje budista vietnamita Thich Nhat Hanh, *Sintiendo la paz.*

Recuerdo haber leído mi discurso en el mitin y haberme quedado sorprendida a medio camino ante mis propias lágrimas. Como no quería que me derrotaran mis emociones, comencé a gritar el texto como una loca, y mis palabras rebotaron y reverberaron por los edificios de Texas. Después, sólo quise salir precipitadamente de allí y esconderme, pero varias mujeres se me acercaron y ofrecieron sentarse conmigo para hacer una vigilia semanal por la paz. Esto era algo que yo podía hacer. En los próximos días, supe que el diario *The New York Times* volvería a imprimir mi artículo en sus páginas de opinión el 14 de marzo de 1993 y, finalmente, la estación de la radio pública interpretaría mi historia y una carta que Jasna posteriormente me escribiría desde un Sarajevo desgarrado por la guerra ("Dos cartas"), en la primavera de 1994. Pasé de un estado de impotencia a uno de acción. Hacer algo, sin importar cuán pequeño, es lo que Thich Nhat Hanh me enseñó entonces y continúa enseñándome, siempre que siento que no puedo tener un impacto.

Nema. No hay. *Nema*. Fue la primera palabra que aprendí cuando crucé la frontera con Yugoslavia en 1983. *Nema*. ¿Pasta dentífrica? *Nema*. ¿Papel higiénico? *Nema*. ¿Café? *Nema*. ¿Chocolate? *Nema*. Pero eso sí, una abundancia de rosas mientras estuve allí, muchos monumentos de guerra dedicados a los partidarios fallecidos y montañas que gritaban "TITO" en piedra.

Es cierto. Viví allí en ulica Gorica, con ese hombre Salem, el impresor, en la casa que había sido la tienda de abarrotes. Allí, detrás del muro del jardín hecho de puertas de madera remacha-

Jasna en su casa de Sarajevo, 1983

Jasna y yo, Austin, Texas, 1987

das. Fue el verano que hice de esposa. Lavaba tapetes turcos hasta que tenía las rodillas en carne viva. Lavaba camisas a mano. Con una escoba y una cubeta llena de espuma de jabón fregaba los azulejos del jardín cada mañana, para limpiar el excremento que caía de la bandada de palomas que vivía sobre el techo de la caseta del jardín. Era verano. Todo estaba en flor. Nuestra perra Leah tuvo catorce cachorritos. Los niños del barrio entraban y salían por la puerta del jardín. El jardín tan lleno de nueces y fruta, y rosas tan pesadas que se entornaban.

Y tú vivías al cruzar la calle, Jasna Karaula. En la casa que una vez había sido de tu madre, y antes de ella, de su madre.

Tengo tus recetas de pan frito, de tu famoso pan de fruta, "Siempre sale bien", dijiste, tu pan de rosas, "Algunas veces sale bien". Estabas llena de begonias en macetas y recetas y costura, y hacías todas las increíbles tareas domésticas que yo no podía/no puedo hacer. Eres difícil. Fumas demasiado y eres terriblemente temperamental. Te conocí ese verano antes de tu divorcio, ese verano antes de las Olimpiadas de Invierno. Esa tarde te conocí en aquella banca de madera, afuera de la cocina veraniega de nuestro jardín, y ese instante en que te vi, en que me viste, fue como si tú siempre me hubieras conocido, como si yo siempre te hubiera conocido. De eso estábamos convencidas.

Después de conocerte, siempre es posible encontrarme al cruzar la calle en tu casa, ayudándote a doblar la ropa limpia o hablando contigo mientras planchas, o haciéndote compañía mientras trazas el patrón de un vestido, o ayudándote a encalar las paredes de tu casa, que una vez fuera de tu abuela y luego de tu madre y luego tuya. Vendrías a Estados Unidos a visitarme, a Austin, Chicago, Berkeley, San Antonio, y comenzarías a traducir mis cuentos al serbocroata. Apenas estábamos logrando publicar los cuentos en Sarajevo cuando esa maldita guerra lo arruinó todo. ¿Quién quiere historias ahora? No hay escasez de historias cuando no hay calefacción, ni pan, ni agua, ni electricidad. *Nema, nema, nema.*

Las pequeñas acuarelas que pinté para ti, las fotos de nosotras escalando las montañas de Sarajevo, las cartas sobre el divorcio, el aborto, las cortinas bordadas de encaje, el mantel de flores que hiciste a mano, la casa de tu abuela en ulica Gorica, número 26, con sus anchas paredes de piedra y ventanas hundidas, su polvo, su necesidad perenne de reparaciones, la cual tu padre te ayudó a arreglar, en la cual te casaste y te divorciaste de un marido, la casa donde te hice una piñata y celebramos tu cumpleaños y bromeamos que era la única piñata que existía en toda Yugoslavia. Recuerdo las tardes de *kaffa*, tostado en el jardín, servido en tacitas del tamaño de un dedal, a la manera turca. Los minaretes y el triste llamado a la oración como una bandera de seda negra ondeando en el aire.

Jasna. Han pasado diez años desde ese verano en que viví en ulica Gorica con la familia de Salem. No he sabido de ti desde el verano pasado. Cuando estuve en Milán, llamaste a mi hotel, dejaste un número al cual llamarte, pero ya era demasiado tarde. Las líneas estaban imposibles para entonces, la guerra ya había comenzado en Sarajevo. La guerra que dijiste que nunca llegaría a Sarajevo.

Cuando todavía había tiempo, no te fuiste. Ahora me entero de que no te irás. Tu madre enferma, sin duda demasiado frágil como para viajar, tu hermana Zdenka nunca lo suficientemente fuerte como para tomar siquiera una decisión. Me imagino que eres tú quien cuida de ambas. De eso estoy segura.

En una carta que me llegó por conducto de Londres, escribes: "Pide a tu gobierno que deje de mandarnos ayuda 'humillitaria'. Necesitamos agua, electricidad, pájaros y árboles, necesitamos que esta horrible matanza cese, ya, de inmediato, porque hace mucho tiempo que ha sido demasiado tarde".

¿Es demasiado tarde ya, Jasna? Me han dicho que tu casa resultó dañada. ¿Qué quiere decir eso? ¿Estás viviendo en el primer piso porque ya desapareció el segundo piso? ¿Se abrió el techo y se vislumbra el cielo? ¿Todavía hay un techo? ¿Puedes dormir allí en la oscuridad, en ese frío invierno rodeada de montañas tan altas, tan heladas como los Alpes? Una ciudad famosa por su nieve y sus montañas. Yo estuve allí el verano antes de las Olimpiadas de Invierno. Y dijiste que las casas de Sarajevo eran frías en el invierno, incluso entonces cuando no había guerra, cuando había combustible. ¿Cómo será ahora, en marzo, cuando la primavera todavía está tan lejos, cuando no hay ningún combustible, cómo te las estarás arreglando?

He hablado con tu hermana Veronika en Eslovenia. He hablado con tu hermano Davor en Alemania. Prendemos velas y estamos enfermos de la preocupación. Soñé contigo, Jasna Karaula. No estás muerta. Todavía no. Puedo decir esto con certeza, porque te conozco demasiado bien y, si te murieras, vendrías a decírmelo. Así es entre nosotras. Así es como siempre ha sido.

Y no me has visitado en sueños, excepto para tomar café. En el último sueño, tomamos *kaffa* juntas de tazas rotas, rotas debido a la guerra comprendí. Recuerdo que te sujeté y te abracé antes de despertarme, como si estuviéramos despidiéndonos hasta el próximo sueño. Jasna, tengo miedo.

Tengo miedo de no ser capaz de salvarte. Conozco esas calles de Sarajevo. Esta guerra no está lejos. Esta guerra está sucediendo en ulica Gorica donde viví, donde vives, en la casa en la cima de la colina, número 26. Puedo caminar allí mentalmente, conozco el camino. He estado dentro de los minaretes, las iglesias, los cafés. Conozco esa ciudad. Conozco tu casa. He escuchado la llamada a la oración vespertina y he visto a los devotos arrodillarse en sus tapetes de oración, todos de cara a La Meca, la estrella solitaria y la luna creciente de las tumbas musulmanas, la letra cirílica de la iglesia ortodoxa con sus cúpulas doradas, las velas de la iglesia católica de los croatas, he estado allí. Me he sentado a tu mesa, levantado una copa de *slivovitz*, brindado por tu país y el mío, tomado *kaffa* de tacitas como de juguete.

Esto es real. No estoy inventando esta historia para el entretenimiento de nadie. Una mujer está allí. Es mi amiga, palabra de honor. Esa ciudad, esas calles, aquellas casas. Donde lavé alfombras y fregué pisos y regalé cachorritos y tomé café en cafeterías al aire libre sobre la calle Titograd. Mira, lo que intento decir es que mi amiga está extraviada. Esta es una ciudad donde los cerezos florecieron el verano en que estuve allí, si vas a la biblioteca estadounidense a las orillas del río Miljacka, hay una copia de los poemas de T. S. Eliot con una página manchada de una cereza que cayó de un árbol mientras estuve leyéndolo, te enseñaré la página. Recogí nueces para el pastel que hiciste un verano maduro y abundante de fruta, paz y esperanza, las olimpiadas venideras en el horizonte.

Una mujer está allí. En la parte antigua de la ciudad, cuesta arriba, arriba de demasiados escalones, en el barrio más cercano al vecindario gitano, sobre ulica Gorica, número 26. Es la segunda casa de la esquina, a la derecha, después de subir los escalones. La casa que fuera de su abuela, y luego de su madre, y luego de ella.

Sr. Presidente de los Estados Unidos, líderes de todos los países del globo, todos los políticos, todos ustedes decidiendo el destino de las naciones, sus excelencias del poder, las Naciones Unidas, Querido Primer Ministro, Querido Señor Presidente, Sr. Radovan Karadžić, Sr. Alija Izetbegović, Sr. Cyrus Vance, Lord Davis Owen, conciudadanos, seres humanos de todas las razas, es decir ustedes que me escuchan y que no me escuchan, A Quien Corresponda, Dios, Milošević, papa Juan Pablo, Clinton, Mitterrand, Kohl, todas las naciones del planeta Tierra, mis amigos, mis enemigos, mis antepasados conocidos y desconocidos, mis semejantes, estoy harta de todos ustedes.

Ella está allí. ¡Sáquenla, escúchenme! ¡Sáquenla! ¡Sáquenlos! Ellos están en esa ciudad, en ese país, esa región Bosnia-Herzegovina, allí en ese horno, esa boca del infierno, ese Calvario, ese Dachau, esa cámara de gas, ese Chernobyl, ese holocausto, esa casa en llamas, sáquenla de allí, lo exijo.

Exijo que marchen, tomen un avión, mejor tomen un tanque. Llévense algunas de las cobijas que tengo, mi hermosa casa nueva, mis lindos trajes de seda, mis calcetines calientes, mi panza llena, mi refrigerador con cosas para comer, mi supermercado, mi tiempo de primavera, mi electricidad, mi agua potable, mi camioneta *pickup*, mis dólares, mis árboles, flores y noches silenciosas y enteras.

Exijo que entren allá. Exijo que me den una espada más poderosa que esta inútil pluma mía. Exijo que lleguen a Sarajevo. Los llevaré a ulica Gorica, tengo miedo, pero los llevaré. Espíritus de todos los parientes y amigos difuntos, mis antepasados, mis compatriotas, mis semejantes, les exijo, les pido, les ruego.

En nombre de la civilización. En nombre de la humanidad. En nombre de la compasión. En nombre de la respetabilidad. En nombre de la humanidad. Saquen de allí a una mujer. Esa mujer, hermana de mi corazón. Conozco a esta mujer. Conozco a su madre, conozco también a su hermana. Están en esa ciudad. En ese lugar horrible que una vez fuera tan pacífico, que una mujer podía caminar sola sin miedo de noche.

Acerca de las palabras. Sé lo que significan mis demandas. Sé de palabras. Estoy en el oficio de las palabras. No faltan palabras en Sarajevo. Soy escritora. Soy mujer. Soy un ser humano. En otras guerras, recuerdo haber visto a monjes budistas prenderse fuego para implorar por nada menos de lo que pido yo, y ¿de qué sirvió todo eso?

Una mujer a quien yo conozco está allí. En ese país. Una mujer a quien quiero como cualquier mujer podría querer a una mujer. Y estoy en San Antonio, Texas, y los días y las horas y los meses pasan y los periódicos gritan: "¡Hay que hacer algo!". Alguien, cualquiera, ayuden a ese alguien.

Y escucho a ese alguien. Y conozco a ese alguien. Y quiero a ese alguien. Y no sé qué hacer. No sé qué hacer.

La casa que canta

Cuando conocí a la fotógrafa Mariana Yampolsky, yo buscaba una manera de ser artista y amar a alguien. Ahora a los cincuenta y nueve me siento bastante contenta y entera tal como estoy. Me encanta escribir, vivo sola —si uno puede llamar tener cinco perros estar sola— y me siento en total tranquilidad como un estanque de agua. No deseo nada. Sólo una casa. Y, de vez en cuando, una caja de caramelos franceses salados.

Debo mencionar que comencé este ensayo mucho antes de la muerte de Mariana en el 2002, pero me decidí a resucitarlo y terminarlo el 1 de abril de 2003, para una exhibición en San Francisco en honor a Mariana.

Durante el Año Nuevo de 1985, cayó en el sur de Texas una nevada tan fuerte que las tuberías se reventaron y todo en San Antonio se clausuró. Yo había estado fuera durante las fiestas y regresé a la ciudad y a mi apartamento para encontrarme con que mis libros se habían empapado. En esa época yo no tenía dinero para comprar estantes y mis libros estaban en el piso. Para colmo de males, recuerdo haber encontrado mi tesoro más preciado, un libro de Mariana Yampolsky, destruido por la inundación. Era *La casa que canta*, sus páginas tan onduladas como si alguien le hubiera llorado mil lágrimas encima.

Pasé el resto de la noche planchando mis libros, el apartamento tan empañado como una tintorería, tan resuelta a rescatar mis tesoros como cualquier historiador del arte en rescatar Florencia. No fue el mejor trabajo de restauración, pero tendría que conformarme con ello. *La casa que canta* había sido publicada en una edición limitada y ya se había agotado.

He regresado a ese libro con frecuencia, para inspirarme, para recordarme a mí misma qué es lo que me cautiva de Mariana, de las casas de Mariana, de las casas mexicanas en particular. Para Mariana, entre más humilde la casa, más espléndida, algo que ver con el respeto y la admiración. Ella documentó las casas que nunca aparecerían en las páginas lustrosas de la revista *House & Garden*. Estas eran las casas donde los pisos habían sido aplanados hasta quedar sedosos por pies descalzos, una arquitectura donde todo tenía el inconfundible aire de haber sido hecho a mano, casas olvidadas en el campo y los pueblos polvorientos, llenas de duende. El arabesco de una bisagra. Una puerta hecha de pitahaya seca. Ventanas hundidas como ojos. Un porche con dos sillas floreadas dormitando a medio sol. La pared de una cocina espléndida con

Mariana y Arjen, en mi casa

sus ollas y platos de hierro esmaltado. Una hamaca, un sombrero, una cuna colgando de la viga de una casa. Una tortilla asándose en un comal.

Varios años después, finalmente reemplacé *La casa que canta* ondulada con un ejemplar limpio que encontré en una librería de viejo en el centro de la Ciudad de México. Para entonces yo finalmente había adquirido una casa propia y, al fin, libreros.

Mariana Yampolsky y su esposo, Arjen van de Sluis, vinieron a mi casa de San Antonio justo en esa época de mi vida. Inmediatamente los invité a mi casa, los senté en mi sofá para tomarles un retrato, y los admiré desvergonzadamente. Divertí a Mariana con la historia de mi copia original de *La casa que canta* he hice que me firmara la copia nueva. Escribió: "¡Tu casa es muy bonita! ¡Tú eres bonita! ¡Y lo que escribes, más!".

Siempre que Mariana hablaba, Arjen la miraba con la sincera adoración de un hombre enloquecido por el amor. Por su parte, Mariana lo trataba con la timidez y el enfado de una hija única o un pequinés consentido.

La foto que les tomé está en algún lugar, quién sabe dónde, pero recuerdo que se veía así: ellos dos reclinándose entre sí como casas encorvadas por el tiempo y, quieras o no, enamorados, después de todo y para siempre.

Se me ocurrió que esta pareja tenía el secreto que yo buscaba. Les pregunté cómo habían hecho para lograr seguir juntos después de tantos años, cuando todos mis propios amoríos nunca habían durado más que un tostador. ¿Cuál era el secreto de ser una artista —pensé por supuesto en una mujer artista— y conservar a un hombre?

"El respeto", dijo Arjen. "Por lo que cada quien hace".

"Ah, ¿es todo?".

"Sí", dijo él, y me parece recordar que Mariana asintió.

Se pusieron de pie para irse y Mariana me invitó a su casa en Tlalpan, al extremo sur de la Ciudad de México. "Pronto", dije, sin saber que el libro que yo estaba escribiendo aplazaría ese "pronto" a "nunca".

"Hasta pronto", dijo Mariana.

"Adiós", dijimos. "*Goodbye, goodbye*". Tan perezosa y complacientemente como si estuviéramos en control de nuestro propio destino.

Mercè Rodoreda

A menudo recuerdo dónde estaba cuando descubro un libro que me conquista por completo. Recuerdo el momento y la sensación de devorar un texto amado tan claramente como recuerdo los encuentros más sensuales de mi vida. ¿Eso les pasa a todos o sólo a aquellos que trabajan con las palabras?

Quisiera creer que todo el mundo se enamora de un libro de la misma manera en que uno se enamora de una persona, que uno tiene un intercambio íntimo, personal, místico, tan espiritual y cargado como la figura del ocho que significa el infinito.

Recuerdo el viaje en autobús de la ciudad de Oaxaca a San Cristóbal de las Casas, y cómo en algún punto después de Tuxtla Gutiérrez, en ese vertiginoso camino entre esa ciudad y San Cristóbal, terminé *El amante* de Marguerite Duras.

Y recuerdo una noche lluviosa especialmente inolvidable en una buhardilla de Londres en que me quedé sin cenar por *La pasión* de Jeanette Winterson, como si fuera un festín de bombones de chocolate caros.

De esa forma leí por primera vez la novela *La plaza del diamante* de Mercè Rodoreda bajo el sol en un patio de Berkeley, California, el día más cálido del otoño de 1988, y sólo cuando hube terminado el libro alcé la cabeza y me di cuenta de que estaba sentada en el azul hortensia del crepúsculo.

He pedido prestado; he aprendido de este préstamo.

Lo siguiente apareció por vez primera como una introducción para la edición de *Camellia Street* (*La calle de las Camelias*) de Graywolf Press, septiembre de 1993. Fue escrita antes de que los motores de búsqueda de Internet fueran ubicuos.

No hay camelias en la calle de las Camelias. Quizá las hubo, recientemente o hace mucho, pero no cuando estuve allí la última primavera. "Las calles han sido siempre para mí motivo de inspiración...", escribió Rodoreda en un prólogo para una de sus novelas. De modo que es en las calles de Barcelona donde voy en búsqueda de ella.

De Rodoreda un crítico francés dijo: "Uno siente que esta pequeña mujer trabajadora de Barcelona ha hablado a favor de toda la esperanza, toda la libertad y toda la valentía del mundo. Y que acaba de emitir uno de los libros de mayor relevancia universal que el amor —digamos finalmente la palabra— podría haber escrito". Se refería a *La plaza del diamante*, una novela que me sugirió un guardacoches en Texas. "¿No conoce a Mercè Rodoreda?", me preguntó. "García Márquez la considera una de los mejores escritores de este siglo". Una recomendación de García Márquez *y* un guardacoches. Ambos no podrían estar equivocados. Le pedí al asistente que anotara el nombre de Rodoreda en un comprobante de depósito de cheques y, un año más tarde, compré el libro y lo leí de cabo a rabo en una tarde. Cuando terminé, me sentí tan ridícula como Balboa descubriendo el poderoso Pacífico.

¿Quién es esta escritora, esta "pequeña mujer trabajadora" que llegó demasiados años demasiado tarde a mi vida, pero justo a tiempo. Lo que sé de Rodoreda lo he recopilado de introducciones, prólogos, notas publicitarias, solapas de libros, pedacitos de aquí y allá que me dan los hechos, que no me dicen nada. Sé que nació un 10 de octubre (1909 según una fuente, 1908 según otra), única hija —como yo— de padres sobreprotectores pero, a diferencia de mí, ella fue hija única. A los veinticinco publica su primera novela, a los treinta, recibe un prestigioso premio literario por su libro *Aloma*. Es una prolífica escritora en los años antes de la Guerra Civil Española, escribiendo novelas, publicando cuentos en varias revistas literarias importantes. ¿Estuvo casada? ¿Tuvo hijos? ¿Acaso su esposo quería que ella siguiera su vida de letras o le decía: "Mercè, ya basta, vente a la cama"? Y cuando se iba a la cama, ¿acaso ella deseaba que él no estuviera allí para poderse ir a la cama con un libro? No lo sé con seguridad, pero me pregunto.

Sé que durante la guerra se refugia por un tiempo en París y, más tarde, en Ginebra. Algunos de sus libros —*La plaza del diamante*, por ejemplo—, los termina en Ginebra, donde David Rosenthal, su traductor al inglés, dice que ella subsistía a duras penas, pero, ¿qué quiere decir con eso exactamente? ¿Trapeaba los baños y estiraba la ropa blanca de las camas hasta quedar tirantes, mecanografiaba tesis doctorales, limpiaba el bigote de leche de la boca de un niño pequeño, bordaba estrellas azules en sábanas y fundas de almohada? ¿O trabajaba en una panadería como Colometa, la protagonista de *La plaza del diamante*, sus dedos cansados de atar moños todo el día? No tengo cómo saberlo.

Durante dos décadas cuando vive exiliada de su idioma, Rodoreda no escribe. Por lo menos, no publica. Sé que ella ha dicho que durante esa época no podía soportar la idea de la literatura, que la literatura le daba ganas de vomitar, que nunca estuvo tan lúcida como en ese periodo en que pasó hambre. Me imagino a mí misma cuando viví sin el inglés en Sarajevo o el año que viví sin español en el norte de California, ambas veces sin escribir porque no podía enfrentar el repetir mi vida sobre el papel. Dormía por horas esperando a que pasaran los días, mi vida seca y vacía como una vaina. ¿Qué haría un escritor sin escribir por un año? ¿Por veinte?

Es a principios de sus cincuenta cuando comienza a escribir de nuevo, su obra maestra —*La plaza del diamante*— la historia de una mujer ordinaria que logra sobrevivir los años extraordinarios de una guerra. Unos cuantos años después Rodoreda termina *La calle de las Camelias*. 1966. Rodoreda tiene cincuenta y ocho años de edad.

Cuando llego por primera vez a Barcelona en la primavera de 1983, Rodoreda está agonizante, pero yo ignoro que ella existe. Pasarán años antes de que conozca al guardacoches de Texas que por primera vez me pronuncia su nombre. Estoy vagando por las calles de Barcelona sin suficiente dinero para comer. Paso el día buscando los edificios de Gaudí, caminando en vez de tomar el autobús para ahorrar dinero. Cuando he visto todo el Gaudí que puedo, compro el boleto de tren para regresar a la frontera francesa-italiana donde vivo. Me sobran suficientes pesetas para comprarme un pollo rostizado. En el trayecto de regreso en tren, devoro esa ave como una vieja loca.

Mayo de 1992, la primavera antes de las Olimpiadas. Es domingo. Estoy en Barcelona de nuevo, esta vez para promocionar uno de mis libros. Me estoy quedando en un hotel de las Ramblas. Esta vez no tengo que quedarme sin comer. Mis comidas llegan en una charola resplandeciente con una servilleta doblada como un triángulo tieso, unos cubiertos brillantes y un mesero que abre los brazos como un mago.

"Quiero ir allí", digo, señalando en el mapa la Plaça de la Font Castellana donde la calle Camelia comienza o termina.

"¿Allí?", dice el chofer de taxi. "Pero allí no hay nada".

"No importa, allí es adonde quiero ir".

Manejamos más allá de vitrinas de tiendas y bulevares arbolados, edificios de apartamentos de los cuales brotan agraciados balcones de hierro y llegamos a Gràcia, el barrio de los cuentos de Rodoreda. Pero cuando finalmente llegamos a la Plaça de la Font Castellana, me doy cuenta de que el taxista está en lo cierto. No hay nada aquí más que una glorieta ruidosa, un remolino de automóviles y cercas de alambre, el parque abajo está en construcción.

¿Esta es la calle de las Camelias? Los edificios feos en forma de cajas, las paredes de un gris nudoso como un suéter de lana sucio. En una esquina una placa verifica: "Carrer de les Camèlies". No quedan muchos jardines. Casi ninguno. ¿Los destruyeron todos durante la guerra?

Comprimida entre dos edificios feos, una pequeña casa unifamiliar del tiempo de antes, parecida a la casa de mi abuela en Tepeyac: varias plantas en macetas, un rosal terco, pero ninguna camelia. Me paro afuera de la reja asomándome como alguien tratando de recordar algo. He llegado demasiado tarde.

Cuando ya no aguanto el ruido de la calle de las Camelias, la peste de los coches y autobuses y camiones, me escapo por una calle lateral, zigzagueando por varias cuadras hasta la Plaça del Diamant.

No se ve para nada como me la imaginé. Pelona como un nudillo, curiosa como el zócalo de la Ciudad de México. Edificios de apartamentos altos sostienen el pañuelo del cielo. La luz: lechosa como un pozo de ventilación. ¿Crees que antes había árboles allí? El aire se estremece de niños y motos, adolescentes torpes pegándose y luego abrazándose, colegialas al borde de brillantes catástrofes.

En una esquina de la plaza, casi imperceptible, tan oscura y descolorida como los tristes edificios color bronce, una escultura de bronce de una mujer con unas palomas que se alzan al vuelo: ¿Rodoreda o Colometa, quizá? Alguien ha dibujado un pene en la parte inferior de su torso. ¿El hijo de quién hizo eso? Un perro ha dejado tres caquitas en el pedestal. Dos niños dan vueltas y vueltas alrededor de la escultura, mareados y gruñendo como tigres, y recuerdo la alegría de ser perseguida alrededor de la estatua de alguien verde —¿Cristobal Colón?— en el parque Grant de Chicago cuando era chica.

He traído mi cámara, pero soy demasiado tímida como para tomar una foto. Escojo una banca del parque junto a una abuela que canta y mece a un bebé en una carriola. Cuando no quiero que la gente se dé cuenta de que los estoy observando, comienzo a escribir y eso me vuelve invisible.

Querido dulce amargura de mis amores:

Caminé del carrer de les Camèlies buscando a Rodoreda. Aquí estoy en la famosa Plaça del Diamant llena de niños y motos y adolescentes y abuelitas que cantan en un idioma que no comprendo.

Y ahora el juego de fútbol de los niños acaba de empezar. Una flotilla de madres con bebés a sus amplias caderas pasa navegando. Una niña con extremidades largas como un poni y una cámara grita "Uriel" a Uriel, quien no se da la vuelta para que le tomen una foto. El pequeñín de alguien en una carriola se me queda viendo como el tipo sabio que es hasta que desaparece de vista. Una madre bronceada, rechoncha como un durazno, salta a la cuerda china de buena gana con sus hijas. La pelota de fútbol da un golpe seco en mi cuaderno, tumbándome la pluma de la mano. Aquel con una mueca y dientes demasiado grandes para su boca llega con mi pluma y un tímido "perdón".

Todo el mundo grande o chico está afuera al aire libre, habiéndose exiliado o escapado de los estrechos apartamentos de ya-no-aguanto-más. Toda Barcelona aquí a una edad u otra para esconderse o pensar o tirar de la oruga de plástico con el rehilete rayado, a besar o ser besado donde la madre no los vea. Pienso en el parque cerca de la casa de mi madre en Chicago, cómo ella no puede ir allí, temerosa de los traficantes de drogas. Pienso en los disturbios en Los Ángeles hace unas semanas. Cómo los ciudadanos de Barcelona son dueños de sus calles. Cómo deambulan sin miedo por sus barrios, su plaza, su ciudad.

He venido a buscar a Rodoreda, y alguna parte de ella está aquí y otra parte no lo está...

"¿Qué es lo que te atrae de Rodoreda?", me preguntará un periodista catalán. Balbuceo como uno de los personajes de Rodoreda, tan torpe con las palabras como un carpintero hilando una aguja.

Rodoreda escribe sobre los sentimientos, sobre personajes tan paralizados o abrumados por los sucesos que su único lenguaje son sus emociones. Creo que se debe a que hay palabras que no se pueden escribir, no porque uno no tenga el don del lenguaje. Quizá porque uno reconoce sabiamente las limitaciones del lenguaje.

Es esta precisión para nombrar lo innombrable lo que me atrae a Rodoreda, esa mujer, esa escritora, difícilmente pequeña, adepta a escuchar a aquellos que no hablan, que están llenos de grandes emociones y sin embargo no pueden nombrarlas.

El décimo aniversario de *La casa en Mango Street*

¿Dónde estaba yo en noviembre de 1993 cuando escribí esto? Apenas lo recuerdo. Había comprado mi primera casa el año anterior. El techo del porche necesitaba de reparaciones y la silla de mi escritorio necesitaba un cojín de repuesto. Yo estaba escribiendo *Caramelo* a tiempo completo como una mujer a la deriva con solamente las estrellas para guiarme. Antes que nada en mi mente, haciendo que mi brújula se moviera torpemente, estaba la fecha de entrega.

Nunca funciono bien con cosas que requieran de la administración del tiempo: cocinar, por ejemplo, y menos que nada un proyecto de libro. ¿Cómo puede uno predecir cuánto tardará un libro en nacer? Y qué parto de nalgas estaba resultando ser *Caramelo*.

Cuando hice a un lado mi novela para escribir esta introducción, pensé que podría responder a las preguntas más frecuentes de mis jóvenes lectores de una vez por todas, y asunto resuelto. Pero quizá los jóvenes lectores no leen las introducciones. Las preguntas regresan una y otra vez.

Espero que la siguiente sección ayude a los lectores a comprender que yo soy todos mis personajes. Y que no soy ninguno de ellos. Puedo escribir una verdad solamente si me hago a un lado y desaparezco. Y de ese truco a la Houdini, sorprendentemente, reaparezco. Sin querer.

La introducción a los veinticinco años de *La casa en Mango Street* también está incluida en esta colección. Ver la página 281.

Han pasado diez años desde que se publicó por primera vez *La casa en Mango Street*. La comencé mientras cursaba el posgrado, en la primavera de 1977, en Iowa City. Tenía veintidós años.

Ahora tengo treinta y ocho, muy lejos de ese momento y ese lugar, pero las preguntas de los lectores permanecen: ¿Son ciertas estas historias? ¿Eres Esperanza?

Cuando comencé *La casa en Mango Street*, creí que estaba escribiendo unas memorias. Para cuando terminé, mis memorias ya no eran memorias, ya no eran autobiográficas, y habían evolucionado hasta volverse una historia colectiva poblada de varias vidas, de mi pasado y mi presente, situada en un tiempo y barrio ficticios: Mango Street.

Para mí, una historia es como una escultura de Giacometti. Mientras más lejos esté, más claramente puedo verla. En Iowa City, yo experimentaba demasiados cambios. Por primera vez vivía sola, en una comunidad distinta en cuanto a clase y cultura de aquella en la que había crecido. Esto me causaba tanta angustia que apenas podía hablar, mucho menos escribir sobre ello. La historia de lo que estaba viviendo cuando tenía veintitantos años tendría que esperar, pero podía contar la historia de un lugar anterior, una voz más temprana en mi vida y dejar constancia sobre el papel.

Encontré mi voz el momento en que me di cuenta de que yo era distinta. Esto suena bastante sencillo, pero hasta Iowa City, yo daba por hecho que el mundo era como Chicago, compuesto de gente de muchas culturas y clases sociales viviendo juntos, no siempre felizmente, pero coexistiendo. En el posgrado, yo era consciente de sentirme como una extranjera cada vez que hablaba. Pero este también era mi país. Eso no quiere decir que yo nunca antes hubiera sentido esta "otredad" en Chicago, pero no la había sentido tan agudamente. No podía expresar lo que me estaba pasando en ese entonces, excepto que sabía que cuando hablaba en clase me sentía avergonzada, así que opté por no hablar.

Mi conciencia política comenzó en el momento en que pude nombrar mi vergüenza. Cursaba un seminario de maestría sobre la memoria y la imaginación. Los libros asignados eran *Habla, memoria* de Vladimir Nabokov, *Memorias de África* de Isak Dinesen y *La poética del espacio* de Gaston Bachelard. Disfruté de los dos primeros pero, como siempre, no dije nada. Sólo escuchaba a mis compañeros de clase, temerosa a hablar. El tercer libro, sin embargo, me dejó desconcertada. No lo entendía. Quizá no era

El 1525 de North Campbell Street, colonia Humbolt Park, en Chicago, el modelo para *La casa en Mango Street*; mi cuarto era el que estaba encima de la puerta.

tan lista como los demás, pensé, y si no decía nada, quizá nadie se daría cuenta.

La conversación, recuerdo, giraba sobre la casa de la memoria, el ático, el hueco de la escalera, la bodega. ¿El ático? ¿Hablábamos de la misma casa? Mi familia vivía por lo general en la planta alta, ya que el sonido viajaba hacia abajo. Las escaleras apestaban a Pine-Sol de la restregada de los sábados. Las compartíamos con los inquilinos de abajo: zonas públicas que a nadie se le ocurría limpiar más que a nosotros. Es cierto que las trapeábamos, pero no sin resentir el tener que limpiar la basura de los demás. En cuanto a una bodega, teníamos un sótano, pero ¿quién querría esconderse allí? Los sótanos estaban llenos de ratas. Todo el mundo tenía miedo de entrar allí, incluso el revisor del contador de luz y el casero. ¿De qué hablaba este señor Bachelard cuando mencionaba la familiar y reconfortante casa del recuerdo? Era obvio que él nunca había tenido que limpiar una, ni tampoco tenido que pagarle al casero la renta de una como la nuestra.

Entonces se me ocurrió que ninguno de los libros de esta clase, ni de ninguna de mis otras clases, durante todos los años de mi educación escolar había descrito alguna vez una casa como la mía. Ni en libros, ni en revistas, ni en películas. Mis compañeros habían venido de casas de verdad, de colonias de verdad, unas que podían señalar, pero yo, ¿qué sabía de eso?

Volví a casa esa noche y me di cuenta de que mi educación formal había sido una mentira: había hecho suposiciones sobre lo que era "normal", lo que era estadounidense, lo que tenía valor. Tuve ganas de abandonar los estudios en ese mismo instante, pero no lo hice. En lugar de eso, me enojé, y el enojo, cuando se usa de forma pacífica, tiene poder. Me pregunté de qué podría escribir yo que mis compañeros no pudieran. No sabía qué era lo que quería exactamente, pero tuve suficiente juicio como para saber qué era lo que no quería. No quería sonar como mis condiscípulos; no quería seguir imitando a los escritores que había estado leyendo. Sus voces eran adecuadas para ellos, pero no para mí.

En lugar de eso, busqué los temas más feos que pudiera encontrar, lo más antipoético, jerga, monólogos donde las meseras o los niños hablaran sobre sus vidas. Intenté lo mejor que pude escribir el tipo de libro que nunca había visto en una biblioteca ni en una escuela, el tipo de libro que ni siquiera mis profesores podrían escribir. Cada semana ingería las lecturas de clase, y luego iba y hacía lo opuesto. Era una revolución privada, una reacción quizá llevada a extremos, pero fue en esta experiencia negativa que encontré algo positivo: mi propia voz.

La casa en Mango Street está basada en el lenguaje de las calles de Chicago donde crecí. Es una voz antiacadémica: una voz infantil, la voz de una niña, la voz de una niña pobre, una voz hablada, la voz de una americana mexicana. Fue dentro de esta esfera de antipoesía que traté de crear un texto poético, con el lenguaje menos oficial que pudiera encontrar. No lo hice ni ingeniosa ni naturalmente. Fue tan deliberado para mí como si estuviera lanzando una bomba Molotov.

En algún momento u otro, a todos se nos ha hecho sentir como "el otro". Cuando doy clases de escritura, cuento la historia del momento en que descubrí y nombré mi otredad. No es suficiente nada más sentirlo; hay que nombrarlo, y luego escribir acerca de ello partiendo de allí. Una vez que lo pude nombrar, ya no me avergoncé ni me quedé callada. Podía decir lo que pensaba y celebrar mi otredad como mujer, como una persona de la clase trabajadora, una estadounidense de ascendencia mexicana. Cuando reconocí los puntos en los que difería de mis compañeros, mi familia, mi ciudad, mis hermanos, cuando descubrí lo que yo sabía que nadie más en el salón sabía, y lo dije en una voz que era mi voz, la voz que usaba cuando estaba sentada en la cocina, vestida en pijamas, hablando por encima de una mesa amontonada de tazas y platos, cuando me podía dar permiso a mí misma de hablar desde ese lugar íntimo, entonces era capaz de hablar y sonar como yo misma, no como si fuera yo tratando de sonar como quien no era. Entonces pude hablar, gritar, reír desde un lugar que era singularmente mío, que no era de nadie más en la historia del universo, que nunca sería de nadie más, jamás.

Escribí estas historias de esa manera, guiada por mi corazón y mi oído. Estaba escribiendo una novela y no sabía que estaba escribiendo una novela; si lo hubiera sabido, probablemente no podría haberlo hecho. Sabía que quería contar una historia hecha de una serie de historias donde cada una de ellas tuviera sentido si fuera leída por sí misma, o que pudiera leerse toda junta como una historia larga, cada historia contribuyendo al todo, como las cuentas de un collar. Nunca había visto un libro así antes. Después de terminar mi libro, descubriría novelas compuestas de ciclos de cuentos más adelante.

Mientras estaba escribiendo *La casa en Mango Street* recuerdo haber leído los *Antipoemas* de Nicanor Parra y haberme encantado su rebelión hacia la "Poesía", así como me había encantado la voz de sabelotodo de clase trabajadora de Carl Sandburg y los poemas de *Bronzeville* de Gwendolyn Brooks. Recuerdo que intentaba escribir algo que fuera una mezcla entre la ficción y la poesía: como *El hacedor* de Jorge Luis Borges, un libro cuyos cuentos se leen como si fueran fábulas, pero con el lirismo y la concisión de la poesía.

Terminé de escribir mi libro en noviembre de 1982, en Grecia, a millas de los maizales de Iowa. Había viajado una gran distancia desde la concepción del libro, tanto física como mentalmente. Y entretanto, me habían pasado muchas cosas. Había dado clases a estudiantes que habían abandonado la preparatoria y aconsejado a estudiantes latinas. Como a menudo me sentía impotente como maestra y consejera para alterar sus vidas, sus historias comenzaron a aflorar en mis "memorias"; entonces *La casa en Mango*

Street ya no era mi historia, sino que se convirtió en todas nuestras historias. Arreglé y disminuí sucesos en *La casa en Mango Street* a medida que me adentré en el feminismo, recopilé distintas partes de las vidas de otras personas para crear una historia a la manera de un *collage*. Combiné personajes de cuando tenía veintitantos años con personajes de mi adolescencia y mi niñez. Revisé, cambié, modifiqué el pasado para que embonara con el presente. Hice preguntas que no supe hacer cuando era una adolescente. Pero lo mejor de todo fue que escribir en una voz más joven me permitió hablar, nombrar esa cosa sin nombre, esa vergüenza de ser pobre, de ser hembra, de no ser lo suficientemente buena, y examinar de dónde había salido eso y por qué, para poder intercambiar la vergüenza por la celebración.

En la maestría, nunca me habían enseñado a pensar en los poemas o los cuentos como algo que pudiera cambiarle la vida a alguien más que al autor. Me habían enseñado a pensar dónde terminaba un verso o cómo desarrollar mejor una metáfora. Siempre era el "cómo" y no el "qué" de lo que hablábamos en clase. Incluso cuando estaba dando clases en la comunidad chicana, las dos mitades de mi vida se contradecían: la mitad que quería arremangarse y hacer algo por la comunidad, y la otra mitad que quería refugiarse en la cocina y escribir. Yo todavía creía que mi escritura no podría salvar la vida de nadie más que la mía.

En los diez años desde que se publicó por primera vez *La casa en Mango Street*, esas dos mitades de mi vida se han unido y fusionado. Creo que es así porque he sido testigo de familias que compran mi libro para sí mismos y para sus familiares, familias para quienes gastar dinero en un libro puede ser un sacrificio. Traen a una madre, un padre, un hermano, un primo a mis lecturas, o me presentan a alguien que me dice que su hijo o hija leyó mi libro en clase y lo trajo a casa para que sus padres lo vieran. Y ahí están las cartas de lectores de todas las edades y colores que escriben para decirme que he escrito su historia. La apariencia desgastada de los libros que me traen a firmar algunos lectores y educadores es el mejor cumplido de todos.

¿Soy Esperanza? Sí. Y no. Y luego de nuevo, quizá. Una cosa me consta: tú, el lector, eres Esperanza. Así que debo preguntar: ¿Qué fue de ti? ¿Te quedaste en la escuela? ¿Fuiste a la universidad? ¿Tuviste ese bebé? ¿Fuiste una víctima? ¿Se lo contaste a alguien o te lo quedaste guardado? ¿Dejaste que te venciera y te comiera por dentro? ¿Acabaste en la cárcel? ¿Alguien te hizo daño? ¿Le hiciste daño a alguien? ¿Qué pasó con Margarita, Fatboy, Gizmo, Angélica, Leticia, María, Rubén, Silvia, José, Dagoberto, Refugia, Bobby? ¿Vas a regresar a la escuela, encontrar a alguien que te cuide al bebé mientras consigues tu diploma, irás a la universidad, trabajarás dos empleos para lograrlo, pedirás ayuda al personal de rehabilitación de abuso de drogas, dejarás un mal matrimonio, mandarás cheques de pago a la mujer que parió a tu hijo, aprenderás a ser un ser humano del cual no te avergüences? ¿Te fuiste de la casa? ¿Te uniste a una pandilla? ¿Te corrieron? ¿Te diste por vencido? ¿Te enojaste?

Tú eres Esperanza. No puedes olvidar quién eres.

Puedo vivir sola y me encanta trabajar

Escribí lo siguiente como la ponencia principal para el congreso nacional del Women's Caucus for the Arts, el 24 de enero de 1995, en San Antonio, Texas. A menudo entretejía mi escritura creativa con mis discursos. Como he dicho anteriormente, la idea de dictar una conferencia me asustaba en ese entonces; sentía como si yo no fuera una autoridad en nada, mucho menos de mí misma. Pero leer en voz alta mi poesía o narrativa terminadas hacía que me fuera más fácil entretejer mis pensamientos entre una y otra cosa.

Me resulta interesante releer esto y recordar en qué grado yo sentía que Texas era mi hogar en ese entonces. Sobre todo cuando encontré a mi tribu, un grupo de artistas y amantes del arte cuyas carreras intersectaban con la mía, haciendo que mis noches tuvieran una efervescencia social. Pero en San Antonio todo revuelve alrededor de las tribus, y una vez que tu tribu se fragmenta o emigra, te las tienes que arreglar sola.

Tengo cuarenta años. Soy una escritora que se gana el sustento con su pluma. Puedo vivir sola y me encanta trabajar. Y dado que estamos en San Antonio, Texas, siento que es importante agregar que no soy pariente de Henry Cisneros, el ex alcalde y secretario de vivienda actual, aunque sí tengo a un hermano, un primo, dos tíos, y tuve a un abuelo y a un bisabuelo con ese mismo

Mi tía Lily (Eulalia Cordero) me lleva en brazos el día de mi bautizo y mi abuela materna, Felipa (María Romualda Felipa Anguiano de Cordero)

nombre. Lo menciono porque quiero aclarar que no nací dentro de una familia influyente ni con conexiones políticas que me pudieran haber abierto puertas. En realidad soy la hija de un tapicero, y ha habido un montón de puertas que he tenido que entreabrir con una cuña, por no decir a patadas.*

Mi madre es ama de casa, su madre era ama de casa, y su madre,

* Al releer esto a los cincuenta y nueve años de edad, casi veinte años después, quiero agregar que hubo y hay muchas mujeres a quienes debo agradecer por haberme abierto puertas y quienes me siguen empujando hacia adelante. Sus nombres están en los agradecimientos, así como dispersos por estas páginas.

y antes de ella, ¿quién lo recuerda? En mi familia, las mujeres son tan anónimas que sus nietos no se saben ni sus nombres, y si se comenta del todo acerca de ellas, es sólo para constatar con quién se casaron, a quienes dieron a luz. Estas mujeres, las fulanas y zutanas, mis antepasadas. ¿Quién quiere ser como ellas? Yo no, pensé: yo quería ser alguien, como en el diccionario de personas notables. Quería otra cosa que ser la madre de alguien, la esposa de alguien.

Cuando tenía veintitantos años, escribí mi primer libro de poesía y mi primer libro de ficción. Acababa de terminar la maestría, dando clases en una preparatoria porque me daba demasiado miedo hacer una solicitud para conseguir un trabajo dando clases en una institución de educación superior, aunque ya contaba con una Maestría en Creación Literaria (MFA) del Iowa Writers' Workshop. Solicitar un empleo en un colegio comunitario o una universidad hubiera confirmado mis peores temores: que yo no pertenecía en el mundo de las letras, que no era lo suficientemente lista, lo suficientemente capaz. En la maestría, a menudo me sentía como una intrusa, intimidada por la riqueza y la sofisticación de mis compañeros de clase. Así que, ¿cómo podría yo sentir que tenía algo que ofrecer como instructora? Tomé un empleo en el barrio dando clases a muchachos que habían abandonado sus estudios de preparatoria, y los fines de semana, cuando no estaba demasiado exhausta, intentaba escribir.

Recuerdo que alguien me regaló un calendario para mujeres y recorté una cita de Mary Cassatt: "Puedo vivir sola y me encanta trabajar", la cual pegué en el refrigerador y repetía a diario como un mantra. Cada mes, cuando el apartamento estaba vacío, cuando no había suficiente calefacción, cuando no había un amor nuevo o viejo que me distrajera, me entraba un desconsuelo terrible y me ponía a llorar durante horas. No me podía explicar de dónde venía toda esa tristeza. *¿Así* era la vida del escritor? La verdad era que no me gustaba vivir sola y al diablo con el trabajo. Quería ser feliz.

La década de los veinte es difícil para cualquier mujer, pero sentí que lo fue particularmente para mí. Estaba viviendo sola; lo cual no es inusual para una mujer blanca, pero algo raro para una hija mexicoamericana que había dejado la casa de su padre sin un esposo ni un hijo. En lugar de eso, había huido de la bulla de la casa de mis padres bajo la excusa de la poesía. La soledad, afirmé, era la necesidad de todo artista.

Mi hermano mayor siseó: "Ya sabemos por qué quieres estar sola *realmente*". Azuzado por mi hermano, mi padre sospechaba lo peor: yo ya tenía relaciones sexuales. Como todos los padres mexicanos, mi padre quería que yo permaneciera asexuada hasta que un hombre viniera a pedir mi mano y, si nadie venía a pedirme, permanecería asexuada, destinada a quedarme hasta la muerte como una solterona para "vestir santos". Ahora puedo bromear acerca de ello, pero en aquel entonces fue horrible recibir la condena de mi padre y mi hermano mayor. Yo era tan mala como la Malinche, la querida de Hernán Cortés, que ayudó a los españoles a conquistar México. Yo había traicionado mi cultura, decían, y yo era lo suficientemente joven como para medio creerles.

Mi padre culpó mi educación universitaria por haberme echado a perder. Después de todo, yo me estaba comportando tal y como esas mujeres blancas sin moral, sin vergüenza y de ideas libertinas: como vivir sola sin el apoyo y la protección de la familia. ¿Vas a vivir sola?

Sola. *Alone*. Nadie de mi familia vivía solo, ni siquiera los hombres. Ellos se quedaban en casa hasta casarse y a veces ni siquiera entonces se iban.

En esa época, llorar era tanto una parte de mi vida, que supuse que todo el mundo lloraba con tanta frecuencia como yo. Por las noches, en mi ventoso apartamento de Chicago, rezaba porque los ladrones no entraran y los ratones no royeran las paredes. Quizá mi padre tenía razón. ¿Dónde estaba la escritora que imaginé ser:

felizmente haciendo tap tap tap en la máquina de escribir en una casa junto al mar?

La poeta reflexiona sobre su solitaria suerte

Ella vive sola ahora.
Ha abandonado a los hermanos,
los cuartos de los padres
y las muchas madres.
La han dejado a que
se las arregle sola.
Sus pesadillas y pianos.
Ella posee un tubo de plomo.

Los amantes callejeros
se han ido a su hogar.
La casa está fría.
No hay nada por la TV.
Ella debe escribir poemas.

Yo estaba escribiendo un libro llamado *My Wicked Wicked Ways* (Mis malas malas mañas), el cual a un amigo le pareció decepcionantemente poco "malo", pero él buscaba lo malo como lo definiría un hombre, o quizá una mujer blanca. Y ni los hombres ni las mujeres blancas podían ayudarme en mi camino para convertirme en una artista. No descubriría a las feministas latinas hasta después. Como no conocía a latinas que pudieran guiarme, tuve que inventarme a mí misma o reinventarme, como la feminista mexicana Rosario Castellanos bien lo puso. Hasta que conocí a Norma Alarcón, en ese entonces solamente una estudiante de posgrado en Indiana University, no me di cuenta de lo difícil que había sido para mí salir de esa Bastilla, la casa de mi padre. Mi feminismo chicano comenzó con Norma, al compartir nuestras historias, comparando rutas de escape de las casas de nuestros padres, y reclamando el derecho a una vida de letras.

Los poemas del manuscrito de *My Wicked Wicked Ways* hicieron que me ganara una beca de escritura nacional. Mi fuga del medio oeste —¡por fin!— primero a Europa y después a Texas: sí, sola. He de admitir que mudarme a Texas fue uno de mis años de terror, peor que viajar a un país extranjero donde no hablara el idioma. Después de Europa, Texas era un país extranjero para mí; cuando llegué en 1984, creí que había aterrizado en Macondo, el soñoliento pueblecito selvático de *Cien años de soledad* de Gabriel García Márquez. No era posible que eso fuera Estados Unidos. Era tan mágicamente irreal como Latinoamérica. ¿Cómo, por ejemplo, una ciudad tan innegablemente mexicana podría aclamarse a sí misma en letreros de taxi como "San Antonio, una ciudad típicamente americana"? O, ¿dónde más un perico encontraría su foto en la primera plana del periódico bajo el encabezado "Llamado al estrado de los testigos"? Era maravilloso o aterrador, según tu punto de vista.

Había esperado que la comunidad de mujeres me recibiera, me respaldara como lo había hecho en la región central de Estados Unidos, pero la comunidad de mujeres que encontré en San Antonio estaba fracturada, dividida según el color y la clase, y aislada de sí misma, no digamos ya de comunidades más allá de su propia región. Como los ciudadanos de Macondo, me pareció una comunidad encerrada en su provincianismo, todavía descubriendo el hielo, todavía descubriendo que la tierra es redonda. Me sorprendió que fuera la comunidad gay la que me protegió y me apoyó, sobre todo los artistas plásticos latinos, y todavía son, en su mayor parte, el grupo con el que me junto. Razono que se debe a que ellos también entienden sobre tener que reinventarse a sí mismo, sobre tomar de la tradición aquello que te nutre y abandonar los elementos que significarían la autodestrucción.

Tengo una teoría, el rasgo más encantador de uno es también su defecto fatal; lo que te gusta de alguien por lo general es también su peor defecto. Algo parecido pasa con las comunidades. El comadrismo, de la forma en que lo he atestiguado, ha mantenido fuera a otras mujeres. Por otro lado, al extremo opuesto de esta xenofobia está la sobreprotección entre las mujeres que crea el síndrome de "Muy bien, mija", lo cual no ayuda a nadie a largo plazo y fomenta la mediocridad.

Como latina, no quiero heredar ciertos legados. No quiero heredar a madres que tienden su vida como la capa de Sir Raleigh y le piden a todo el mundo que las pisotee. No quiero heredar el miedo de mi madre de hacer cualquier cosa sola o su ira autodestructiva. No quiero heredar los mezquinos celos ni la posesividad de mi abuela paterna. No quiero heredar el silencio y la pasividad de mi abuela materna.* No quiero quedar bien con los hombres a expensas de mis propios sueños y felicidad. No quiero ser la madre de doce niños, siete, cinco, ni siquiera uno, pero sí quiero escribir historias para un niño, cinco, siete, doce, un millón de niños.

Sí quiero heredar a la bruja dentro de mis antepasadas: la ter-

* Cuando escribí este ensayo originalmente, di por hecho la versión de mi madre acerca de su madre. Ahora que tengo más edad me doy cuenta de que a mi madre no le caía bien o no conocía muy bien a su propia madre y la descartaba al asegurar que ella era débil y pasiva, e implicaba que no quería ser como ella. Lo que ella vio como un comportamiento débil, pasivo, ahora yo lo reconozco como fortaleza y resistencia. Mi abuela materna, Felipa Anguiano de Cordero, tuvo que soportar bastantes limitaciones físicas y mentales para poder sobrevivir. Cuando era niña, la escondieron debajo de las ollas de barro cuando el gobierno o los rebeldes llegaban a su pueblo, para que se salvara de ser violada. Su futuro esposo se la "robó", y ella tuvo que conformarse y aceptarlo como su esposo porque no le quedaba otra opción. En su vida, soportó la muerte de varios hijos, tanto de bebés como de adultos. Emigró con niños pequeños de la mano y posiblemente iba embarazada durante su travesía al norte, de México a Estados Unidos, todo ello durante la violencia de la Revolución Mexicana. Tuvo que crear otro hogar para ella y su familia en varios pueblos de Estados Unidos, a veces viviendo en tiendas de campaña, antes de finalmente trasladarse a Chicago justo antes de la Gran Depresión. Al final de su vida aprendió a leer. Y ella poseía la clarividencia, era capaz de ver con más que sus ojos. Para mí esto no aparenta ser una mujer débil. Ahora la veo como una mujer de una gran fuerza mental, fortaleza y valentía.

quedad, la pasión, ay, la pasión de donde viene todo el buen arte como mujeres, la perseverancia, las habilidades de supervivencia, el valor, la fuerza de las mujeres bravas, peleoneras, necias, berrinchudas. Quiero ser una brava, peleonera, necia, berrinchuda. Quiero ser mala si ser mala significa ir en contra de la sociedad —el papá, el Papa, el novio, el amante, el esposo, las amigas, las comadres— y escuchar a mi propio corazón, esa increíble escoba de bruja que me llevará adonde necesito ir.

Sí quiero crear arte más allá de la rabia. La rabia es un lugar donde comenzar, pero no donde terminar. No soy tan sabia como mi obra, pero sé que si llevo mi escritura a un lugar lo suficientemente profundo, algo más amplio y más vasto que mí misma saldrá como un destello y me iluminará, me sanará. Sí quiero devorar mis fuerzas negras —desesperación, dolor, vergüenza, miedo— y usarlos para nutrir mi arte. De otra forma me devorarían.

Hay noches como un Getsemaní en que me siento abrumada, por el trabajo, por la soledad de mi vida como escritora, y me pregunto por qué no me dediqué a algo más sociable, como ser una bailarina de flamenco o una diva de la ópera, pero estoy segura de que las bailarinas de flamenco y las divas de la ópera se quejan de lo mismo.

Estoy convencida de que si hemos de convertirnos en artistas de cualquier valía debemos encerrarnos en un cuarto y trabajar. No hay otra manera de lograrlo, no hay ningún atajo, ni ningunas palabras mágicas que nos saquen del aprieto. Dalo por hecho, llorarás, te desesperarás, pensarás que te vas a morir, que no existe ninguna posibilidad de que puedas lograrlo, que es una tarea solitaria, perderás la fe en ti misma, sobre todo de noche. Pero cuando termines de llorar y desesperarte, te podrás secar los ojos y... el trabajo todavía estará allí, esperando. Así que, ¡más vale que te arremangues y te pongas a trabajar, mujer! Nadie hará el trabajo por ti. Si estás sirviendo a otros que no forman parte de tu arte, entonces sólo te tomará más tiempo. Como dijo Tillie Olsen: "La maldad es lo que distrae".

Y por favor no salgas de ese estudio hasta que el trabajo esté terminado, de otra manera serás susceptible a caer en "El traje nuevo del emperador". Es probable que tus amigos te digan: "¿No es hermoso? ¿No es lindo?", porque nadie se atreverá a decirte la verdad. De nuevo, el síndrome de "Muy bien, mija". Como mujeres no podemos ser mediocres, ni siquiera buenas, sobre todo ahora. No podemos darnos ese lujo. Nuestra mejor arma en tiempos de adversidad: la excelencia.

Lo que me aflige después de diez años de vivir aquí en Texas es que todavía hay mujeres que hilan la paja hasta convertirla en paja o en latón, o en otros metales menos valiosos, mujeres que hacen el mismo arte que hacían hace diez años o que han avanzado muy poco, lo que significa que no han dedicado a su expresión artística el tiempo que se merece. Al principio yo escuchaba sus penas con simpatía, pero después de diez años las víctimas todavía son víctimas, mujeres que cargan su pequeña nube gris en un palito: el marido que se fue o al que no pueden dejar. Y francamente no quiero saber de tus hijos. Todos tomamos nuestras propias decisiones. No voy a culparte a ti de no tener hijos; es cierto, no hay nadie que me impida el camino, pero tampoco hay nadie allí para abrazarme cuando necesito que me abracen.

Debemos hilar nuestra propia paja, no la del vecino. "Di la verdad, tu verdad", la escritora Dorothy Allison ha escrito. Hay poder dentro de tu trabajo si te acercas a este desde un lugar que sea singularmente tuyo, no de tu hermana, sino tuyo. De otra manera corremos el riesgo de crear estereotipos. Si veo otra obra de arte que glorifique a la abuelita, voy a hacer un berrinche. Acaso nuestras abuelas no son dignas de ser retratadas con todo y sus pecados, porque, francamente, las mujeres con pecados son más interesantes que las santas.

Después de diez años de vagabundear he encontrado la casa en el corazón, el lugar donde pertenezco. Diez años han pasado desde que las circunstancias me trajeron aquí por primera vez, y aunque ahora trabajo por mi cuenta y podría vivir en cualquier parte, he escogido San Antonio como mi hogar. Finalmente he encontrado un lugar que tiene que ver con la auto-invención. Para mí estas tierras fronterizas corresponden a mi paisaje interior de ser tanto mexicana como 'mericana a la vez.

Tengo cuarenta años. Puedo vivir sola y, a pesar de lo mucho que me quejo, la verdad es que me encanta trabajar. De hecho, estoy de lo más saludable y feliz cuando estoy trabajando. No conocí a mis abuelas, las fulanas y menganas, pero sé que mi labor es inventar sus vidas, o reinventarlas, como sea el caso, darles nombres, nombrar sus miedos, pecados, mezquindad, sueños, secretos, vergüenzas, mentiras, orgullo y poder. Quizá tuve la suerte de no conocerlas. Después de todo, no me siento restringida por la verdad y puedo dar rienda suelta a mi imaginación. Me gustaría pensar que estoy inventando la verdad. Estoy escuchando voces que nadie más ha escuchado, poniendo por escrito sus vidas, ¿después de cuántos años? Y esa escritura es una forma de resistencia, un acto contra el olvido, una guerra contra la indiferencia, contra no ser tomadas en cuenta como mujeres.

La hija del tapicero

Di esta ponencia por encargo del Museo Isabella Stewart Gardner en Boston y la dicté en un salón digno de la coronación de un rey el 19 de septiembre de 1995, como parte de su serie "El ojo del espectador". El auditorio estaba a reventar, lo que sólo me puso más nerviosa. Yo también intentaba terminar *Caramelo*, una novela que explora la vida de mi padre, y pensé que escribir esta ponencia me pondría las cosas en claro. Mis padres todavía vivían. La charla original incluía extractos de mi novela, los cuales he quitado, pero he incorporado algunos de mis comentarios improvisados durante la presentación y los he revisado aquí en su forma final por escrito.

El concepto de la serie era invitar a artistas contemporáneos a dar una ponencia original sobre un objeto de la colección. Dado que el Museo ISG era la colección personal de su homónima, la heredera/coleccionista de arte/filántropa, quien hizo una petición definitiva de no quitar ni alterar nada, las charlas eran un intento de perforar la insularidad y dejar que entrara el aire fresco.

De modo que cuando caminé por el museo en mi visita previa, hice una pausa frente a muchos de los maravillosos y finos artículos y, con sólo una corazonada de lo que iba a hacer, decidí que me concentraría en la tapicería. Jill Medvedow, la curadora de la serie, me dijo: "Nunca nadie ha escrito sobre la tapicería. ¡Qué maravilla!". Y esa "maravilla" me dio permiso para seguir adelante. La canción de Loretta Lynn "La hija del minero de carbón" inspiró el título.

Estábamos en la era predigital, y mi charla incluía dos carruseles de transparencias. La charla fue la más enervante que he dado en mi vida, sin excepciones. Todavía estaba cambiando de orden las transparencias a último minuto. Me sentía asqueada y mareada. ¿Acaso había hecho de esta simple plática algo demasiado complicado? Después de todo, a diferencia de los demás artistas de la serie, yo no había seleccionado una sola pieza de la colección ISG, sino varias. Para asegurarme de estar aun más enervada, incluí la obra de seis artistas contemporáneos de San Antonio, varias fotos autobiográficas de mis álbumes familiares, y trasparencias de las posesiones de mi madre y mi tía, las cuales tuve que pedir a mi hermano que documentara sin despertar la ira de ellas. Sufrí de un montón de estrés y terror hasta que escuché al público reír y, a partir de entonces, me divertí mucho.

---

1. Cuando me muera, entonces te darás cuenta de cuánto te quiere tu padre.

—MI PADRE

Había una vez una niña que era yo.

Espero que no les moleste; esta primera imagen contiene un poco de desnudez. Y si les molesta, cierren los ojos. Es una foto toples mía. Es la primera foto de mi vida; todavía les ofrezco a los fotógrafos ese mismo guiño, incluso ahora.

Todas las semanas cuando todavía era niña, mi familia y yo pasábamos la tarde del domingo en un museo. Éramos nueve en total —dos adultos y siete niños— y esto tiene mucho que ver con por qué íbamos a museos, porque el domingo es el día en que los museos son gratis.

Mamá era nuestra directora social. Papá era nuestro chofer,

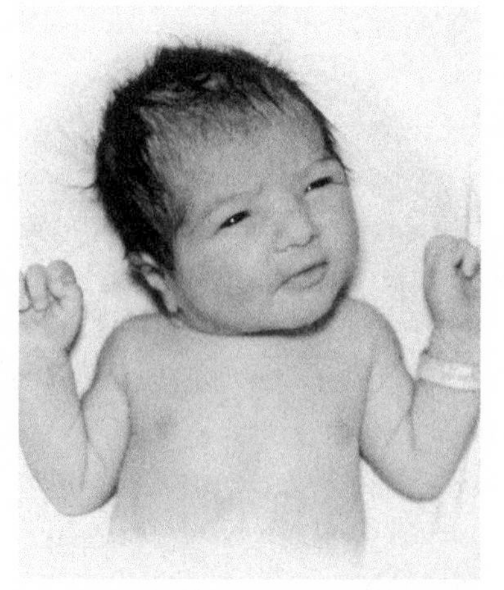

Primer retrato

pero le dolían los pies todo el tiempo. A veces llegaba a casa del trabajo tan cansado que no se podía desatar sus propios zapatos. Él era por oficio tapicero. Los domingos lo único que quería hacer era acostarse. Pero mamá no sabía manejar y se rehusaba a tomar el transporte público (prefería caminar siempre que fuera posible desde niña y, cuando no podía, razonaba que para eso estaba el coche de papá). Así que cada fin de semana papá nos distribuía al Museo de Historia Natural Field de Chicago, el Museo de Ciencia e Industria, el Instituto de Arte, el Acuario Shedd y el Planetario Adler, donde él nos esperaba en cumplimiento de su deber en una banca o afuera bajo un árbol.

Yo le tenía un cariño particular al Museo Field, un hermoso edificio al estilo de un templo griego con mastodontes gigantes en el vestíbulo. En mi cabeza yo hacía de cuenta que el Museo Field era mi casa y que el Parque Grant era mi jardín privado. Fingía ir disfrazada de una ciudadana común, y que todos los visitantes que venían a mi casa me pasaban de largo sin reconocer que yo era yo. Y cuando era hora de irse y regresar a mi vecindario real con sus edificios amontonados y sus vidas amontonadas, a la pequeña casita roja de North Campbell Street que más tarde se convertiría en el modelo de la casa en *La casa en Mango Street*, hacía de cuenta que yo era una niña en un cuento de hadas, disfrazada desde recién nacida como la hija de un tapicero.

Mi casa del museo era sólo una fantasía, una historia que me contaba a mí misma antes de dormir para quedarme tranquila. Era una historia que nunca le conté a mis padres ni a mis seis hermanos. Al contarla, después de todo, se rompería el encanto. ¿Cómo explicar qué era lo que yo anhelaba?

Por las noches papá se remojaba los pies ampollados en una tinaja de plástico mientras veía la tele y comía su cena. ¿Qué historia, me preguntaba yo entonces, se contaba papá a sí mismo para no ponerse a llorar? Una vez, cuando él todavía era un hombre joven en la Ciudad de México, papá había sido un fanfarrón, un

Papá en sus días de fanfarrón, posando frente a la casa de un extraño, Ciudad de México

Papá en el ejército estadounidense mientras estaba apostado en Corea

dandi. Pero luego se fue de casa. Eso fue a principios de los años cuarenta. Iba rumbo a la casa de su tío Perico en Filadelfia. En algún lugar cerca de Memphis, Tennessee, la policía detuvo a papá porque, como él lo contaba, no había hombres jóvenes por las calles en aquellos años de guerra. A papá lo escoltaron al centro de reclutamiento más cercano. Y para cuando llegó a la Ciudad del Amor Fraternal, lo aguardaba su llamado a filas.

Esta es la historia que papá cuenta sobre cómo se convirtió en ciudadano estadounidense, aunque no sabía hablar inglés. Así fue como acabó en el Japón y Corea invadidos, con otros soldados de infantería que no hablaban inglés y que huían de sus propias historias. Y fue así cómo papá llegó a ser tapicero para el ejército de Estados Unidos, practicando las pocas habilidades que había aprendido del tío Perico, el verdadero tapicero de la familia, y haciendo muebles para el club de los oficiales.

Después de que lo dieron de alta, papá se quedó en Estados Unidos y se casó con mamá. A diferencia de sus compañeros chicanos, mexicanos nacidos en Estados Unidos, papá se creía más que todo el mundo. Creo que esto se debía a que él era un chilango, es decir, un ciudadano de la Ciudad de México. La gente de la Ciudad de México siempre cree que es mejor que los demás porque, a su manera de ver, la Ciudad de México es el centro de todo el universo. Para él, México era civilizado a comparación de Estados Unidos, donde algunos de sus compañeros soldados no podían siquiera tomar un lápiz y escribir su propio nombre. Debido a que papá no hablaba inglés, lo habían puesto en un salón con los analfabetos, y esa fue una experiencia imborrable para él ya que había estudiado para contador, como le gustaba recordarnos, en la Universidad Nacional Autónoma de México. (Papá dejó de estudiar después de un semestre debido a que estaba más ocupado con su vida social que con sus estudios, y sus bajas calificaciones hicieron que temiera enfrentar a su estricto padre. En lugar de eso, se fue de casa y se dirigió hacia el norte. Lamentaría no haber terminado sus estudios toda la vida).

"¡Qué país tan bárbaro!", decía papá.

Fue una sobredosis de orgullo lo que salvó a papá de los golpes diarios que la vida le propinaba. Papá era orgulloso incluso como tapicero. Él no trabajaba con una engrapadora y tiras de cartulina. No, señor. Él era un artesano. A la larga, papá trabajaría para una agencia de decoración de interiores en North Shore, donde las casas de Lake Forest, Winnetka, Kenilworth son tan grandes como museos.

Crecí escuchando a papá murmurar nerviosamente cada noche sobre el sillón de cuero que necesitaba terminar para la fiesta de la señora Carson. El diván para la señora Lassiter. El sofá cama que le había prometido a la señora Hudson a tiempo para el Día de Acción de Gracias. Sus señoras eran exigentes. Pero, afortunadamente, papá también lo era.

Lo que nos entusiasmaba a mamá y a mí eran los retazos de

tapicería cara que papá traía a casa; los sobrantes de algún decorador de interiores sin experiencia podrían significar que cubriríamos un taburete del mercado de pulgas o un cojín para un sofá de dos plazas, si teníamos suerte, del mismo rollo de tela de un senador Percy o incluso una señora Stewart Gardner. Pero no paraba ahí. Mamá transformaba trozos de tela en un elegante guardarropa para mis muñecas Barbie. Una estola de brocado color marfil con un turbante que le hacía juego. Una minifalda metálica plateada. Una suntuosa capa de terciopelo para la ópera.

Para cuando dejé de jugar a las muñecas, el trabajo de papá era de tan alta calidad que él incluso había sido seleccionado para tapizar una antigüedad de la Casa Blanca. Presumíamos de eso como nuestros antepasados habían presumido del abuelo que había tocado el piano para el presidente / dictador Porfirio Díaz.

Pienso en todo esto al entrar a la casa de Isabella Stewart Gardner. Sé que debería estar impresionada ante los Botticellis y los Vermeers, pero yo veo los muebles de la misma manera burda en que mi papá revisa una silla antes de sentarse. Escudriñando las costuras, examinando la tela para ver si el tapicero era lo suficientemente bueno como para hacer coincidir los patrones, prestando atención a los detalles que indican trabajo de calidad, a la medida, hecho con orgullo. Nada que pareciera como si lo hubieran hecho con los pies.

Recuerdo a papá trayendo a casa cosas que había encontrado entre los cojines del sofá: monedas extranjeras entre los pelos del perro, una hermosa perla gris con la que se mandó a hacer un alfiler de corbata. (No me pregunten por qué no la devolvió. ¿Ustedes la devolverían?). Y no puedo dejar de preguntarme qué se encontraría entre los cojines del sofá de Isabella Stewart Gardner después de toda una vida de cenas y veladas.

También llevo a cuestas toda mi vida mientras camino por estos cuartos. A todos mis parientes y amigos. Lo que me llama la atención es la similitud entre la casa de la adinerada coleccionista de arte

Isabella Stewart Gardner y la de mi madre, esa coleccionista suprema de cualquier cosa encontrada en tiendas de segunda mano, ventas de garaje y liquidaciones, quien plantó la semilla de la coleccionista en mí. Estos armarios llenos de objetos valiosos me recuerdan las vitrinas de mamá llenas de tiliches, lo valioso junto a lo no tan valioso.

Lo digo sin faltarle el respeto a la excepcional colección de Isabella Stewart Gardner, pero tomando en cuenta sus medios, mi mamá también viajó a lo largo y lo ancho del mundo, saqueando los mercados de pulgas y las ferias de antigüedades, las tiendas Goodwill y Salvation Army, callejones y áticos, y la calle Maxwell de Chicago para encontrar sus tesoros. Y estos no son menos preciados para ella, y ella no es menos categórica sobre no dejar que nadie toque o altere su disposición.

Las Tres Gracias de yeso están sobre el fregadero de la cocina de mi mamá y son una broma familiar. No son exactamente una reproducción precisa del original de Antonio Canova. Si las volteas puedes notar que el falsificador se tomó ciertas libertades: todas

La cocina de mi madre en el primer piso, casa de Keeler Street

ellas tienen el trasero flácido. Papá las compró fuera del Vaticano en el primer y único viaje de mis padres a Europa. Y, ¡pesan una tonelada! Papá acarreó a estas tres por seis países como una penitencia personal. Algún día tendré que ponerlas en algún cuento para que su labor haya valido la pena.

También me llama la atención otra similitud entre el gusto de Isabella Stewart Gardner en sus muebles y el de la comunidad en la que me crié. Lo que me lleva a mi siguiente punto.

II. No es desgracia ser pobre, pero es muy inconveniente.

—Un dicho mexicano atribuido a mi tío Chato, pero sin duda tomado de algún otro mexicano listo, quien permanecerá, como la mayoría de los mexicanos listos, anónimo

Los pobres no quieren ser pobres. En Brasil trabajan todo el año tan sólo para que en carnaval puedan vestirse como reyes. En mi vecindario, el ideal era vivir como un rey, de preferencia en un palacio como Versalles. O como el castillo de la emperatriz Carlota en Chapultepec. Cuando no tienes acceso a anticuarios venecianos, ¿dónde vas de compras para vivir como un rey? Rossi's, West 26th Street en Chicago. Esto es lo que pensé cuando vi la casa de Isabella Stewart Gardner.

(Pudimos conseguir estas fotos gracias a mi hermano Quique, quien dijo que estábamos buscando un regalo para el próximo aniversario de nuestros padres. No era cierto, pero es una buena historia).

También pensé en las obras de arte que me rodeaban cuando crecí mientras paseaba por el museo. Hice una pausa frente al retrato de *La gitana*, de Louis Kronberg; no me di cuenta de por qué sino hasta después de que llegué a casa. Me recordó a la casa de mi tía Margaret y el tipo de pinturas con las que crecí. Tía Margaret, por cierto, no compró esa pintura. Llegó junto con su segundo marido. Ella tiene dos hijas, y no quería a esa mujer de chichis grandes en su sala. Pero tío Richard se negó a renunciar a esta. Recuerdo que de niña esa pintura nos asustaba, porque no importaba adónde caminaras, la mujer te seguía con los ojos. Más tarde, tía Margaret me dijo que se había enterado de que unos

Sala de muestras de la mueblería Rossi's

Muebles de la colección del Museo Isabella Stewart Gardner

La pintura de mi tía Margaret

La gitana, de Louis Kronberg, Museo de Isabella Stewart Gardner

ricos que vivían en Water Tower Place tenían esa misma pintura, y eso hizo que ella se sintiera mejor acerca de haberla conservado.

III. Vivimos como millonarios.

—FRANCO MONDINI-RUIZ en memoria de Danny López Lozano, vendedor de artesanías y mentor

Mi amigo Franco Mondini-Ruiz es un artista que encuentra la elegancia en lo rascuache, lo naco, lo *kitsch*, lo *funky*. La tienda de Franco, Infinito Botánica, es un lugar lleno de lo extraordinario y lo divino, como él dice. Él es un pintor, curador de arte, escultor, hombre de negocios y muy divertido en las fiestas.

Cuando cumplí cuarenta años me dio un plato de galletas con chispas de chocolate envueltas en plástico. Pero las chispas eran monedas etruscas del siglo IV.

Una vez, él sacó todos los muebles de su casa, pidió prestados

Naturaleza muerta, de Franco Mondini-Ruiz, Plaza de Santa Catarina, Ciudad de México

artículos interesantes de sus amigos y creó una instalación en cada cuarto con objetos alineados en el piso en un patrón de cuadrícula, incluso el baño. Fue algo hermoso, aunque algunas de nuestras pertenencias nunca fueron devueltas.

Cuando Franco fue a la Ciudad de México, se inspiró a hacer el mismo diseño de cuadrícula en un espacio público. Se estaba quedando en el centro colonial, en un apartamento que daba a una plaza. Una noche se le ocurrió la idea de recolectar la basura de la plaza y volverla a acomodar como si fuera un tablero de ajedrez. "¡Ay, qué bonito", decía la gente por la calle. No querían que nadie lo tocara, ni siquiera los barrenderos a la mañana siguiente.

Poco después de esta instalación, Franco se enfermó y lo llevaron al hospital. Los amigos dijeron que había sido de recoger elotes de las calles de la Ciudad de México. Pero, conociendo a Franco, creo fue de andar cogiendo cosas peores que elotes, si sabes a lo que me refiero.

Al ver la herrería del museo, pensé en mi amigo Rolando

Almuerzo, paisaje de sobre mesa, de Rolando Briseño

Amando en tiempo de guerra, de Anne Wallace

Briseño. El Ayuntamiento de la ciudad de San Antonio encargó a Rolando que creara un monumento al río San Antonio conmemorando el tricentenario del origen de la ciudad, en el lugar donde una expedición española celebró su primera misa en 1691.

Rolando también pinta lienzos que usualmente tienen que ver con comida y peleas. A veces pinta sus pinturas sobre manteles. Es un purista en cuanto a la comida, un hombre al que ni siquiera le gusta mezclar el arroz con los frijoles. La última vez que cené con él, hubo un gran pleito acerca del mole, pero ese es otro cuento.

La artista Anne Wallace es originalmente de Galveston, pero ahora vive en San Antonio. Influenciada por la escultura griega clásica, a Anne le gusta explorar la fragmentación en sus esculturas y los ges-

David Zamora Casas vestido para llamar la atención

tos que éstas pudieran sugerir. Trabaja con madera regional de Texas, como el mezquite, y muchas de sus obras reflejan su compromiso político con Amnistía Internacional y el consejo de asistencia para refugiados sobre la frontera entre México y Estados Unidos. Incluyo las esculturas de Anne, influenciadas por las estatuas clásicas, como las que se encuentran en la colección de Isabella Stewart Gardner.

Cuando visité el museo por primera vez, hice una pausa frente a una vitrina con vestimentas religiosas, del tipo que usan los curas católicos para celebrar la misa. Y no pude evitar pensar en mi amigo David Zamora Casas, un pintor, escultor y artista de *performance* de San Antonio. Algunos de los trajes que usa son vestimentas de cura de verdad. A menudo, él causa confusión cuando la gente piensa que es un cura y le pide su bendición. Esto no sería tan escandaloso, excepto que él va y los bendice. Creo que, si David estuviera aquí, querría pedir prestadas esas vestimentas y ponérselas para su próxima inauguración. Incluyo una transparencia de David modelando una estupenda falda de Chiapas frente a la

Ito y yo, Torres Taco Heaven

Segmento de un mural en honor a Emma Tenayuca, de Terry Ybañez. (Este edificio fue vendido en 2015 y sin duda esta pared desaparecerá debido al aburguesamiento).

Casa Azul de Frida Kahlo en Coyoacán. Me dijo que el guardia le seguía gritando: "Oiga, no puede hacer eso aquí. No se ponga esa falda". Pero él lo hizo de todos modos.

He aquí a David Zamora Casas, quien no sólo se decora a sí mismo, sino a toda su casa; su Iglesia de Artesanías Anti-Opresora es un edificio envuelto en tela y estatuas y arte original. Es algo digno de verse. Me gustan sobre todo sus esculturas. Tengo una de sus vírgenes de Guadalupe, hecha de objetos encontrados, huesos y alambre de púas y herrería, en mi jardín trasero.

Aquí está mi amigo Ito Romo. No sólo es artista, también es escritor. Y un gran cocinero. Últimamente lo han influenciado mucho las coronas funerarias mexicanas. Ahora está creando obras espirituales influenciadas por su reciente interés en el budismo y los conflictos en la frontera.

Hice una pausa frente a estas grandes ollas de cerámica verdes durante mi visita por el museo. No son valiosas, me dicen, pero ciertamente son hermosas. Dicen algo sobre Isabella Stewart Gardner y su amor por la belleza. Y pensé que a mi amiga Terry Ybáñez también le encantarían. ¡Le encantaría romperlas! Ella usa fragmentos de alfarería y placas antiguas y cualquier cosa que le des para enmarcar sus pinturas. Hemos trabajado juntas en portadas de libros y un libro para niños. Pero su obra recientemente se ha visto influenciada por la cerámica mexicana decorada con espejos, así como por los techos de los edificios mexicanos salpicados de vidrio roto para mantener fuera a los ladrones. Es una suerte que Terry recicle cosas, porque yo quiebro muchos platos.

La protagonista de una historia sin fin,
de Ángel Rodríguez Díaz

Este es uno de los murales de Terry en la Lavandería Quick Wash sobre South Presa Street, en San Antonio. Cuenta la historia de Emma Tenayuca, la organizadora sindical que ayudó a los trabajadores que desgranaban las nueces pacanas en San Antonio en los años treinta, la mayoría de los cuales eran mujeres mexicanas. Pensé, *¿no sería lindo que Isabella Stewart Gardner aún viviera?; podría pedirle a Terry que pintara un mural en una pared exterior para toda la gente que limpia este museo.*

Entre los artistas cuya obra cuelga en mi casa se encuentra el último artista a quien me gustaría mencionar, Ángel Rodríguez Díaz. Hace muchos autorretratos así como retratos, y pensé que si Isabella viviera, ella le encargaría un retrato. Sobre todo después de ver el mío, *The Protagonist of an Endless Story* (La protagonista de una historia sin fin). Me daba vergüenza tenerlo colgado en mi casa, porque parecía como si yo lo hubiera mandado pintar. Estaba colgado en un espacio público, mi estudio, que de casualidad en ese entonces era mi sala. Podías verlo al pasar manejando por allí. Ya me imagino lo que pensarían los vecinos: *¡Ay, esa mujer!* Así que fue un alivio cuando el Museo Smithsonian lo compró y este salió de mi casa para colgar del National Portrait Gallery, en Washington, D.C.

Y, por supuesto, traigo puesto uno de los trajes de mi colección de textiles mexicanos antiguos. Todo comienza con sólo un vestido y, cuando te vienes a dar cuenta… Pues, quizá eso fue lo que dijo Isabella.

IV. Naciste bajo una estrella.

—MI PADRE

Siempre que me pasa algo bueno en la vida, mi padre se apresura a recordarme que nací con suerte y supongo que es cierto. Tengo la suerte de ser la hija de un tapicero cuya apreciación por las telas me enseñó a amar los textiles desde una temprana edad y a honrar el oficio propio. También soy la hija de una mujer inteligente, autodidacta, cuya pasión por coleccionar me entrenó para seleccionar lo excepcional por encima de lo ordinario a través de una pasantía en ventas de liquidación de patrimonio, tiendas de segunda, mercados de pulgas y, sí, visitas semanales a los museos.

Al igual que Isabella Stewart Gardner, yo también soy una coleccionista. En el curso de mis años en Texas, he atraído a mí a una extraordinaria colección de amigos cuya creatividad inspira la mía. Cada uno de ellos me enseña a tomarme el tiempo de admirar lo que nadie más vería, a confiar en lo que deleita y eleva el espíritu. Esa comunidad viaja conmigo mientras exploro estas opulentas habitaciones. Y eso a la vez me permite redefinir la belleza en términos más generosos.

Quisiera cerrar con una cita de *Siete noches* de Jorge Luis Borges: "Tengo para mí que la belleza es una sensación física, algo que sentimos con todo el cuerpo. No es el resultado de un juicio, no llegamos a ella por medio de reglas; sentimos la belleza o no la sentimos".

Guadalupe la diosa del sexo

Nuestra Señora, de Alma López

La artista Alma López se inspiró a crear una Guadalupe feminista después de leer la siguiente selección. Cuando esta se exhibió en Albuquerque, encendió una guerra religiosa que suscitó comentarios de casi todo el mundo, incluso el arzobispo de Nuevo México. Quizá se necesite de una Willa Cather contemporánea para capturar todo lo ocurrido, porque la prensa y los manifestantes vilipendiaron la obra de arte de Alma como una "Virgen en bikini", en lugar de ver su intención: una mujer empoderada por la diosa en sí misma. Tanto Alma como la valiente curadora de la exhibición, Tey Marianna Nunn, fueron hostigadas al punto de necesitar la protección de la policía. Lo peor de todo, a ellas no se les permitió explicar su punto de vista como uno de celebración, no de difamación. Afortunadamente, un recuento detallado de la histeria ha aparecido desde entonces en *Our Lady of Controversy: Alma López's "Irreverent Apparition"*, (Nuestra Señora de la Controversia: la "Aparición Irreverente" de Alma López), un libro en inglés editado por Alicia Gaspar de Alba y la misma Alma, el cual recomiendo mucho.

En la preparatoria me maravillaba ver cómo las mujeres blancas se pavoneaban por los vestidores, desnudas como perlas, sin vergüenza alguna de sus radiantes cuerpos como si fueran la diosa Niké de Samotracia. Quizá escondían terribles secretos como la bulimia o la anorexia, pero ante mis ojos inocentes de aquel entonces, ellas me parecían como mujeres que estaban a gusto en su propia piel.

Siempre se sabía quiénes éramos las latinas. Nos escondíamos al desvestirnos, modestamente de cara a la pared o, en mi caso, vistiéndome dentro del cubículo del baño. Éramos las que todavía usábamos las abultadas toallas sanitarias en lugar de tampones, creyéndonos moralmente superiores a nuestras compañeras blancas. "Mi mamá me dijo que no puedes usar tampones hasta después de casarte". Todas las mamis latinas decían lo mismo, sin embargo, ¿cómo fue que a ninguna de nosotras se nos ocurrió preguntarles a nuestras mamás por qué ellas no usaban tampones *después* de haberse casado?

La femineidad estaba llena de misterios. Yo era tan ignorante de mi propio cuerpo como cualquier antepasada que se escondía detrás de una sábana con un agujero en el centro cuando la requería el esposo o el doctor. La religión y nuestra cultura, nuestra cultura y la religión, ayudaron a crear esa borrosidad, esa vaguedad sobre lo que pasaba "ahí abajo". Tan avergonzada estaba yo de mi "ahí abajo" que, hasta que tuve mi primera menstruación, no tuve idea de que hubiera otro orificio llamado la vagina; pensé que mi regla llegaría por la uretra o quizá por las paredes de la piel.

No es de extrañar, entonces, que fuera demasiado horrible pensar en que un doctor —¡un hombre!— te mirara allá abajo cuando tú misma no te atrevías a hacerlo. ¡Ay, nunca! ¿Cómo podría aceptar mi sexualidad, no digamos ya disfrutar del sexo, con tanta culpa? So pretexto de la modestia mi cultura me encerraba en un cinturón doble de castidad de la ignorancia y la vergüenza.

Nunca había visto desnuda a mi madre. Tampoco me había dado un buen vistazo a mí misma. La privacidad para la autoexploración era algo que pertenecía a los adinerados. En mi casa un espacio privado era prácticamente imposible; además de las puertas que se abrían a la calle, el único cuarto con llave era el baño, y ¿cómo podría alguien que compartía un baño con otras ocho gentes quedarse allí por más de unos minutos? Antes de la universidad, nadie de mi familia había tenido un cuarto propio excepto yo, un clóset estrecho apenas lo suficientemente grande para mi cama individual y una cómoda de madera clara demasiado grande que habíamos comprado en una ganga del Sears. La cómoda era larga como un ataúd e impedía que la puerta cerrara por completo. Yo tenía mi propio cuarto, pero nunca me di el lujo de cerrar la puerta.

Ni siquiera vi mi propio sexo hasta que la enfermera de la Clínica Emma Goldman de Iowa City me lo mostró. "¿Te gustaría ver tu propio cérvix? El tuyo está dilatado. Debes estar ovulando. Aquí tienes un espejo, échale un vistazo". ¡Cuándo había alguien sugerido que me mirara o me había dado un espéculo para llevar a casa e investigarme a mi antojo!

Sólo había estado en otra instalación de control de la natalidad antes de la Clínica Emma Goldman y fue en el Centro Médico de la Universidad de Iowa al otro lado de la ciudad. Yo era una estudiante de posgrado de veintiún años, lejos (para mí) de casa por primera vez. Antes de Iowa, yo había tenido miedo y vergüenza de buscar a un ginecólogo y hacerme responsable de mi propia fertilidad; pero ahora que estaba contemplando a nuevas parejas, tenía aun más miedo de quedar embarazada. Aun así, la idea de hacer una cita con el ginecólogo me angustió por semanas. Quizá el anonimato y estar lejos de mi familia me permitieron por fin tomar control de mi vida. Recuerdo haber querido ser intrépida como las demás mujeres a mi alrededor, poder tener relaciones sexuales cuando quisiera, pero me daba demasiado miedo explicarle a un amante potencial cómo sólo me había acostado con otro hombre en la vida, y habíamos practicado el coito interrumpido. ¿Se reiría de mí? ¿Cómo podría ver a alguien a la cara y explicarle por qué no podía ir a ver a un ginecólogo?

Una noche un compañero de clases que me gustaba demasiado me llevó a su casa. Tuve la intención todo el tiempo de decirle algo sobre que yo no estaba usando ningún método anticonceptivo, pero nunca pude exactamente hallar mi voz, nunca el momento oportuno para gritar: "¡Alto! ¡Esto es un peligro para mi brillante carrera!". Demasiado atemorizada de sonar estúpida, atemorizada de pedirle que él también se hiciera responsable, no dije nada, y dejé que él me tomara así nomás sin nada que me protegiera de la maternidad más que la suerte. Los días que siguieron fueron una tortura, pero afortunadamente en el Día de las Madres me bajó la regla, y celebré mi no-maternidad haciendo una cita en el centro de planificación familiar.

Cuando veo a adolescentes embarazadas, no puedo evitar pensar en que esa podría haber sido yo. En la preparatoria me hubiera lanzado al amor de la misma manera en que los guerreros se lanzan a la pelea. Yo estaba lista para sacrificarlo todo en el nombre del amor, hacer cualquier cosa, incluso arriesgar mi propia vida, pero afortunadamente no hubo candidatos. Yo asistía a una escuela para mujeres. Creo que si hubiera conocido a un muchacho que me deseara, hubiera tenido sexo en un minuto, convencida de que eso era el amor. Siempre he tenido suficiente imaginación como para enamorarme yo sola, entonces como ahora.

Cuento esta historia porque me abruma el silencio en cuanto a las latinas y nuestros cuerpos. Si yo, como una estudiante de posgrado, sentía timidez de hablar con cualquier persona sobre mi cuerpo y mi sexo, imagínate cuán difícil ha de ser para una chica de la secundaria o la preparatoria que vive en una casa sin llave en la puerta de la recámara, quizá sin puerta, o quizá sin recámara, sin ninguna información más que la desinformación de las amigas y el novio. Tanta culpa, tanto silencio y tantas ganas de ser amadas, no es de extrañar que las jóvenes se encuentren teniendo relaciones sexuales cuando todavía son niñas, teniendo sexo sin protección sexual, demasiado avergonzadas como para confiarle sus sentimientos y miedos a nadie.

Qué cultura de la negación. ¡No te embaraces! Pero nadie te dice cómo evitarlo. Si no puedes controlar tu fertilidad, no puedes controlar tu destino. Con razón la Iglesia, el Estado y la Familia quieren mantenerte en la ignorancia.

Por eso durante tantos años me enojaba cada vez que veía a la Virgen de Guadalupe, el modelo a seguir en mi cultura para las mujeres morenas como yo. La Lupe era bien peligrosa, un ideal tan noble e impracticable que daba risa. ¿Acaso los muchachos tenían que aspirar a ser como Jesús? Nunca vi evidencia de ello. Ellos andaban fornicando como conejos mientras la Iglesia los ignoraba y nos señalaba a nosotras las mujeres nuestro destino: el matrimonio y la maternidad. La otra alternativa era la putez.

En mi vecindario yo sólo conocía a mujeres de verdad, ni santas ni putas, huerquitas ingenuas y vulnerables como yo que querían desesperadamente enamorarse, con el alma y el corazón. Y sí, también "ahí abajo", con la panocha.

Hasta donde yo podía ver, la Lupe no era más que una mojigata cuyo propósito era condenarme a una vida de infelicidad. Gracias, pero no gracias. La maternidad y/o el matrimonio eran anatema para mi carrera. Pero ser una chica mala, eso era algo que podría usar como escritora, una molotov que arrojar a mi papá y al Papa que tenían sus propios planes para mí. Tomé la ruta perversa y escribí poesía con títulos como *My Wicked Wicked Ways* (Mis malas malas mañas) y *Loose Woman* (Mujer de rienda suelta).

Descubrir el sexo fue como descubrir la escritura. Era poderoso de una manera inexplicable. Como con la escritura, tenías que ir más allá de la culpa y la vergüenza para llegar a algo bueno. Como con la escritura, te podía llevar a niveles subterráneos profundos y misteriosos. Con cada nueva profundidad encontré cosas sobre mí misma que no sabía que sabía. Y, como con la escritura, por la fracción de un momento podía ser espiritual, el cosmos girando en torno a un alfiler, te podía vaciar y llenar al mismo tiempo como un Ganges, un tango de Piazzolla, un tulipán doblándose en el viento. Yo no era nadie, no era nada, y era todo en el universo grande y pequeño: ramita, nube, cielo. ¡Cómo me había sido negada esta increíble energía!

Cuando miro a la Virgen de Guadalupe ahora, ella no es la Lupe de mi niñez, ya no es la que está en la casa de mis abuelos en Tepeyac, ni tampoco es la de la Iglesia católica romana, a la que cerré la puerta con cerrojo durante mi adolescencia y a mis veintitantos años. Como cada mujer a quien respeto, he tenido que buscarla en los escombros de la historia. Y la he encontrado. Ella es Guadalupe la diosa del sexo, una diosa que hace que me sienta bien acerca de mi poder sexual, mi energía sexual, que me recuerda que debo, como la escritora y seguidora de Jung, Cla-

Zócalo de la Ciudad de México, 1985

rissa Pinkola Estés, lo puso tan acertadamente, "[hablar] desde la vulva... dar la verdad más básica y honesta", y escribir a partir de mi panocha.

En mis investigaciones sobre los antecedentes precolombinos de Guadalupe, aquella antes de que la Iglesia le quitara el sexo, encontré a la madre tierra azteca Tonantzin, y dentro de Tonantzin a un panteón de otras diosas madres. Descubrí a Tlazoltéotl, la diosa de la fertilidad y el sexo, también conocida como Totzin, Nuestro Comienzos o Tzintéotl, la diosa del trasero. Putas, ninfómanas y otras mujeres fáciles eran conocidas como las "mujeres de la diosa del sexo". Tlazoltéotl era la patrona de la pasión sexual, y aunque tenía el poder de incitarte al pecado, también podía perdonarte y limpiarte de tus transgresiones sexuales a través de sus sacerdotes que escuchaban la confesión. En este aspecto de confesor Tlazoltéotl era conocida como Tlaelcuani, la comedora de la suciedad. Quizá la hayas visto; es la que venden en los mercados para los turistas incluso ahora, una estatua de una mujer en cuclillas durante el parto, su cara haciendo una mueca de dolor. Tlazoltéotl, entonces, es la dualidad de la maternidad y la sexualidad. En otras palabras, ella es una mamá sexy.

Para mí la Virgen de Guadalupe también es la Coatlicue, una fuerza creadora/destructora con los pechos descubiertos vestida en una falda de serpientes y una guirnalda hawaiana de calaveras, corazones y manos humanos. Cuando pienso en su colosal estatua en el Museo Nacional de Antropología de la Ciudad de México, desenterrada varias veces y vuelta a enterrar porque daba demasiado miedo verla, pienso en una mujer enfurecida, una mujer como una tempestad, una mujer bien berrinchuda, y eso me gusta. La Lupe como una cabrona. No silenciosa y pasiva, sino silenciosamente adquiriendo fuerza.

La mayor parte de los días, yo también me siento como la diosa creadora/destructora Coatlicue, sobre todo en los días en que estoy escribiendo, capaz de fabricar relatos bonitos con palabras bonitas, así como de hacer trabajo de demolición con una sarta de palabrotas si lo deseo. Soy la Coatlicue-Lupe cuya columna cuadrada de cuerpo veo en tantas mujeres indígenas, en mi madre, y en mí misma cada vez que doy un vistazo a mi cintura gruesa, mi torso de nalgas planas en el espejo.

Coatlicue, Tlazoltéotl, Tonantzin, la Virgen de Guadalupe. Cada una se proyecta por un telescopio dentro de la otra, hasta llegar a quien soy yo. Y aquí es donde la Lupe me intriga: no la Lupe de 1531 que se le apareció a Juan Diego, el hombre indígena humilde que se convertiría en santo debido a este milagroso encuentro, sino la de los años noventa que ha dado forma a quiénes somos como chicanas/mexicanas hoy, la que está dentro de cada chicana y mexicana. Quizá sea la Tazoltéotl-Lupe en mí cuyo espíritu malcriado me inspira a saltar desnuda a la piscina o a bailar sobre una mesa con una falda en la cabeza. Quizá sea mi actitud de Coatlicue-Lupe que hace posible que mi madre me regañe: "¡Con razón los hombres no te pueden aguantar!". ¿Quién sabe? Lo que sí sé es esto: estoy obsesionada en convertirme en una mujer a gusto en su propia piel.

No puedo atribuir mi conversión religiosa a un relámpago en camino a Laredo ni nada por el estilo. En lugar de eso, ha habido varias lecciones aprendidas sutilmente durante un periodo de tiempo. Una depresión y casi suicidio cuando tenía treinta y tres años. Los escritos de Thich Nhat Hanh que han despertado a la Buda-Lupe en mí. La vigilia semanal por la paz en 1993 para mi amiga Jasna en Sarajevo. Los libros de la teórica Gloria Anzaldúa. Un viaje crucial de regreso a Tepeyac en 1985 con las escritoras Cherríe Moraga y Norma Alarcón. Viajes en coche por Texas

Basílica de la Virgen de Guadalupe, Tepeyac 1995

hablando con otras chicanas. Y la investigación para mi cuento "Milagritos", que me forzaría de vuelta a la Iglesia de la cual me había escapado.

Mi Virgen de Guadalupe no es la madre de Dios. Ella *es* Dios. Ella es la cara de un dios sin cara, una indígena para un dios sin etnicidad, una diosa para un dios que no tiene género, pero también entiendo que para que ella se acercara a mí, para que finalmente yo le abriera la puerta y la aceptara, ella tenía que ser una mujer como yo.

Una vez, viendo una película porno, vi algo que me aterró. Era la panocha de la estrella de la película: una abertura elíptica, pulcra, rosada y brillante como la oreja de un conejo. Para colmo de males, estaba rasurada y se veía especialmente aniñada y asexuada. Creo que lo que más me sorprendió fue darme cuenta de que mi propio sexo no tenía ningún parecido con el de esta mujer. Mi sexo, oscuro como una orquídea, correoso y azul púrpura como

Tepeyac, 1985

un pulpo, no se ve bonito ni pulcro, sino como de otro mundo. No tengo pezones como pequeños rosetones. Mis pezones son grandes y de color café, como las monedas mexicanas de mi niñez.

Cuando veo a la virgen de Guadalupe quiero levantarle el vestido como lo hacía con mis muñecas para ver si viene con chones, y si ¿su panocha se parece a la mía, y también tiene los pezones oscuros? Sí, de eso estoy segura. No es asexuada como una Barbie. Ella dio a luz. Tiene un vientre. Bendita eres y bendito es el fruto de tu vientre... Bendita seas, Lupe y, por lo tanto, bendita soy yo.

¡Qué vivan los colores!

Mi Casa Morada, 1997, foto por el finado Rick Hunter, para un artículo del *San Antonio Express-News*

La histeria que resultó cuando pinté mi casa de color violeta hizo erupción en la primavera de 1997. Debido a que me encontraba a medio camino de escribir mi novela *Caramelo*, no pude escribir adecuadamente sobre el incidente hasta que terminé el libro. La revista *House & Garden* solicitó el artículo, el cual apareció en abril de 2002. Usé algunos de los "botoncitos" sin usar de la novela, un texto vestido y alborotado al que habían dejado como novia de pueblo, para abrir y cerrar el artículo, así como las notas de mis investigaciones para mi audiencia ante la Comisión de Evaluación Histórica y de Diseño de San Antonio.

Durante el estallido "morado", recibí muchas cartas de gente de toda la ciudad, del país y de más allá. Los presos de las cárceles escribían para decirme que me estaban cuidando las espaldas. Los alumnos me mandaban sabias cartas de apoyo. Incluso recibí una llamada telefónica de un tátaradescendiente de Davy Crockett, quien estaba luchando una batalla similar en Dallas. Me quería decir lo siguiente: "¡Vamos, Sandra, vamos!".

¿Quién se hubiera imaginado que los colores causarían tal alboroto? Debido a que el sol de Texas desvanece el violeta a un tono azul, la casa antes conocida como morada fue repintada y ahora tiene un tono rosa mexicano. La gente todavía deambula por esta colonia y pregunta: "¿Sabes dónde está la casa morada?".

Escribo este prefacio al momento en que mi casa de Texas está a punto de ponerse a la venta. Me voy sin ningún arrepentimiento y con la certidumbre de que crearé un refugio espiritual en otra parte.

Si el universo fuera una tela, entonces la humanidad entera estaría entretejida con hilos de diferentes colores. Jala de un hilo, y toda la tela se desbarata. Por eso creo en el Destino. No el "destino" de origen europeo, sino en la Divina Providencia de las Américas. Haz la señal de la cruz y bésate el pulgar. Cada persona que entra en tu vida afecta tu destino y tú afectas el de ellos.

Una amiga mía fue a México y se sentía tan apabullada frente a las mercancías de un vendedor, que no podía decidirse. Los colores la mareaban, la enloquecían. Exasperada, finalmente le pidió ayuda al tendero. "¿Qué colores van bien, cree usted?". "Señora", le dijo él con toda gentileza, como si le estuviera hablando a un niño, "deje que le enseñe algo. Todos los colores combinan".

El color es un lenguaje. Cuando me mudé a San Antonio, supuse que todo el mundo era bilingüe, pero cuando pinté mi casa victoriana en la histórica colonia de King William de un tono crepuscular azul violeta, la Comisión de Evaluación Histórica y de Diseño de San Antonio agitó una bandera roja. Querían que yo escogiera de una paleta aprobada de colores coloniales que incluían el *beige* Surrey, el azul Sèvres, el verde majuela, el café Días Fronterizos y el gris de Plymouth Rock: colores muy tristes en mi opinión, y feos.

Para algunos, mi "Casa Morada" no necesita traducción. Los alumnos de tercer grado de la maestra Carmen Caballero, de la escuela primaria Ball en San Antonio, me mandaron cartas de apoyo. "En mi opinión", escribió una niña en un español formal, "usted debería dejar su casa morada porque San Antonio antes era México". Los recuerdos se despiertan. Un viejo paletero: "Claro que había casas moradas, aquí mismo en La Villita", dice, mencionando una colonia a unas cuantas cuadras de mi casa. "Había casas de muchos colores cuando yo era joven: fresa, limón, sandía, lima...". Menciona los colores como si estuviera nombrando los sabores de su surtido de paletas.

"¡Vibrante, te da energía!". Una güera grita su aprobación mientras pasa trotando sin detenerse.

"¿Cómo es que nuestros colores mexicanos están bien para la Fiesta de la ciudad, pero no para nuestras casas?", pregunta el locutor de la radio local a sus escuchas.

El arquitecto mexicano Luis Barragán ha dicho que el cielo es la verdadera fachada de una casa. Me mudé aquí desde el centro de Estados Unidos, del medio oeste, y sin embargo sentí que había vuelto a casa. La luz, la luz transparente de México. Nubes tan blancas que duele verlas, como ropa blanca secándose y abombándose en el tendedero. El cielo y las nubes no necesitan de papeles para cruzar la frontera.

Cuando viví en Provincetown, Massachusetts, una persona del lugar me dijo que las casas estaban pintadas para hacerle juego al cielo. Si esto es cierto alrededor del mundo, entonces yo crecí en barrios de Chicago donde los edificios son del color del mal tiempo. Hielo tundra, peltre tornado, gris tempestad, y blanco no-entres-dócilmente-en-esa-ventisca.

Pinté mi casa de San Antonio de los colores de mis recuerdos mexicanos. Escogí colores fuertes, porque la luz es fuerte. Quería algo tranquilizador que uniera el cielo y la tierra y la sustentara: violeta jacaranda con molduras azul turquesa. Al atardecer, con las nubes encendidas y el sol poniéndose por detrás, mi casa arde y brilla, se ve absolutamente espléndida. Para mí.

Quizá todas las casas se trazan desde la nostalgia. Un arquitecto local asevera que las puertas del Álamo recuerdan la pintura azul. Las misiones de San Antonio tenían elaborados diseños que imitaban los azulejos por dentro y por fuera. Incluso el edificio que ahora alberga la Asociación de Conservación de San Antonio lucía un tono de estuco rosado alegre, antes de que O'Neil Ford "restaurara" San Antonio a un blanco de moda aceptable. La historia, después de todo, es una capa tras otra de historias. Lo que uno considera historia depende de quién la cuenta y qué historia se considera digna de ser contada.

Para algunos, mi casa color violeta grita a voces rascuache, el término para hacer algo de materiales a la mano. Una llanta vieja que se convierte en una maceta. Un cobertizo parchado con rines de llanta. Un avión de juguete hecho de una lata de cerveza. La pobreza es la madre de la inventiva.

Una vez, cuando era niña, mi mamá pegó un cartel de viajes en la cocina con miel de maíz Karo porque no teníamos pegamento. Vaya, eso sí que es rascuache.

Colores alegres, a diferencia de colores tristes. Colores fuertes, a diferencia de aguados. Colores que se ven, como mi madre decía, como si los hubieran hervido demasiado tiempo. Chillantes. Colores vibrantes, sensuales, intensos, violentos, atemorizantes, apasionados. ¿Ese azul es hermoso porque te recuerda a Tiffany's o a la Bienaventurada Virgen María? ¿Es ese un anaranjado Hermès o un anaranjado como el refresco Jarritos? Todo depende de tus recuerdos.

La gran dama de las letras mexicanas, Elena Poniatowska, dice que en México: "la gente pone a pelear los colores como gallos; todos los colores son enemigos, y al final el ganador de la batalla es el arte mismo, porque los opuestos se atraen y acaban por abrazarse".

La frontera se funde en un apasionado abrazo entre el norte y el sur, el deseo y la ira, y de esa cópula una nueva cultura ha hecho erupción. Me dijeron que mi casa "no era apropiada según la historia" y que el asunto "no tenía nada que ver con el gusto" sino con el "contexto histórico". Pero mi pregunta es: ¿la historia de quién?

A los mexicanos les gusta tanto el color que todo está cubierto de este, incluso ellos mismos. Mucho antes de los roqueros punk, las mujeres precolombinas se teñían el cabello de verde, amarillo y rojo. Aún hoy las mujeres nahuas de Tetelcingo, Morelos, un pueblo conocido por su brujería, se pintan el pelo de verde. Quizá, como los roqueros punk, para hacerse más poderosas.

Los mexicanos tienen tal fe en el color, que si visitas los mercados a fin de año, verás a muchedumbres apresurándose para comprar ropa interior roja o amarilla antes de la medianoche. Si lo que quieres es dinero el año entrante, asegúrate de comprar calzones amarillos a la media noche. Pero si es amor lo que buscas, recuerda usar el rojo. Y si eres especialmente codicioso y deseas ambos, entonces estás condenado como yo a recibir el Año Nuevo con dos pares de chones puestos.

El color es una historia. Una herencia. ¿Eran las misiones de San Antonio rascuaches porque imitaban los elaborados azulejos moros que no podían costear? Nadie quiere vivir como si fueran pobres, ni siquiera los pobres. Los pobres prefieren vivir como reyes. Por eso pintan sus casas con la única riqueza que poseen: el espíritu.

Amarillo mango, anaranjado papaya, azul cobalto. Cuando los colores llegan de "los nadies que no hacen arte, sino artesanía, que no practican cultura, sino folklore", como Eduardo Galeano dice sardónicamente de los pobres, que no cuentan, que no son valiosos hasta que un Rockefeller o un Luis Barragán los pide prestados y los presenta en las casas de los ricos y les da estatus.

Investigaciones recientes sobre los colores desteñidos conocidos popularmente como el "*look* Santa Fe" confirman que en su época esos colores eran mucho más brillantes que como los conocemos ahora. Los tonos que consideramos auténticos de hecho eran colores más fuertes que se han desvanecido con el tiempo y el clima. Originalmente, los matices eran tan intensos como los colores contemporáneos de México. La versión local del Suroeste lo diluye todo a un sorbete, quizá porque lo verdadero es demasiado fuerte para las paletas y los paladares de los tímidos.

Aunque el pigmento azul maya ha resistido 1.400 años bajo el sol y todavía está tan intenso como nunca, la gloria de mi casa color *morning glory* ya se ha desvanecido, asentándose al color suave de una camisa de trabajo de cambray, una decepción para los curiosos que buscan el morado tipo Barney de su imaginación.

Dos años después de la petición original de permiso, el sabio director de planeación urbana dio con una solución salomónica: sometí a revisión los colores a los que se había desteñido la casa y, oh sorpresa, los colores deslavados fueron considerados como "históricamente correctos".

Mi casa todavía es la casa más intensa de la cuadra, pero a mí ya se me hace un poco triste. La próxima vez voy a probar el rosa mexicano, un color documentado históricamente en mi barrio, y en la hilera de mansiones de exhibición del histórico rey.

El Destino obra de formas misteriosas.

Cuando me imagino a la Divina Providencia, pienso en una indígena tejiendo con el pecho descubierto en la comodidad de su patio, un telar de cintura atado a un árbol. Está sentada en la tierra sobre un petate tejido, separando cuidadosamente los hijos de sus grupos, distribuyéndolos de forma pareja con la ayuda de una espina de maguey, jalando los hilos para formar una V apretada con su dedo gordo del pie. O está sentada en un banquillo bajo, con las piernas desvergonzadamente en jarras, la falda de algodón recogida y metida bajo su entrepierna. Sí, así es como me gusta imaginármela.

La Divina Providencia está trazando un mapa del movimiento de nuestras vidas como la luna y el sol a través de las trece capas del cielo y las nueve de la noche, tejiendo un diseño más grande que nuestras vidas, demasiado intricado para que el ojo lo siga, pero cada hijo está tejido con claridad, propósito y diseño.

Mi casa en 2014, rebautizada la Casa Rosa

Tenemos sistema de apartado, o, cómo me convertí en una coleccionista de arte

Franco Mondini-Ruiz estaba en la mesa directiva del Blue Star Art Space de San Antonio. Entonces como ahora, no lograba que sus compañeros artistas comprendieran temas de raza y clase. Así que en un esfuerzo por propiciar el diálogo, Franco me convenció de que hablara en una exhibición de arte seleccionada por él en el Blue Star titulada *The Purple House* (La casa morada), una instalación de algunas de mis obras de arte y los objetos que las rodeaban. Eso fue después del argüende sobre la Casa Morada descrito en el capítulo anterior. Durante ese tiempo, los extraños tocaban a mi puerta y pedían entrar. *Suspiro*. Puse un candado en la reja de adelante por siempre jamás.

Creo que es importante agregar que escribí esto durante un periodo en que me sentí más en casa en San Antonio, después de varios años de sentirme como una paracaidista, cuando finalmente había encontrado a mi familia espiritual y mi casa todavía me hacía sentir con privacidad, segura y a salvo. (Pero eso no duró mucho).

Esta historia fue actuada en noviembre de 1998, en el teatro Blue Star, con extractos de mi escritura creadora intercalados para establecer un punto, aunque sólo incluiré un poema aquí. También le pedí a una amiga cantante de ópera que cantara "Júrame" en el momento apropiado.

Una casa para mí ha sido un sueño de toda la vida. Ser dueña de una, tener una, retirarse a un espacio que uno pudiera llamar propio, donde la radio o la televisión no esté a todo volumen y nadie esté tocando al otro lado de la puerta diciendo: "¡Ándale, ya salte de allí!". Una casa para mí es un espacio donde decidir si quiero estar triste y no prender las luces, dormir hasta el mediodía o más tarde, leer un libro apoyada en almohadas con flecos, apagar el timbre del teléfono, andar en pijamas todo el día y no aventurarme más allá de la barda del patio trasero si me da la gana. Una casa es el derecho de andar despeinada, caminar descalza, ser grosera. No quiero quedar bien, ese terrible síndrome de las mujeres. Me gusta la civilidad de la incivilidad. Si alguien toca el timbre de la casa, ¿significa que debo abrir la puerta? Si alguien dice hola, ¿tengo que sonreír como una geisha? Me gusta el asentir militar de la barbilla de los hombres. Te veo, me ves. Una casa para mí es esta libertad de ser. De regresarme a la cama después del desayuno. Examinar con detenimiento los catálogos de venta por correo en la tina. Comer *hot cakes* para la cena. Estudiar el *New York Times* mientras plancho. Una casa tiene que ver con la seguridad y la privacidad de hacer lo que a los demás pueda parecerles raro o excéntrico o mal, y como vivo sola y no hay nadie que me diga: "¡Eso no se hace!", esta es la satisfacción más intensa que conozco después de escribir.

No tenemos un modelo a seguir en lo que concierne a ser latina y ser una mujer de letras, excepto por la monja genio Juana Inés de la Cruz, e incluso ella fue obligada por la Iglesia a dejar de escribir. No gracias. Meterse a un convento de monjas es un precio muy alto que pagar para que se nos permita tener un cuarto propio.

No tenemos un plan de acción para decirle a la familia que no podemos ir a la comida del domingo porque estamos trabajando en una novela y, no, no queremos asistir a la fiesta de cumpleaños del sobrino. ¿Cómo? ¿Cómo que no vas a ir? Mudarme lejos de la familia fue mi manera de crear el espacio que yo necesitaba para poder crear. Pero ahora la fama de la casa ha traído al público a mi puerta. Mi amiga la pintora Terry Ybáñez pintó un hermoso letrero para mí que dice "Por favor no toques el timbre a menos que tengas una cita. Paz. Respeto. Compasión. Sabiduría", y qué suerte. Yo estaba a punto de poner este poema que escribí en la reja del frente:

Se me ocurre que soy la diosa creadora/ destructora Coatlicue

Merezco piedras.
Dejen de estar chingando.

Estoy sitiada.
No los puedo alimentar.
No se permite hacer reliquias de mis huesos,
ni tocar a mi puerta, ni acampar, entrar,
telefonear, tomarme una Polaroid. Estoy paranoica,
en serio. Lárguense.
Váyanse a su casa.

Soy anómala. Rara aquella que
no aguanta a los niños y no los aguanta a ustedes.
Ninguna excelente cordialidad de Cordelia tengo yo.
Ni café servido en monas tazas.
Ni comestibles en casa.

Duermo en exceso,
fumo puros,
tomo. Estoy en mi mejor momento
vagando desvestida,
con las uñas sucias,
mi cabello greñudo.
Disculpe.

La señora no
se encuentra bien hoy.
Debo Greta Garbearme.
Necear como Emily D.
Ahogarme como Jean Rhys.
Enclaustrarme en Abiquiú.
Berrinchearme a la María Callas.
Abrocharme como un zapato.

¡Aguas! Cristo
todopoderoso. Advertencia.
No se permite. Prohibida
la entrada. Cuidado.
¡Socorro! Mi vida,
esto quiere decir
tú.

Todos necesitamos un lugar donde ser. Llorar sin que nadie te pregunte: "¿Qué tienes?". Reírse sin explicar por qué. Rascarnos las nalgas sin decir: "Ay, disculpe". Necesitamos una casa para volar. Para escuchar hablar al corazón. Para escuchar de verdad y, luego, responder.

Cuando estoy en casa escribiendo, la casa está en absoluto silencio, a veces sólo iluminada parcialmente, como si deseara reducir el mundo a la página impresa y, en cierto sentido, así es. A veces mi casa está solitaria, pero en general disfruto de estar sola. La soledad es un lujo, como el dolor. Algo que la sociedad trata de matar. "No estés triste". "¿Por qué está cerrada esta puerta? ¡Qué estás *haciendo* allí adentro!". Para un escritor, tanto el aislamiento como las penas sirven su propósito al permitirle a uno los diálogos con el corazón. Para citar a la poeta Gwendolyn Brooks: "Me gusta estar sola, pero no me gusta sentirme sola". Los riesgos del oficio. He llegado a comprender que incluso la soledad puede ser labrada para convertirla en algo útil. Un poema. Un párrafo. Una página, si tengo suerte.

Una casa para mí tiene que ver con la permanencia frente a la impermanencia del universo. Un lugar donde guardar todas las cosas que me encanta coleccionar. Rebozos, zapatos, sombreros, guantes, un guardarropa que parece el de un travesti. Un lugar donde centralizar todos los libros y las cajas de almacenamiento de los últimos diez años en que deambulé como una nube. Un lugar donde poner todos los tesoros de arte que he comprado de los muchos amigos artistas que conozco.

Cuando mi padre se estaba muriendo, yo necesitaba regresar a la quietud de mi propia casa y mirar las paredes, de la misma manera en que los sedientos regresan al agua. Había tal dolor en mi vientre que no podía darle sentido al mundo hasta que llegaba a casa y me quedaba viendo las paredes. El mango contra el rosado, el verde contra el amarillo, un jarrón con claveles magenta al lado de una pintura ocre, una escultura de madera contra un azul Ave María. El arte me calmaba, me reconfortaba, era una manera de ver el mundo de una forma ordenada, calmada, en medio del caos y el ruido cruel de aquellos días.

Creo por eso que los artistas viven como lo hacen. Arreglando y volviendo a arreglar los pequeños objetos de la vida cotidiana hasta que exista una belleza que cura. Eso me gusta de visitar las

Altar para los hombres, de Terry Ybáñez

casas de mis amigos artistas. Camino y admiro una piedra, una foto junto a una muñeca, un tazón con plumas y conchas, con la admiración de quien visita una iglesia. Esto es cierto de los artista de San Antonio que conozco, Anne Wallace y su encantadora austeridad de madera y muebles sin pintar, los colores y las telas de la casa de Rolando Briseño y Ángel Rodríguez Díaz, la pasión y la sorprendente yuxtaposición de las diminutas naturalezas muertas de juguetes, santos y saleros sobre las repisas y pretiles de la casa de Terry Ybáñez. Porque importa mucho si cuando alzas la vista ves algo que agrada al ojo y deleita al corazón, aunque ese algo sea solamente una tetera junto a una azucarera. Mi casa es un homenaje a esta sensibilidad y este respeto por las cosas del espíritu.

Cuando estaba en la escuela primaria, era obligatorio asistir a misa antes de ir a clases cada mañana. Era un ritual que me aburría sobremanera. Pero lo que me salvaba de desmayarme era el edificio, una creación moderna de los años sesenta con una pared llena de triángulos con vitrales de arriba abajo, cada uno distinto del siguiente. Mientras el milagro de la misa tomaba lugar, yo no podía quitar los ojos de ese otro milagro, cierto triángulo de vidrios de colores que me hacía estremecerme, un azul que se arremolinaba contra un rosado, como la punta de una nube cuando se mete el sol. El azul cielo haciendo una pirueta hacia un rosado tierno. Se arremolinaba dentro de mi corazón y me alegraba de una manera que no podía entender ni explicar entonces. Yo no lo sabía, pero ese azul al lado del rosa era tan sagrado como lo que se suponía que estaba pasando en el altar. ¿Por qué nadie me dijo que un aria, un pedazo de vitral, una pintura, una puesta de sol también pueden ser Dios?

"Espera a que tengas tu casa", me dijo mi amiga Liesel, quien una vez trabajó en la industria del cine alemán. Su casa griega de las trece terrazas es una especie de plató, arriba en una colina en una isla griega con una vista impresionante del Egeo. Los griegos creen que ella es tan alemana en cuanto a todo, quejándose de la basura que el viento sopla a su terreno, recogiendo todo lo que el cielo echa sobre sus trece terrazas, incluso una aceituna. "Manchan la cal. Crees que estoy loca. Nada más espera a que consigas tu casa, se convertirá en tu amante".

Tenía razón. Mi casa se ha convertido en mi amada. Cuando salgo de viaje en coche, miro sobre mi hombro y me entra el arrepentimiento. Cuando regreso, mi corazón da un vuelco cuando ella salta a la vista. Cualquier hendedura en sus paredes o rajadura en su piso de duela o pintura enroscada me causa horror. Adornarla es mi placer. Muebles como una emperatriz Carlota. Pinturas como un Versalles. A diferencia de algunos que compran una pintura para hacerle juego a un sofá, yo tapizo los muebles para hacerle juego a las pinturas, en tonos de piedras preciosas como vestidos de gala: azul rey, amarillo limón, verde esmeralda. Como las sedas suntuosas y los cielos grandiosos de las pinturas de Ángel Rodríguez Díaz. Cualquier cosa que mi odalisca desee, nada es demasiado grandioso para ella.

¿De qué color pintar el exterior de tal belleza? ¿*Beige*? ¿Blanco? ¿Verde pino? ¡Por favooor! Consideré un rosa mexicano, un cobalto griego, me tienta un gozoso papaya caribeño, un verde espuma de mar de los años cuarenta, pero me decido finalmente por un violeta tranquilizador inspirado en una foto de una casa en la India. El violeta es un color bonito. Yo había visto casas color violeta en México, sólo que allá se les conoce como jacaranda, en honor a ese árbol que estalla en flor como una llama de gas azul.

Una casa decide su propio nombre. Una vez pensé en bautizar mi casa "Rancho Ahí te Wacho", pero sin importar cuánto traté de imaginarlo, ella no es ningún rancho. La comunidad y el escándalo local la han apodado "la Casa Morada". "La Casa Morada" me parece bien, aunque ella es más lavanda que púrpura, color campanitas por la mañana, un azul camisa de trabajo desteñido bajo la intensa luz del mediodía en Texas, un ultravioleta palpitante cuando el día se disuelve al anochecer.

Pienso en la Casa Morada, y eso me hace pensar en esa otra casa, la Casa Azul de Frida y Diego. Y aunque admiro la casa de Frida, y las pinturas de Frida, y la ropa, muebles y juguetes de Frida, aunque no a Frida la mártir, compararla con la Casa Azul es algo demasiado serio. Mi casa es más la Pee-wee Playhouse que la Casa Azul de Frida. Me encanta la locura de la casa de muñecas de Pee-wee; di la palabra secreta y todo el mundo brinca de arriba abajo gritando: ¡Yeyyy! Me gusta su alegría, su fantasía e inventiva. No me doy cuenta de cuánto me ha inspirado hasta que doy un buen vistazo a mi casa con sus nichos y alacenas poblados de santos de yeso y putas de barro, sus repisas de juguetes mexicanos, su sentido del humor que yuxtapone el gran arte con el arte popular, su exagerado drama operático y su afectación irónica.

Yo diría que mi estilo de decoración del hogar se inspira más en las intensas naturalezas muertas de Terry Ybáñez, quien a la vez dice que la inspiran mis altares. La Virgen de Guadalupe acurrucada con unos Budas. Una Coatlicue precolombina junto a un Cantinflas de juguete. Paredes color mango junto a un rosa Veracruz.

"Imaginémonos un salón literario, en México, en los años treinta", dice Franco Mondini-Ruiz. "Imaginemos que esta es la casa de alguien que fue rico durante el Porfiriato, pero que lo perdió todo durante la Revolución y ha sobrevivido con sólo unas reliquias familiares. Imaginemos la sala del artista Chucho Reyes, la recámara de Dolores del Río, las sillas del comedor del cuartel de Emiliano Zapata". Nos reímos y nos divertimos inventando viñetas, acomodando los muebles para contar una historia, recordándonos entre sí cómo las atestadas casas de nuestras madres nos inspiran, así como nos persiguen. "¡Mi madre lo guarda todo!". "No, *mi* madre lo guarda todo; ¿alguna vez te conté de mi madre y los mil envases de Cool Whip?".

Algo de mi madre y mi padre se filtra en mi manera de ver una casa. Los excelentes hallazgos de las tiendas de segunda mano que mi madre escondía de mi esnob padre de la Ciudad de México. Las telas de diseñador que mi padre traía a casa de su tapicería, sobras elegantes de sus clientes elegantes de North Shore. Con estos rehacíamos nuestros muebles de segunda, reinventábamos nuestras vidas, aunque a veces no había suficiente tela para cubrirlo todo. Papá lo arreglaba; cubría el frente con una tela, la parte de atrás con otra tela que le hacía juego; se adelantó a su tiempo.

Se nota que he sido pobre; embellezco de más mi cuerpo, mi casa. Tomo mi casa como algo personal. Tomo mi colección de arte como algo personal también. Quizá sea una manera de sobre compensar. Lo reconozco en ciertas casas, en algunas personas que son como yo. Una casa para mí es un espacio para reinventarse, como ponerse un vestido nuevo.

Una vez realmente sí hubo una monja que pasó por el edificio de piedra caliza color rojizo donde vivíamos en Chicago y no podía creer que yo viviera en el feo apartamento de tres pisos delante del cual yo estaba jugando. El lugar era un cuchitril. Un anuncio desteñido de "Drink Fox Head Beer" se descarapelaba a un lado. Se notaba que el edificio había sido grandioso alguna vez, lo suficientemente grandioso como para justificar una remodelación, pero eso hubiera requerido de tanto dinero, y vivíamos en barrios destinados a la expansión urbana de la Universidad de Illinois. Me di cuenta por siempre jamás de que la gente confundiría la negligencia de un propietario con nuestro propio sentido de la autoestima, y me permitiría ver, por siempre jamás, cómo aun las casas más pobres, las más destartaladas, descuidadas y fregadas, las que las familias rentan pero no poseen, a veces son las que tienen más orgullo. Una maceta de flores en una lata de manteca. Una ventana llena de decoraciones alegres de Halloween. Un montón de luces navideñas aun si la puerta de malla metálica cuelga como una mandíbula rota. "Seremos pobres, pero eso sí muy orgullosos".

He vivido tal orgullo exagerado. Me han forzado a trapear las escaleras con Pine-Sol, y puedo entender por qué la humilde taquería maltrecha también apesta a Pine-Sol. "Seremos pobres, pero ten por seguro que al menos somos limpios".

La pobreza siempre ha tenido el estigma de la suciedad. Por eso yo ansiaba mudarme a mi propia casa, donde las paredes no centellearan de noche con los cuerpos laqueados de las cucarachas, las sombras no se escabulleran por el piso de duela. Imagínense mi sorpresa cuando, ¡heredé las cucarachas en mi casa nueva! Y ratas en el ático. Nadie me lo dijo. No lo sabía. Yo asociaba las cucarachas y las ratas con la pobreza. Eso demuestra la democracia de las cucarachas y los ratones. ¿No es increíble el mundo?

Al otro lado de una sopa de conchitas en Torres Taco Haven, esta pregunta: "¿Cuál es la estética mexicoamericana? Me lo pregunta un arquitecto de San Antonio. Él está tratando de traducir el ámbito del hogar privado mexicano a un edificio público. ¿Cuál es la estética mexicoamericana? Lo pienso y respondo: "Más es más".

Mi amigo el fallecido Danny López Lozano, quien fuera dueño de la Tienda Guadalupe, inspiró a una comunidad entera de artistas con su estética de "más es más". Qué estilo. Más es más no sólo era la manera de decorar de Danny, sino su manera de vivir, de alguien que había crecido pobre y tuvo que reinventarse de una manera de alto glamour. Pero no sólo tenía que ver con el exceso, sino con la yuxtaposición de este exceso. Como las vitrinas de nuestras madres que albergan tazas inglesas dignas de premio y Dumbo el elefante de porcelana. Unas casas como un pastel en capas, como las nueve excavaciones de Troya. Todas las cosas que uno ha adquirido y ha recibido en toda una vida.

A veces me siento tan abrumada por lo mucho que he coleccionado, y sólo puedo ver el desorden cuando he estado de viaje y regreso después de una larga ausencia. De inmediato, prometo *no* comprar más, empezar a vender cosas o almacenarlas en otro lugar. Me contengo sólo para reemplazar las cosas que he almacenado con más cositas. Más es más. "¡Qué bonito! Regálamelo". Es tuyo.

No planee convertirme en una coleccionista de arte. Tengo más obras de arte que paredes. Pero, ¿cómo puede uno dejar de adquirir la felicidad, sobre todo si esta felicidad está tan al alcance? En San Antonio el arte es muy barato, varias veces más barato que un póster enmarcado, sobre todo si uno tiene el ojo, como Danny López Lozano lo tuvo alguna vez, para ver arte donde la mayoría no lo ve: un ramo de rosas de papel estaño, el rosario antiguo de una abuela, un pequeño aeroplano de aluminio hecho de latas de cerveza Bud Lite.

El arte existe en las casas de los muy pobres, en la esencia de su sentido del color y la vida al crear con lo que tienen, en los maceteros de flores hechos de llantas, y la estatua desportillada de San Martín de Porres borrosa debido a los besos de los devotos. No necesitamos ser un Rockefeller para verlo. O quizá sí necesitamos a un Rockefeller, a un poderoso hombre blanco para sostenerlo en lo alto, para que todos nosotros lo miremos maravillados desde el polvo de nuestras vidas y digamos: "¡Qué bonito! Regálamelo". Es tuyo.

Durante mucho tiempo, no tuve los recursos para recolectar nada, ni siquiera el seguro de desempleo. Pero en 1982 me gané una beca y con esto pude viajar. Viví en Provincetown un verano trabajando en *La casa en Mango Street*. Había exhibiciones de arte todo el verano en todas las tiendas, parecía. Una tenía una serie de grabados en madera asombrosos. Me les quedaba mirando una y otra vez. Me recordaban a algo familiar. La nota biográfica de la artista declaraba que ella había estudiado con artistas mexicanos y allí fue donde encontré ese punto de conexión. Me conmovió en particular un grabado titulado *Woman in the Moon* (Mujer en la luna). Costaba setenta y cinco dólares. ¡Setenta y cinco dólares! Yo tenía setenta y cinco dólares. "¿Lo compraré?", recuerdo haberle preguntado a mi compañero de cuarto y mejor amigo, Dennis Mathis. "Cómpralo", dijo Dennis. Fue mi primera compra de arte y todavía me encanta esa *Woman in the Moon* tanto como la primera vez que la vi y, como es pequeña, ha viajado conmigo a la mayoría de las ciudades donde he vivido.

No todas mis compras han coincidido conmigo. Una vez fui a una galería aquí en San Antonio con una amiga poeta. Ella me convenció de que comprara algo que más tarde regalé. Desde entonces he aprendido a confiar en mis propios instintos cuando se trata del amor, ya sea de una pintura o una persona. No puedes enamorarte porque alguien te diga que lo hagas. Si te encanta ver algo, y te sigue atrayendo, entonces sigue esa corazonada. Así fue cuando Terry Ybáñez me vendió su primera naturaleza muerta. Ella no estaba tratando de venderla; recuerdo haberle preguntado en cuánto la pensaba vender. Ella lo pensó por un rato, sosteniendo

Mujer en la luna, grabado de Tina Dickey

su pincel en el aire, y luego dijo: "Doscientos cincuenta", sin darse cuenta de que yo estaba haciendo cálculos mentales. "¡Doscientos cincuenta! ¿Tienes sistema de apartado?". Afortunadamente para mí, yo lo podía reservar hasta pagarlo por completo.

He conocido a muchos artistas desde entonces, la mayoría de ellos son mis amigos, y todos ellos tienen sistema de apartado. Algunas veces les cuesta trabajo pagar la renta, y les compro una obra de arte aun antes de que la hagan. A veces comprar una obra de arte es preferible a prestarles dinero, porque si les prestas dinero, podrías no volver a verlo jamás. Pero una obra de arte es algo maravilloso que te puedan dar a cambio de ayudarlos. Muchas veces ha sido así como he podido compartir algo de mi éxito. Gano un premio y me lo gasto localmente con artistas locales, y eso les permite seguir viviendo en San Antonio, comprar más materiales de arte y hacer más arte, comprar un taco para el desayuno y seguir viviendo. Y así sigue y sigue. Es sencillo.

Y me siento agradecida por tener la compañía de estos artistas.

Mejoran la calidad de mi vida. Danny López Lozano decía: "Vivimos como millonarios". Y tenía razón. Sí vivimos como millonarios, aunque no tengamos cinco dólares en el bolsillo. Los artistas se dan cuenta de que es tan importante alimentar el espíritu como alimentar la panza. Por eso a veces Danny vestía la mesa con la mejor porcelana, con el cristal de Lalique, con el mantel y las servilletas de lino, con ramas hurtadas del árbol en flor del terreno baldío de la calle de enfrente, aun si sólo estuviéramos comiendo pollo frito de Church's. ¡Vivimos como millonarios!

Y me resulta muy curioso ver aquí en esta galería una instalación de arte de una sala desordenada en yuxtaposición con la instalación de mi propia sala, que intenta ser muy frufrú. A los ricos les gusta vivir como si fueran pobres. A los pobres les gustaría vivir como reyes.

Los muebles usados que he comprado en la tienda de Franco, Infinito Botánica, y retapizado con telas francesas me recuerdan a las mueblerías del barrio con los sofás imitación María Antonieta, los sofás de mis tías, retapizados con sobrantes de tela y recubiertos con fundas de plástico a prueba de la exuberancia de los niños.

Ese sentido de haber sido pobre me permite comprender a los artistas que también son pobres, pobres pero cultos, y por lo tanto con mejores gustos, en mi opinión, que los ricos, quienes a menudo sólo tienen su riqueza, pero son pobres cuando de la imaginación se trata.

Mis amigos artistas son pobres pero talentosos, y por lo tanto bienaventurados o condenados a vivir como millonarios, con un *joie de vivre* y un dolor que es una pasión. Viven al día, la mayoría sin seguro médico, la mayoría sin un sueldo fijo, haciendo lo que hacen después de haber realizado grandes sacrificios personales, al servicio de comités y mesas directivas, como voluntarios en ferias de la comunidad, donando su arte para buenas causas, generosos hasta la imprudencia.

La otra noche en la fiesta de la victoria de la Casa Morada, escuchando a Janis de Lara cantar a capela en el Acapulco Drive Inn, me di cuenta de que nuestras vidas en realidad son muy ricas. Una vida bendecida por la belleza y las cosas del espíritu. "¡Vivimos como millonarios!", decía Danny. No, Danny, vivimos mejor. Vivimos como artistas.

El Día de Acción de Gracias en el apartamento de alto *glamour* de Danny López Lozano, 309 Madison Street, San Antonio

Una ofrenda para mi padre en el Día de los Muertos

Mi altar personal para mi padre

Esta historia surgió sola, no por encargo, aunque la publicaría por primera vez en los diarios *Los Angeles Times* el 26 de octubre de 1997 y en el *San Antonio Express-News* el 2 de noviembre de 1997. Al mismo tiempo, hice un altar para mi padre en mi casa, ya que era el primer Día de los Muertos desde su fallecimiento. Más tarde escribiría una ofrenda e instalaría un altar para mi madre cuando le llegó su hora. Tanto la historia como el altar sirvieron el mismo propósito: claridad y transformación en una época en que mi espíritu se estaba muriendo.

Mija, soy yo, háblame cuando te despiertes", era un mensaje que mi amigo, José de Lara, había dejado en mi contestadora telefónica. Pero cuando escuché esa palabra "mija", un dolor oprimió mi corazón. Mi padre fue el único que me llamó así jamás. Dado que la muerte de mi padre era tan reciente, la palabra me abrumó y me llenó de dolor.

"Daughter", *"my daughter,"* *"daughter of mine"* en inglés son a comparación tiesas y torpes, y no tienen nada que ver con la intimidad y el calor de la abreviatura de "mi hija" a "mija". *"Daughter of my heart"*, hija de mi corazón, quizá. Tal vez una traducción más acertada de "mija" sea "te quiero".

Tras la muerte de mi padre el hilo que me conecta a mi otro yo, a mi otra lengua, se cortó. El español me vincula a mis antepasados, pero particularmente a mi padre, un mexicano de nacimiento

que se convirtió en un ciudadano estadounidense al servir en la Segunda Guerra Mundial. Mi madre, que es mexicoamericana, aprendió español a través de este hombre, al igual que yo. Por siempre después, cada palabra dicha en ese idioma está indeleblemente conectada a él. ¿Puede existir un idioma personal para cada ser humano? Quizá todas las lenguas sean así. Quizá ninguna.

El español de mi padre, particular a una época y un lugar, ha desaparecido, y los hombres de esa época se han ido o están por irse: Don Quijote con un martillo o un pico. Cuando hablo en español, es como si estuviera oyendo a mi padre de nuevo. Es como si él viviera en ese idioma, y me convierto en él. Digo frases anticuadas que fueron parte de su mundo. Te echo un telefonazo. Quiúbole. Cómprate tus chuchulucos. ¿Ya llenaste el costalito? Que duermas con los angelitos panzones.

Hay almacenados en el español de mi padre, de la manera en que una araña pueda estar sellada dentro del ámbar, una época y un lugar justo fuera del alcance, pero que puedo sostener a la altura de la vista para hacer el mundo más dorado. Intrínseca en el español mexicano hay una manera de ver todas las cosas en el cosmos, pequeñas o grandes, como si fueran sagradas y estuvieran vivas. Puede que las lenguas indígenas hayan desaparecido, pero no el punto de vista indígena. Esta sensibilidad autóctona se transpone al inglés que yo escribo.

Como escritora, sigo analizando y reflexionando sobre el poder que las palabras tienen sobre mí. Como siempre, me fascina cómo aquellos de nosotros que vivimos en culturas múltiples y las zonas intermedias estamos bajo el hechizo de palabras dichas en el lenguaje de nuestra infancia. Después de que un ser amado muere, tus sentidos se sobre sensibilizan. Quizá sea por eso que a veces huelo la colonia de mi padre en un cuarto donde nadie más lo percibe. Y por qué las palabras que una vez di por sentadas de pronto adquieren nuevos significados.

Cuando quiero dirigirme a un niño, a un amante o una de mis muchas pequeñas mascotas, uso el español, ese idioma lleno de afecto y familiaridad. Sólo puedo compararlo con el olor a tortilla frita de la casa de mi madre o la manera en que el pelo de mis hermanos huele a Alberto VO5 cuando los abrazo. Hace que casi me den ganas de llorar.

El idioma de nuestros antepasados nos conecta a nuestro centro, a quiénes somos y nos dirige hacia la obra de nuestra vida. Algunos de nosotros hemos perdido el camino, desconectados de esta sabiduría y poder esenciales. Algunas veces nuestros padres o abuelos se vieron tan perjudicados por una sociedad que los maltrataba por hablar su lengua natal, que creyeron que podrían salvarnos de ese odio al enseñarnos a hablar únicamente en inglés. Aquellos de nosotros, entonces, vivimos como cautivos, enajenados de nuestra propia cultura, descentrados, por siempre a la deriva como fantasmas con una espina en el corazón.

Papá en el hospital, octubre de 1996

Cuando mi padre estaba enfermo, lo miré disolverse bajo mis ojos. Cada día el cáncer que se lo estaba carcomiendo le cambiaba la cara, como si él se estuviera desmoronando desde dentro y convirtiéndose en una calavera de azúcar, del tipo que se pone en los altares del Día de los Muertos. Debido a que tengo el sueño ligero, me tocaba el turno de noche. Papá siempre se despertaba varias veces por la noche atragantándose con su propia bilis. Yo me apresuraba para sostener un tazón en forma de riñón bajo sus labios, esperaba a que terminara de vomitar, su cuerpo increíblemente exhausto. Cuando él acababa, yo enjuagaba una toalla en agua fría y le limpiaba la cara. "Ya estoy cansado de vivir", decía él con la voz entrecortada. "Sí, ya lo sé". Pero el cuerpo se tarda en morir. He razonado desde entonces que el propósito de la enfermedad es dejar ir. Para que los vivos dejen ir a los moribundos y para que los moribundos dejen ir a esta vida y viajen adonde deben.

Siempre que alguien habla de la muerte habla de la pérdida inevitable, pero nadie menciona la ganancia inevitable. Cómo cuando pierdes a un ser querido, de pronto tienes a un aliado espiritual, una energía al otro lado que está contigo siempre, que está contigo con sólo mencionar su nombre. Sé que mi padre me cuida mucho más a fondo de lo que alguna vez pudo mientras vivía. En vida, yo tenía que hablarle de larga distancia para ver cómo seguía y, si él no estaba viendo una de sus interminables telenovelas, hablaba conmigo. Ahora, sencillamente lo convoco con mis pensamientos. Papá. De inmediato siento su presencia rodearme y calmarme.

Sé que esto suena como algo exagerado de la nueva era, pero en realidad es de la vieja era, tan antiguo y maravilloso y lleno de tal sabiduría que hemos tenido que volverlo a aprender, porque nuestra mala educación nos ha enseñado a tildarlo de "superstición". He tenido que redescubrir la espiritualidad de mis antepasados, porque mi propia madre era una cínica. De modo que esta volvió a mí una generación después, aprendida pero no olvidada en algún recuerdo de mis células, en mi ADN, en la palma de mi mano que está hecha de la misma sangre que mis antepasados, en las transcripciones que leo de la gran visionaria mazateca María Sabina García, de Oaxaca.

A veces una palabra puede ser traducida a algo más que un significado; es una forma de ver el mundo y, sí, incluso una forma de aceptar aquello que otros podrían no percibir como hermoso. "Urraca", por ejemplo, en lugar de "*grackle*". Dos maneras de ver un mismo pájaro. Uno canta, el otro cacarea. O "tocayo/a", tu gemelo en nombre, y, por tanto, tu amigo. O el hermoso "estrenar". No hay ninguna palabra en inglés para la emoción y el orgullo de ponerse algo nuevo. El español me da una manera de verme a mí misma y al mundo de una forma nueva. Para aquellos de nosotros que vivimos entre mundos, nuestra labor en el universo es ayudar a otros a ver con más que con sus ojos durante este periodo de transición caótica. Nuestro trabajo como ciudadanos biculturales es ayudar a otros a volverse más visionarios, para ayudarnos a todos a examinar nuestros dilemas de múltiples maneras y llegar a soluciones creativas, si no todos pereceremos.

Cuando ves un esqueleto, ¿qué significa para ti? ¿Anatomía? ¿Culto a Satanás? ¿Música de rock pesado? ¿Halloween? O quizá significa: Muerte, eres parte de mí, te reconozco, te incluyo en mi vida cotidiana, incluso me burlo de ti. Hoy, en el Día de los Muertos, honro y recuerdo a mis antepasados, a aquellos que han muerto y me preceden.

Pienso en aquellas dos mujeres valientes en Amarillo* que perdieron sus empleos por hablar español y cuestiono el miedo que sintió su empleadora. ¿Creyó que hablaban de ella? Acaso no comprendió

* En 1997 en Amarillo, Texas, una pequeña agencia de seguros contrató a dos empleadas que eran bilingües en inglés y español para tratar con sus clientes de habla hispana. Su jefa se puso paranoica cuando ellas hablaban en español entre sí y les pidió que juraran que hablarían únicamente en inglés, a lo cual se rehusaron. Las despidieron. Las dos mujeres se sintieron insultadas, mientras que su jefa sintió que ellas "se secreteaban a nuestras espaldas".

que hablar en otro idioma es otra manera de ver, una manera de estar a gusto con la otra persona, de decir a tu escucha: "Te conozco, te respeto. Eres mi hermana, mi hermano, mi madre, mi padre, mi familia". Si ella hubiera aprendido español —o cualquier otro idioma— ella hubiera estado admitiendo: "te quiero y te respeto, y me gusta dirigirme a ti en el idioma de aquellos a quienes quieres".

Este Día de los Muertos hago una ofrenda para honrar la vida de mi padre y honrar a todos los inmigrantes en cualquier parte que llegan a un país nuevo llenos de grandes esperanzas y miedos, arrastrando consigo a su querida patria en su idioma. Mi padre se me aparece ahora en las cosas que están más vivas, que me llegan o tratan de llegar a mí a través de su belleza, ternura y amor. Un tazón de naranjas en mi mesa de la cocina. El fuerte olor de una lata llena de xempoaxóchitl para el Día de los Muertos. Las primeras notas del bolero "Farolito" de Agustín Lara. El cielo nocturno lleno de estrellas húmedas. "Mija", me dicen y mi corazón se desborda de alegría.

Una fotografía de mi padre durante una procesión
del Día de los Muertos, en San Antonio

Un poquito de tu amor

No soy una escritora que pueda entregar trabajos a tiempo. Me duele que así sea, pero así son las cosas. Admiro a los periodistas que pueden sacar rápidamente un artículo para marcar una diferencia visible durante eventos globales. Elena Poniatowska, Studs Terkel, Eduardo Galeano, Alma Guillermoprieto, Gabriel García Márquez. Pero yo no soy de esa estirpe. A veces la gente se me acerca y me pregunta: "¿Por qué no escribe sobre...?". No puedo explicar mi proceso. Sólo sé que cuando me dan un tema, lo único que puedo hacer es tratar, pero no doy ninguna garantía. "Es como pescar", explico. "Me puedo levantar temprano, remendar las redes, preparar mi bote y remar a un área donde haya bastantes peces, pero eso no garantiza mi pesca. Soy sólo una pescadora, no la creadora de los peces. Es cuestión de esperar". De modo que cuando esta historia tiró de mi sedal, me quedé sorprendida cuando la saqué del agua y me sentí agradecida cuando apareció en el diario *Los Angeles Times*, el 22 de febrero de 1998.

Cuando mi padre murió el año pasado, un pedacito de mi corazón murió con él. Mi padre, ese supremo tonto sentimental, amado por mis hermanos y por mí hasta el exceso en una especie de fiebre rococó desmesurada, toda arabescos y espirales de azúcar, tan acaramelada y encantadora como los románticos boleros mexicanos que a él le gustaba cantar. "Dame un poquito de tu amor, siquiera, dame un poquito de tu amor...". "Música de

Mi papá y yo bailando en la boda de mi hermano, Alfredo hijo

mi época", decía papá con orgullo, y yo casi podía oler las gardenias y la pomada Tres Flores para el cabello.

Antes de que mi padre muriera, era la simple cordialidad lo que me inspiraba a decir "lo siento" cuando reconfortaba a los dolientes. Pero, tras su muerte, siento que he sido iniciada en la familia de la humanidad. Me siento conectada a todas las muertes y a sus sobrevivientes. "Lo siento", lo cual se traduce simultáneamente como *"I am sorry"* y *"I feel it"*.

Lo siento. Desde su muerte, siento la vida más intensamente.

Mi padre, nacido bajo el águila y la serpiente de la bandera mexicana, murió bajo una manta de las estrellas y las barras, como veterano de la Segunda Guerra Mundial. Como la mayoría de los inmigrantes, él era excesivamente patriota, excepcionalmente trabajador y, sobre todo, un gran creyente en la familia. Sin embargo, a menudo me doy cuenta de que la vida de mi padre no cuenta, que él no forma parte de la "Historia", que él no es el "americano" del que hablan los políticos cuando hablan de los "americanos".

Pensé en mi padre particularmente durante estas fiestas. El día antes de Navidad, 1997, cuarenta y cinco mayas desarmados fueron asesinados mientras rezaban en una capilla en Acteal, Chiapas, entre ellos veintiún mujeres y catorce niños. El presidente mexicano se escandalizó y prometió hacer pagar a todos los responsables. Los mexicanos no son tontos. Todo el mundo sabe quién es responsable, pero sería demasiado pedir que el presidente mexicano se despidiera a sí mismo.

Sé que las muertes en Chiapas están ligadas a mí aquí en Estados Unidos. Sé que la masacre está conectada con sacar a los indígenas de sus tierras, porque aunque la gente sea pobre, la tierra es muy rica, y el gobierno lo sabe. Y la deuda mexicana está conectada a mi alto nivel de vida, y la presencia militar es necesaria para calmar a los inversionistas de Estados Unidos, y estas deudas no son buenas, hacen daño, dan pena y se acaba por llorar.

He estado pensando y pensando en todo esto desde mi casa en San Antonio, tan nerviosa como alguien con comezón. ¿Cuál es mi responsabilidad como escritora a la luz de estos acontecimientos? ¿Como mujer, como mestiza, como ciudadana estadounidense que vive en varias fronteras? ¿Qué hacer como la hija de un hombre mexicano? Papá, dime. Ayúdame, ándale. Lo siento. He estado buscando una respuesta. En Navidad, reverbero como una campana.

En la casa paterna, debido a que mi padre era como era —"*Hello, my friend*"— nuestras cenas de Navidad eran un festín global, una lección de Historia, diplomacia y la capacidad del estómago de hacer a un lado agravios raciales. Nuestros días festivos eran un híbrido único de culturas que quizá sólo podría darse en una ciudad como Chicago, una abundancia contribuida por la familia y los matrimonios mixtos, los barrios multiétnicos y la diversidad de los empleados de la tapicería de mi padre.

Hasta hoy, una cena navideña típica en casa consiste antes que nada de tamales, ese manjar indígena que nos ciñe a la preconquista. Veinticinco docenas para nuestra familia son lo típico, los populares tamales rojos, los picosos tamales verdes y los tamales de dulce rosados rellenos de mermelada y pasitas para los niños. Algunas veces son la tanda casera de mi madre: "¡Este es el último año que los hago!". Pero con mayor frecuencia se pedían por adelantado a alguien dispuesto a meterse esa soba, más recientemente la excelente tamalera de las Carnicerías Jiménez sobre North Avenue, quien opera de un carrito del supermercado.

La contribución anual de mi padre era su famoso bacalao, un guiso de origen español, el cual preparaba de pie en un sólo lugar como un chef de la TV: "Ve por un plato hondo, tráeme el delantal, alguien deme los tomates, lávalos primero, pásame el cuchillo y la tabla de picar, ¿dónde están las aceitunas?".

Cada año estamos tan mimados que esperamos —y recibimos— una charola de Navidad de *pirogi* y salchicha polaca hechos en casa, a veces cortesía de la familia de mi cuñada, los Targonski, y a veces de las costureras polacas de mi padre, quienes no saben ni una palabra de inglés. También servimos pays de carne jamaiquinos, un legado de Daryl, quien fuera el restaurador de muebles de mi padre pero hace mucho que se fue. Y, finalmente, nuestra cena navideña incluye la grandiosidad italiana de la Panadería Ferrara de nuestro antiguo barrio sobre Taylor Street. Imagínate si un pastel se viera como el Vaticano. Hemos comido repostería de Ferrara desde que yo estaba en el tercer grado.

Pero esta no es una cena formal al estilo Norman Rockwell, con todos sentados a la mesa. Comemos cuando nos inspira el hambre o el antojo, literalmente "delante del ojo". Todo el día las ollas sobre la estufa están humeando y el microondas pitando. Es común empezar con un plato de postre de *cannoli*, mientras alguien a tu lado está terminando de desayunar unos tamales de puerco metidos en un bolillo, una invención mestiza gracias a la intervención francesa.

La Historia está presente en nuestra mesa. La *baguette* del desventurado emperador Maximiliano así como los tamales de maíz aztecas del continente americano, nuestra receta andaluza de bacalao, nuestras mudanzas dentro y fuera de barrios donde éramos el único corredor moreno entre comunidades de Chicago, en guerra unas con otras. Y finalmente una historia de matrimonios mixtos y de empleados que querían a mi padre lo suficiente como para compartir con nuestra familia un plato de sus delicias hechas en casa, aun si nuestros países no compartieran nada más.

Cuarenta y cinco personas han muerto en Acteal. Mi padre se ha ido. Leo los periódicos y esas pérdidas resuenan en mi corazón.

Después de la Navidad de la familia Cisneros, con unos pastelitos todavía sobre la mesa de la cocina de mi madre, en el sótano de la casa de Keeler; yo estoy de pie al extremo derecho, segunda fila.

Más de la mitad de los jóvenes mexicoamericanos están abandonando los estudios en el país —¡más de la mitad!— y la prioridad de nuestros políticos es construir cárceles más grandes. Vivo en un estado donde hay más gente condenada a muerte que en cualquier otro lugar del mundo. En Álamo Heights, el barrio anglosajón pudiente de mi ciudad, se valora el español como segundo idioma a partir del primer grado; sin embargo, en otras partes, los legisladores trabajan para demoler la educación bilingüe para niños cuyo idioma dominante es el español. A dos horas de mi casa, el ejército se está instalando bajo el pretexto de los bandidos y los narcos. Pero no soy tonta; ya sé a quién quieren mantener fuera. Lo siento.

Estoy pensando en esto mientras asisto a una conferencia sobre liderazgo para latinos entre los días feriados. No sé qué espero exactamente de esta reunión de líderes latinos, pero sé que no quiero irme sin decir algo sobre lo que pasó en Acteal. Por lo menos la comunidad latina debe reconocer que esos cuarenta y cinco forman parte de nuestra familia.

"Sí, son familia", un político de Arizona me explica. "Pero tienes que entender que, para ti podría ser un padre que ha muerto, pero para mí es un primo lejano".

¿Sería demasiado pedir que nuestros líderes lideren?

"Eres demasiado impaciente", me dice una latina, y me quedo tan atónita que no puedo responder. Comienza un karaoke alocado y un cineasta latino me sermonea: "A veces hay que jugar, y a veces hay que rabiar". Habla y habla hasta que tengo que contener las lágrimas. Después de lo que parece una eternidad, finalmente termina diciendo: "Ya sabes lo que tienes que hacer, ¿verdad?".

Y entonces caigo en cuenta, sí, *sé* lo que tengo que hacer.

Contaré una historia.

Cuando mis hermanos y yo estábamos en la universidad, mi madre se dio cuenta de que invertir en bienes raíces era la respuesta a nuestros problemas económicos. Sus planes eran modestos: comprar barato una casa desvencijada para arreglar en un barrio que representara un ingreso. Después de meses de buscar, mamá finalmente encontró algo que pudiéramos pagar, un edificio destartalado en la avenida, con una tienda que podría servir para la tapicería de mi padre y dos apartamentos encima que pagarían la hipoteca. Finalmente, mi madre sería una casera respetable.

Casi de inmediato, la familia del tercer piso comenzó a pagar la renta tarde. No era un departamento caro, cien dólares, pero cada primer día de mes, les faltaban cinco o diez dólares y entregaban la renta con la promesa de pagar el saldo el siguiente día de pago, lo cual cumplían. Cada mes era lo mismo: la renta menos unos cuantos dólares que prometían para el próximo viernes.

A mamá le chocaba que se aprovecharan de ella. "¿Qué creen, que somos ricos, o qué? ¿Que no tenemos cuentas que pagar?". Mandó a papá, quien se llevaba bien con todo el mundo. "Ve y habla con esa familia, ¡ya estoy harta!".

Así que papá fue y regresó un poco después, sin hacer aspavientos.

"Ya lo arreglé", dijo papá.

"¿Ya? ¿Cómo? ¿Qué hiciste?".

"Les rebajé la renta".

Mi mamá estuvo a punto de hacer un berrinche. Hasta que papá le dijo: "¿Recuerdas cuando diez dólares significaban mucho para nosotros?".

Mamá se quedó en silencio, como si por algún milagro lo recordara. ¿Quién se hubiera imaginado que papá sería capaz de algo tan genial? Él no era por naturaleza un hombre listo. Pero ahora me inspira a ser creativa de maneras que nunca antes anticipé.

No quiero hacer parecer a mi padre como más de lo que fue. No fue ningún Gandhi; vivía aterrado de aquellos que eran diferentes a él. Nunca leía el periódico y era lo suficientemente ingenuo como para creer en la Historia según la contaba la televisión. Y, como mi madre me sigue recordando, tampoco era un marido perfecto. Pero era bondadoso y, en algunas cosas, extraordinario. Era un padre maravilloso.

Quizá he buscado el liderazgo en los líderes equivocados. Quizá lo que se necesita en este nuevo año sean unas cuantas ideas descabelladas. Algo absurdo y genial como mi padre, cuya generosidad me enseña a ensanchar mi corazón.

Quizá sea hora de rebajar la renta.

"Dame un poquito de tu amor...". Desde que comenzó el año, esa canción me ha estado dando vueltas en la cabeza; mi padre no ceja. Lo siento.

Papá, Buda, Alá, Jesucristo, Yavé, la Virgen de Guadalupe, el Universo, el Dios que llevamos dentro, ayúdennos. Dennos un poquito de su amor, siquiera, dennos un poquito de su amor, nomás...".

Eduardo Galeano

Me pidieron que escribiera un prólogo para la reimpresión de *Days and Nights of Love and War* (*Días y noches de amor y de guerra*). ¿Quién era yo para presentar a Galeano? Se celebra a Galeano en el continente americano y más allá. Exiliado dos veces, de su patria en Uruguay y luego de Argentina debido a sus escritos políticos, escribió *Días y noches* mientras vivía como refugiado en España. El presidente Hugo Chávez le obsequió una copia de *Las venas abiertas de América Latina* al presidente Barack Obama, sin duda para que los Estados Unidos vieran la historia desde el punto de vista de esa otra América, y eso despertó de su estupor a todos quienes nunca antes habían oído hablar de Galeano. Después de batallar con la tarea, por fin me di cuenta de que la mejor manera de superar mi bloqueo mental como escritora era crear viñetas inspiradas en la misma forma que era la favorita de Galeano. En el mismo año en que escribí el prólogo, 1999, la Fundación Lannan le otorgó a Galeano el Premio a la Libertad Cultural en reconocimiento a la "extraordinaria y valiente labor [que] celebra el derecho humano a la libertad de la imaginación, la investigación y la expresión".

Mientras el libro original en inglés se encontraba en producción, Galeano murió, el 13 de abril de 2015.

He estado en presencia del hombre a quien considero mi maestro sólo un puñado de veces y siempre demasiado brevemente. En Boston compartimos el escenario. Era un viejo teatro, como aquel en donde le dispararon a Lincoln. No había micrófono, o si lo había, no funcionaba. Tuve que gritar para que me escucharan. Leí como si estuviera enojada. Era el único modo. En mi mente una vocecita me dice que el escritor Eduardo Galeano está entre el público, escuchándome. Ese pensamiento hace que se me hiele la sangre.

En la primavera de 1991 mientras yo daba clases en Albuquerque, me pidieron que te acompañara todo un día. Querías ir a Acoma y necesitabas de un chofer; no manejas. A mí no me gusta manejar, pero si me hubieras pedido que te llevara en coche a tu hogar en Montevideo, Uruguay, hubiera dicho que sí. Era un camino recto hacia el oeste, a esa mítica ciudad en lo alto de una meseta. ¡Pobre Eduardo! Parloteé como un mono todo el trayecto. Debes haber estado exhausto. No es tan cansador hablar como escuchar.

Creo que ciertas personas, eventos y libros llegan a ti cuando deben, en su preciso momento en la historia. Tú llegaste enviado por la "Santa Coincidencia", como dice la poeta Joy Harjo. La Santa Coincidencia me condujo primero a tu libro *Memoria del fuego* en 1987. Ese fue el año en que me quería morir y sí, me morí, pero la Divina Providencia me resucitó.

Te había conocido una vez antes cuando estabas firmando libros, pero eso sólo fue brevemente. La fila serpenteaba tan perezosamente como el Río Grande. Cuando por fin te vi, me di cuenta de por qué. Hablas con todo el mundo. Todo el mundo. No era ningún parloteo sino un diálogo. Junto a tu nombre dibujabas figuras de un cochinito y una margarita. Abrazabas a la gente; a algunos incluso ¡los besabas!

En ese entonces cometí el error, como sólo los ingenuos pueden cometerlo, de confundir los libros con el autor. Cuando te encontré de nuevo este año, me da gusto decir que ya era más sabia.

El libro es la suma de nuestro máximo potencial. Los escritores, ay de mí, somos borradores.

Esta vez pasamos el día manejando por mi ciudad en una especie de búsqueda del tesoro, tras varios artículos que te habían encargado llevar de vuelta a Montevideo. Uno de ellos me hace reír: una piñata plegable, una que se apachurre para poder transportarla fácilmente y que luego pueda abrirse y rellenarse. Estás seguro de que encontraremos una si tan sólo la buscamos. No me atrevo a decirte que eso no existe, excepto en la mente de poetas e inventores.

Cuando leo tu obra, lo que me parece notable es mi incapacidad para clasificar lo que estoy leyendo. ¿Acaso es Historia? Y de ser así, me parece del mejor tipo, llena de chismes, llena de historias. Tus libros se leen como una fábula, un cuento de hadas, un mito, un poema, un diario, pero definitivamente no los renglones aburridos de la escritura histórica. Y entonces, lo comprendo. Eres un acróbata, Eduardo. Eres un cuentacuentos.

Tienes una lista de cosas que comprar. Vamos a mi tienda de antigüedades favorita donde no compras nada y me observas comprarlo todo. Paramos en un supermercado donde compras latas de jalapeños para llevar a casa. Las curitas y las notas Post-it fluorescentes te llaman la atención; también las compramos. Corremos para encontrar discos compactos para tus hijos, tequila para tu representante y a un sastre que te haga la bastilla del pantalón vaquero. Comemos tacos para el desayuno en la Taquería No Que No.

Bajo tu propia admisión te describes como un cronista, pero eso no dice exactamente lo que haces, lo que das a escritores como yo. Hemos compartido reflexiones sobre lo apabullante que es escribir, y es un gran alivio escuchar a alguien más decir lo arduo que es redactar una oración, un párrafo corto, reescribirlo treinta, cuarenta veces. Me da ánimo escuchar cómo cada libro se vuelve más difícil para ti. Porque con cada libro tus estándares son más altos.

Carranza's Meat Market es donde paramos después por barbacoa al estilo Tex-Mex. Te divierte ver las vías del tren al otro lado de la calle. "Qué justicia poética", dices. "El presidente Carranza fue acosado por los zapatistas que bombardeaban las vías del tren, y ahora aquí las vías del tren al otro lado de la calle acosan a los descendientes de Carranza".

———

Pienso, cuando te veo, ¿cómo lo lograste, seguir siendo humano, después de todo? ¿Qué resta después de tantos adioses, después de todo? ¿Después de mucho dolor, mucho miedo? No soy una escritora en el exilio. Nunca me han exiliado de nada, excepto quizá de uno o dos bares.

No me puedo imaginar estar exiliada.

———

Busco y no puedo encontrarte en los libros que escribes. Haces una danza del abanico a la Sally Rand. Sólo te encuentro en este libro, *Días y noches de amor y de guerra.* Sólo allí capto destellos tuyos refractados en el espejo de otras caras, otros sueños, historias de otros soñadores, historias de otros cuentacuentos.

———

Escribes: "Pocos hombres conocí que hubieran atravesado las pruebas del dolor y la violencia, rara hazaña, con la ternura invicta".

———

No hablas de ti, Eduardo. Hablas de mi casa, mis perros, el libro que estoy escribiendo, y a veces por una brizna de momento tú te mencionas. Pero sólo por inferencia. De camino a hacer unos mandados, dices: "No esperaba ver tantos árboles y colinas aquí. San Antonio es muy agradable. Se ve como un buen lugar donde caminar". "Ah, ¿te gusta caminar?". "Camino todo el tiempo", dices. "Cuadras y cuadras". Y trato de imaginarte caminando por las calles de Montevideo, a través de Buenos Aires, por Calella de la Costa, España, donde has escrito este libro.

Te imagino caminando por todas las ciudades donde has vivido exiliado de tu última vida. Te imagino tomando en bares y comiendo como lo haces aquí conmigo, con gusto. Me hago una idea de quién eres al compartir cerveza y comida contigo. Te veo a bordo de trenes y autobuses. El mesero llena tu vaso de cerveza, una mujer te da el cambio. La gente te habla sin saber quién eres. A la gente le gusta hablar contigo porque a ti te gusta escuchar. Eres un escritor, eres un testigo.

Una vez me dijiste que un escritor sólo puede escribir acerca de la vida si ha experimentado la muerte. No hablabas de ti, pero pensé en ti y tu primera muerte a los diecinueve registrada en *Días y noches de amor y de guerra*. Tu cuerpo ya estaba en la morgue, hasta que alguien, "Santa Coincidencia" quizá, de pura casualidad notó que aún respirabas. A partir de esa muerte y las muertes y resurrecciones posteriores, escribes con vida. Una manera de conquistar a la muerte.

Tu memoria me sorprende. Tu atención a los detalles. Citas poemas tan fácilmente como la Historia. De camino a Acoma tu cara se frunce en varias X cuando me interrogas sobre un cuento mío. "¿Qué quisiste decir ahí: 'Creo que el amor es eterno. Aun si la eternidad dura sólo cinco minutos'?". Y me explico. "Ah", dices, "¿es todo?". Silencio. Entonces agregas: "Amas como un hombre".

El amor resucita a los muertos vivientes, ¿no crees? Para otros, es la risa. Para los escritores, la pluma es nuestra salvación. Para algunos, la aguja, supongo, o la botella, o quizá ese inusitado elixir: la poesía. No sé cómo será para los demás, es decir, para los que no tienen la palabra. Tan sólo puedo imaginarlo. Para mí, existen los escritores como tú, que me recuerdan por qué escribo.

———

"Y, ¿qué hay del amor, Eduardo?".

"¿El amor? El poeta brasileño Vinícius de Moraes lo dice mejor. No es infinito pero es infinito mientras dura".

Hago que me lo escribas, y lo haces, agregando tu clásico cochinito.

———

Entramos a una tienda llena de piñatas. Cientos de piñatas. Piñatas en forma de superhéroes y caricaturas, de soldados y de chihuahueños, pero ninguna piñata plegable. Por lo menos tú y yo estamos de acuerdo. Estas piñatas están bien feas. Las mejores son las antigüitas. Las que tienen forma de estrella.

———

Me enseñas a permanecer fiel a la palabra. A reverenciar la sílaba como lo hace un poeta, a permanecer atenta a la escritura como si la propia vida, la vida de varios, dependiera de ello.

Eso es lo que quiero. Creer que uno puede escribir para cambiar el mundo.

Para cambiar el mundo.

———

No creo, Eduardo, que seas como afirmas un ateo. Crees en la "Santa Coincidencia", en el poder del amor y en los brujos: esa religión llamada superstición por los no conversos y espiritualidad por los devotos. En breve, crees en la humanidad.

———

En esa primera visita a Albuquerque te costó trabajo leer la traducción al inglés de tu obra. En una viñeta en particular, te obsesiona la traducción al inglés, cómo no tiene la misma veracidad del original en español. "Tenemos que revisarlo", ruegas. Haces que me siente contigo en el aeropuerto de Albuquerque y me ponga a trabajar. Insistes. Las pequeñas arrugas de tu frente no desaparecen hasta que hemos escudriñado la viñeta y revisado y revisado y revisado.

Después de escucharte hablar, no dormimos durante días. A algunos de nosotros nos gustaría escribir como tú. A algunos de nosotros nos gustaría ser tú. Nuestro capricho es risible. Productores de televisión, periodistas, profesores universitarios, cajeros, abogadas lesbianas, dentistas, cantantes de ópera, estudiantes, escritores, maestros jubilados, enfermeras, pintores gay y arquitectos hetero. Estamos enamorados de tus palabras, de la voz profunda que las enuncia, de la manera en que hablas inglés, la manera en que hablas español.

La admiración es una poción de amor.

En *Días y noches de amor y de guerra*, escribes: "He conocido la maquinaria del terror desde adentro y el exilio no siempre ha sido fácil. Podría celebrar que al final de tanta pena y tanta muerte, aún mantengo viva mi capacidad de sorprenderme ante cosas maravillosas, y mi capacidad para la indignación ante la infamia, y que sigo creyendo el consejo del poeta que me dijo que no me tome en serio nada que no me haga reír".

Una mesa llena de artistas y poetas de San Antonio se congrega en el restaurante Liberty Bar para pedir un bis de Eduardo después de su lectura. Un pintor sin un centavo saca como un conejo de un sombrero un regalo que te ha hecho esa noche. Tuvo que correr a casa para hacértelo.

¡Es una piñata plegable!

¡Estás encantado! Te ríes como un niño. Codicioso y agradecido.

———

Escribes: "Pensé que conocía unas cuantas historias buenas para contar a los demás, y descubrí, o confirmé, que escribir era lo mío. Muchas veces había llegado a convencerme de que ese oficio solitario no valía la pena si uno lo comparaba, pongamos por caso, con la militancia o la aventura. Había escrito y publicado mucho, pero me habían faltado huevos para llegar al fondo de mí y abrirme del todo y darme. Escribir era peligroso, como hacer el amor cuando se lo hace como debe ser".

———

Eduardo, me encantan tus libros porque escribes como una mujer.

Infinito Botánica

Hay tantas historias acerca de Franco Mondini-Ruiz. Algunas las inventó él mismo, y otras fuimos lo suficientemente afortunados como para haberlas presenciado, y aun otras se han convertido en leyenda en San Antonio. Franco es en parte artista, en parte un excéntrico, en parte un genio, en parte un payaso, en parte un demonio. A veces todo a la vez. Cuando su colección de esculturas e historias fueron presentadas en forma de libro, *High Pink: Tex-Mex Fairy Tales* (Gran rosado: cuentos de hadas tex-mex), me pidió si podía incluir un poema que yo le había escrito años atrás. Pero yo le pregunté si también podía escribirle la introducción. Me sentía agradecida; Franco y antes de él Danny López Lozano eran parte del ámbito artístico de San Antonio que me hizo sentir, finalmente, en casa. Sus espectáculos improvisados de arte de los años noventa eran reuniones revolucionarias, tremendamente inclusivas, y derrumbaron los muros del *apartheid* en cuanto a la clase, el color y la sexualidad que habían existido en San Antonio por generaciones. Para cuando terminé esta introducción el 11 de septiembre de 2004, la fiesta indudablemente había terminado.

Amor, dinero y salud, y el tiempo para gozarlos.

—DICHO MEXICANO PINTADO A UN COSTADO DEL EDIFICIO DE INFINITO BOTÁNICA, SOUTH FLORES STREET, SAN ANTONIO, TEXAS

Conocí a Franco Mondini-Ruiz en la cocina de su casa en Geneseo Street. En ese entonces él vivía la vida de un exitoso abogado. Yo tenía las manos en agua jabonosa y me encontraba furiosamente lavando platos al momento en que él asomó la cabeza por la puerta de la cocina y se presentó. Sus huéspedes nos habían invitado para una fiesta *in promptu* y recuerdo nuestro pánico al tratar de limpiar de nuevo la casa antes de que Franco llegara de viaje.

No había necesidad de preocuparse, muy pronto me enteraría. La casa de Franco siempre estaba llena de extraños. Él nunca cerraba las puertas con llave. A menudo, muchachos hermosos se quedaban dormidos allí y con más frecuencia muchachos hermosos lo estafaban. Vivía como en una película italiana: parte Fellini, parte Pasolini. Esto era parte del Mundo Mondini, un capítulo de mi vida que seguiría su curso durante la década de los noventa.

Entrar a la vida de Franco era como caer en la madriguera de conejos de *Alicia en el país de las maravillas*. La casa de Geneseo era famosa por sus fiestas donde podrían hacer acto de presencia viejitas acaudaladas en lamé dorado, así como travestís de seis pies de altura y un desfile de pollos vivos.

Pero la hazaña más notable de Franco sería la alquimia de Infinito Botánica, una ruinosa tienda de magia al estilo mexicano llena de remedios populares así como de gran arte. Este era el único lugar de la ciudad donde una persona de la clase trabajadora podía codearse con un millonario. Las señoras ricas de Houston hacían sus compras junto a vatos tatuados, rorras al estilo Botero de los bares de lesbianas del lado sur, ciudadanos mexicanos del otro lado impecablemente vestidos con ropa de diseñador, mexica-

Franco en su gloriosa botánica

nos indocumentados sudorosos de la ardua labor y el cura católico del barrio. Todo el mundo era bienvenido. En cierto sentido, era como una de las fiestas de Franco, *high low*, o *high* rascuache, lo sofisticado con lo rascuache.*

El antecesor de esta amanerada forma de vivir era un hombre que nos había inspirado a todos y nos había presentado entre sí. Danny López Lozano de la Tienda Guadalupe Folk Art. Fue Danny quien ocasionó que una generación de artistas chicanos volviera a mirar lo bueno, bonito y rascuache de San Antonio y lo transformara en glamur. Las reuniones en su tienda sobre South Alamo Street, así como las fiestas en su casa, se convirtieron en nuestro salón. Si alguien era nuestra madre, sería Danny, y pertenecíamos devotamente a la Casa de Guadalupe.

* "*High* rascuache" viene de la brillante imaginación del crítico de arte Tomás Ybarra-Frausto, quien acuñó la frase para nombrar objetos que son a la vez chidos y glamorosos, como una Virgen de Guadalupe de yeso recubierta de cristales de Swarovski.

Cuando Danny murió de cáncer de la garganta en 1992, recayó en otros llevar la antorcha. Franco abrió Infinito Botánica, en South Flores Street. Otros artistas lo siguieron, viviendo en el piso de arriba o en la casa de al lado, de manera que cuando ocurría un evento de arte, eso involucraba varios estudios abiertos así como el espacio intermedio. Cualquier cosa podría suceder y a menudo sucedía. Las actuaciones improvisadas sobre la acera se desbordaban hacia la calle. Los asados en el patio trasero ofrecían festines más suntuosos que los de Moctezuma. Una erupción espontánea de bigotes de Pancho Villa pintados en las mujeres y cejas de Frida en los hombres.

Algunos de nosotros ya no nos dirigimos la palabra, pero en una época no sólo hablábamos, cantábamos arias. Cualquier cosa que inspirara a uno de nosotros, de seguro inspiraba a los demás. Una erupción de arte budista. Altares del Día de los Muertos. Noches de parecidos a María Callas. Paquita la del Barrio. ¿Ay, cariño, quieres que te lo cuente?

Franco nos enseñó a jugar. En el Liberty Bar, el nombre no era sólo un nombre, era un estilo de vida. Era posible que compitiéramos por los mismos muchachos: "Te lo paso después de mí". Una pelea podría hacer erupción sobre el mole: del frasco o hecho a mano. Pero veíamos el mundo a través de los mismos lentes color de rosa llamados nostalgia por México.

Franco me enseñó a ver la belleza en pastelitos *cupcakes* color de rosa, copas de plástico para champán llenas de agua de colores, pan dulce mexicano adornado de artefactos precolombinos. Todavía tengo el juego de sala estilo María Antonieta que compré en Infinito, carcomido y relleno de pelo de caballo, sillas tan incómodas que no son aptas para sentarse.

Eso fue entonces. Antes del 11 de septiembre. Antes de que empezaran a molestarnos por parecer como los árabes y judíos que somos. Éramos artistas escapistas dentro de nuestros escapes, buscando un atajo hacia Berlín o Buenos Aires, tratando de hacer *ultra glam* con lo que teníamos a la mano. Aquellos tiempos. Como una borracha lo dijo tan acertadamente en la fiesta final de Mundo Mondini: "Es el finito del infinito".

El pleito

Mis amigos son sumamente competitivos. Después de que yo escribiera una introducción para el libro del artista Franco Mondini-Ruiz *High Pink: Tex-Mex Fairy Tales* (Gran rosado: cuentos de hadas tex-mex), Rolando Briseño me pidió que escribiera algo para su próximo libro de arte *Moctezuma's Table* (La mesa de Moctezuma), que contenía sus pinturas acerca de la comida. No soy una escritora que pueda escribir bajo pedido, pero le dije que lo intentaría. Es un asunto engañoso; cuando un amigo te pide que escribas algo sobre él, es como pedirte que le hagas un retrato. Le advertí a Ronaldo: "Tal vez no sea un cuadro bonito".

Moctezuma's Table: Rolando Briseño's Mexican and Chicano Tablescapes (La mesa de Moctezuma: Paisajes sobre una mesa mexicanos y chicanos de Rolando Briseño) fue publicado por Texas A&M University Press en 2010.

Fue la noche en que Astrid Hadad cantó en el Teatro Guadalupe de San Antonio. Dio un fastuoso espectáculo, completo con unas bandoleras sobre sus chichis encorsetadas, pirámides y cactus de papel maché, falda de lentejuelas, una cartuchera, pistolas que echaban balas de salva y chistes que daban en el blanco a ambos lados de la frontera. Vaya, fue lo mejor que pasó por San Antonio en mucho tiempo. Todavía hablamos de esa noche incluso ahora, aunque fue hace años.

Astrid Hadad es una artista de *performance* libanesa mexicana del D.F. (Ciudad de México). Una vez nos tomaron una foto a ella

Mi nariz es la de la izquierda

y a mí nariz a nariz, porque podríamos ser gemelas, no te miento, ella con su perfil libanés y yo con el mío azteca árabe.

Después de su *show*, invitamos a Astrid al único restaurante abierto las veinticuatro horas que no da pena ajena, Mi Tierra. Con sus charolas azucaradas de pan dulce y dulces mexicanos, suficientes lucecitas parpadeantes como para iluminar una ciudad, banderas de papel picado revoloteando sobre tu cabeza, músicos ambulantes y un salón donde es Navidad todo el año, es tan teatral como Astrid.

Fue en el centelleante Salón Navidad donde sentaron a nuestro grupo. La mesa era más larga que la de la Última Cena, con los afortunados al centro junto a Astrid, y los que llegaron temprano pero no se pusieron vivos sentados en esa tierra de nadie a un extremo, como Judas. Nosotros éramos los tontos sentados al final.

Ahora, debes saber que esto fue cuando Astrid era realmente famosa. Puede que no hayas escuchado hablar de ella, pero cualquiera que viva en México o vea la televisión mexicana recono-

Restaurante Mi Tierra, Salón Navidad

cería esa nariz en cualquier parte. Ella había ascendido de cantar sus números políticos feministas en cafés y bares, cuando la vi por primera vez, a aparecer en una popular telenovela. Ojalá pudiera decirte el nombre, pero a decir verdad nunca la vi. Así que esto sucedió cuando ella ya salía por la televisión, y el nombre de Astrid Hadad estaba en boca de todos, desde la mexintelectualidad hasta el pobre que te ofrecía lavarte el parabrisas en el semáforo.

No sé por qué todo el mundo quiere ir a cenar con una famosa, porque nunca alcanzas a hablar con la invitada de honor, e incluso si lo logras, ella está cansada después de un espectáculo donde ha estado cantando a todo pulmón y, para colmo de males, esa noche ella se estaba enfermando de algo. "Me duele la garganta", dijo Astrid, metiendo la mano en su bolsa y sacando su propia medicina, un tequila sin el que juró nunca viajaba. Y de nuevo, ojalá pudiera decirte el nombre, pero ya sabes cómo soy. A menos que lo escriba, olvídalo.

Por fin era hora de ordenar la cena. El mesero la estaba pasando

Rolando Briseño a mi derecha, Ito Romo a su derecha
y mi mejor amiga, Josie Garza, a su derecha

fatal con tanta gente sentada en una mesa tan larga, y con una mujer que se veía como una cruza entre Cleopatra y la Vampira echando tragos de su propia botella de tequila, pues, imagínate.

Entonces era nuestro turno de ser humildes y portarnos como fanáticos. Después de ese *show* que nos dejó impactados con canciones como "Un calcetín" y "Mala", estábamos listos para arrodillarnos en ese mismo instante y besarle esos tacones rojos con espuelas. Y para mejorar aun más la cosa, ella era listísima y culta, una mujer de una inteligencia formidable, no como las vedetes insulsas de la televisión mexicana.

Así que estamos en el restaurante Mi Tierra en el Mercado, ¿verdad? Probablemente es justo después de la medianoche, el comienzo de la noche para mí, pero en el pueblerino San Antonio, la mitad de la noche. Estamos aquí porque es uno de los pocos lugares abiertos, y porque sirven tragos, y aunque el lugar está inundado de turistas durante el día, después de la medianoche los del lugar llegan por montones a pedir un tazón de menudo para la cruda o pan dulce y chocolate caliente después de un velorio, o para sorber de un gran plato hondo de sopa de tortilla después de una noche de parranda, y quiero decir grande, más grande incluso que tu cabeza.

Ahí estamos entonces, el escritor y artista Ito Romo, el artista plástico Rolando Briseño, y yo, y no sé quiénes más además de Astrid y sus músicos, pero la mesa está llena de un montón de pegotes pegados. Recuerdo que Ito decide ordenar enchiladas de mole y es allí donde comienza todo el pleito.

Más o menos la conversación esa noche, según la recuerdo:

ROLANDO: [en un tono incrédulo, como si estuviera a punto de darle una mordida a una caquita de gato] Vas a pedir enchiladas... ¡de mole! ¿Aquí? No me pescarías a mí ordenando mole. Olvídalo, te aseguro que lo hacen de un frasco. No harías jamás que me las comiera ni en un millón de años. En mi casa cuando yo era chico, mi mamá hacía el mole DESDE CEEERO. [Esta última parte iba acompañada de un ademán de la mano y una mirada maliciosa a la Jackie Gleason.]

ITO: A poco. [Y aquí se comienza a reír con la típica risa de Ito, con los hombros encorvados como un vampiro, y una risita creciente que le borbotea de la boca como una fuente que se desborda]. ¡Qué mentiroso eres, Rolando! Tu mamá hacía mole de un frasco de Doña María como la mamá de todo el mundo, de aquí a Torreón.

ROLANDO: Mi mamá hacía mole DESDE CEEERO. No de un

frasco. ¡No puedo CREER que tu familia comiera mole de un frasco!

ITO: Ay, hazme el favor. ¿Me quieres decir que tu mamá secaba los chiles, los molía y le tomaba días y días hacer mole desde cero? ¡Me estás vacilando! ¿Quiénes crees que somos para creerte ese cuento?

ROLANDO: Mi mamá nunca PENSARÍA siquiera en hacer mole de un frasco. ¡De qué estás HABLANDO!

ITO: Rolando, cómo te atreves a decir algo así. ¿Ella NUNCA hizo mole de un frasco?

ROLANDO: Nunca.

Y así y asado. Así que al final de cuentas, ellos estaban furiosos entre sí antes siquiera de que llegaran las enchiladas, y no se han hablado decentemente desde entonces, ni siquiera porque esa fue la misma noche en que Astrid cantó a voz en grito una canción como postre que tenía a todo el mundo, incluso a los ayudantes de la cocina, inundando el Salón Navidad con sus aplausos.

Pero eso fue hace mucho tiempo. Más de una década, para ser precisos. Recientemente me invité a comer mole a casa de Rolando. Eso fue porque yo tenía un mole fresco que los padrinos de la Ciudad de México me habían traído en una hielera en su coche, un mole oscuro y húmedo como un corazón recién sacrificado en un ritual azteca. Y, además, todo el mundo sabe que yo no cocino.

Fue una cena espléndida, con varios platillos hermosamente presentados. Debajo del elegante candelabro, la mesa resplandecía con la centenaria vajilla de porcelana y los cubiertos de plata del cincuenta aniversario de bodas de la abuela de Rolando.

Pero cuando llegó el platillo principal, fue el mole verde el que Rolando finalmente decidió servir, no el mole rojo que había viajado todo ese camino desde la Ciudad de México.

"¡Guau!", dije entre exclamaciones. "Y, ¿cuánto tiempo te tomó preparar el mole?", le pregunté.

"Oh, fue fácil", dijo él, cepillando el aire con la mano. "Lo hice de un frasco".

PILÓN

Aunque admito haber reconstruido el diálogo, esta historia es verdadera. Hay testigos que pueden avalar mi declaración. Rolando, sin embargo, insiste en que mi relato no es más que puro cuento. Pero eso, estimado lector, es otro pleito.

Para Sevilla, con amor

Después de la gira promocional de *Caramelo* por Europa, me invitaron a escribir para la revista *Sophisticated Traveler* (Viajero sofisticado) del *New York Times*, poco después de mi regreso a Estados Unidos. Hubiera podido ir a cualquier parte que deseara, pero me sentía tan cansada que el único lugar al que quería viajar era mi cama. Afortunadamente, hice apuntes en mi diario, guardé tarjetas de presentación, pegué envolturas de caramelos y servilletas de restaurantes en mi cuaderno, documenté grafiti con mi cámara. Y de este frasco de "botones" lleno de imágenes que captaron mi ojo y mi oído, y unas cuantas preguntas a mi compañera de viaje, fui capaz de recrear lo siguiente después de los hechos. Incluye un montón de consejos de compras que pueden haber caducado ya, pero las emociones siguen vigentes. Este artículo apareció por primera vez de forma impresa el 16 de noviembre de 2003.

Desde la conquista, México ha tenido un amorío con España. Por eso nunca creí los alardes de mi familia mexicana cuando presumía de nuestro patriarca español, un compositor de valses que supuestamente una vez tocó para el presidente mexicano. Asumí que era puro cuento. Hasta que mi tío Enrique Arteaga me entregó el certificado de bautizo de mi tatarabuelo Luis Gonzaga emitido por San Esteban, una iglesia en la parte vieja de Sevilla.

He heredado algo de mi familia, aquellos nómadas que fueron y vinieron y que siempre sentían añoranza por lo que habían dejado atrás. Mi padre por la Ciudad de México perdida de su juventud. Mi tatarabuelo por la Andalucía de sus recuerdos, quizá. Y yo, escondida en la frontera en busca de la patria de la imaginación. Desde entonces me ha embargado un deseo de viajar a algún lugar que pudiera explicar y responder a la pregunta "¿De dónde eres?" y, a su vez, "¿Quién eres?". ¿No es por eso que todos los escritores escriben, o solamente aquellos de nosotros que habitamos las fronteras?

De modo que cuando una gira publicitaria nos transporta a Liliana Valenzuela, la traductora de las ediciones en español de mis libros, y a mí de Texas a España, organizamos unas vacaciones de fin de semana en Sevilla antes de volver a casa.

Ese mismísimo fin de semana, un torneo de fútbol reclama todos los cuartos de hotel en la ciudad. En lugar de la pintoresca pensión de nuestros sueños, nos encontramos en el Nervión, un barrio pulsante de tiendas, un estadio deportivo y el zumbido sin fin del tráfico. No nos podemos quejar, nuestro hotel es eurochic y silencioso.

Queda a un viaje corto en taxi o una larga y acalorada caminata de la parte vieja de la ciudad. Caminamos, esperando pasar por gente del lugar y no las marcianas mex-tex y tex-mex que somos. Estamos tan embobadas con Sevilla como los dos cautivos indígenas que Colón trajo de vuelta consigo del Nuevo Mundo. Escaparates llenos de lo ordinario nos fascinan: cerraduras y adustos rollos de mecate, confecciones de ropa de bebé tan exquisitas como pastelillos de crema batida, jamones alineados como soldados, un delicioso caos de bollos. Aquí y allá, en anónimos edificios de apartamentos, un grafiti enigmático:

"LÉEME CUANDO OLVIDES QUE TE AMO"

"PAN CON TOMATE"

"PAPELES PARA TODOS"

"¿Qué quiere decir *eso*?", le pregunto a Liliana.

"Es sobre la inmigración", Lili responde como si nada.

La parte vieja del pueblo comienza donde las calles se vuelven angostas como callejones, y tenemos que hacernos a un lado para dejar pasar los coches. Las paredes están empapeladas de carteles para corridas de toros, escuelas de idiomas, pensiones para estudiantes, y *shows* de flamenco. ¿Cómo es que hemos planeado nuestra excursión justo a media siesta? Nos morimos de hambre y hace tanto calor como en Texas, un calor que podría hacer desmayar a un caballo. Y apenas estamos en mayo.

El mundo está tan callado que podemos escuchar una cuchara tintinear contra un vaso. En algún lugar, detrás de herraduras y geranios, alguien lava los platos. Me imagino a mis abuelas en casas como esta, un niño en el piso de arriba fingiendo dormir, un esposo roncando en un dormitorio oscuro. Para mantener a raya el calor, desdoblan unas curiosas cortinas, como tapetes de yute, sin duda igual que desde la época de Cervantes. Y me pregunto dónde podría comprar unas para llevármelas a Texas.

Enfrente de la hermosa Casa de Pilatos, la mansión de un noble, un vendedor ofrece a turistas conos de papel con almendras garapiñadas, como las que siempre se le antojaban a mi papá y las cuales él compraba en pequeñas cantidades cada día de pago en el Sears. ¿Es posible heredar un antojo?, me pregunto. Compro uno en memoria de mi padre, y quizá en memoria de mis ancestros, quienes también tenían antojo de almendras garapiñadas.

El sol nos ha formado un sombrerito sobre la cabeza y estamos de muy mal humor, pero por diligencia o providencia, nos topamos con una iglesia, austera y robusta como una fortaleza. San Esteban de mis antepasados, ¡por fin! Está cerrada. Por supuesto. Es sábado. ¿Cómo se nos ocurre? Estábamos pensando como americanas. Lili me toma una foto frente a las puertas góticas, y suspiro y prometo volver antes de irme.

A unas cuantas cuadras y justo a tiempo, un bar de tapas levanta su cortina de metal y nos rescata de perecer. El barman de La Bodega nos trata como si fuéramos parientes que hace mucho que no ve y nos presenta a su Virgen de Guadalupe. Sevilla es devota a más de cincuenta imágenes de la Virgen: la Virgen del Rocío, la Virgen de la Macarena, la Virgen de los Remedios. Y aquí, sus imágenes se exhiben en la pared como las fotos de celebridades en los restaurantes estadounidenses.

Como no sabemos qué ordenar, le pedimos al barman su recomendación, y nos sirve un Especial Bodega, un sándwich de jamón serrano, queso de cabra, caballa ahumada (conocida como "melva") y anchoas y mejillones, en un pan crujiente rociado de aceite de oliva. Cuesta 1,65 euros a la mesa, o 1,50 euros de pie. Nos quedamos de pie. Con un vaso de cerveza fría, es la comida más rica y más barata hasta el momento.

En casa, mi madre se quejaba cuando comíamos "parados como caballos", pero en Sevilla todo el mundo menos los ancianos comen en el bar. Comemos bajo un despliegue de piernas de jamón que cuelgan cómicamente sobre nuestras cabezas como piñatas. Un joven matrimonio a un lado de nosotros da de comer con la mano a un inquieto niño en una carriola. "Así es como se deben haber inventado las tapas", dice Lili. "Alguna ama de casa dijo: '¡Basta! ¡Hace demasiado calor para cocinar, vamos a comer fuera!' ".

Justo pasando La Bodega, Lili y yo descubrimos la Plaza de la Alfalfa, una diminuta plazuela en un barrio que no goza de buen aspecto, pero sí de buenas tiendas. "¿Y por qué le pusieron Alfalfa a esta plaza?", pregunto. "Pues, supongo que en algún momento vendían alfalfa para los animales", dice alguien del lugar, encogiéndose de hombros. *Puro cuento*, pienso.

La Esmeralda es una boutique sólo lo suficientemente ancha como para que quepan dos o tres clientes a la vez, pero es un cofre del tesoro de joyería de fantasía con suficiente estilo moro que las piezas se parecen a las antigüedades que usaban las majas en las pinturas de El Prado.

Al otro lado de la calle, una amplia selección en Mayo, una tienda que se especializa en zapatos de flamenco, me tienta a comprar, aunque bailo como un burro.

Es al lado, en Ángeles Berral, donde finalmente encontramos lo que necesitamos para convertirnos en majas como se debe. Trajes de flamenco: vestidos, rosas de seda, peinetas para el pelo, aretes y mantones y mantillas con un fleco exquisitamente anudado a mano. Aquí el personal se dirige a ti como "guapa" y, con increíble pericia, seleccionan colores y patrones para ayudarte a crear tu nuevo *look*.

Escondida detrás de la plaza está Compás Sur, una tienda dedicada exclusivamente a la música flamenca. Esperanza Fernández, lo último de Ketama, la teatral Martirio, la legendaria Conchita Piquer, todos ellos están aquí. El dependiente sabe lo suyo y es servicial. Excepto cuando le preguntamos dónde podemos escuchar flamenco auténtico en vivo. Entonces es tan vago como cualquier otro en Sevilla. Después de pensarlo un poco, nos recomienda El Sol Café Cantante.

Desde el tiempo del César, Sevilla ha sido un cruce de caminos. Puede que las culturas choquen en otras partes, pero aquí producen un sonido vibrante. En El Sol Café Cantante, localizado cerca de El Rinconcillo, el bar de tapas más viejo de la ciudad, arman un espectáculo breve, agradable y enérgico con una bailaora salerosa que resulta ser una sueca estudiando flamenco gracias a una beca del gobierno. Su guitarrista es holandés. En este bar descubro un zumo y tinto, una bebida popular de verano. Una parte vino tinto, una parte jugo de naranja fresco, una parte agua mineral con gas. Mucho hielo. *Esto funcionaría muy bien en Texas*, pienso.

Bueno, sanseacabó, bostezamos y tomamos un taxi para dar por terminada la noche. Pero justo cuando nuestro taxi pasa serpenteando por un callejón en el casco antiguo, el rugir de la música flamenca nos sobresalta y somos todas oídos. "Tu madre, niña, tu madre, no quiere que yo te vea... no quiere que yo te vea y no deja ni que tiendas tu ropita en la azotea...", un éxito popular de Los Romeros de la Puebla. "¡Alto!". El taxi rechina las llantas hasta parar, salimos disparadas, felices de encontrarnos en una plaza con un recital al aire libre de una de las academias de baile. La pequeña plaza es un frenesí de lunares. Menos mal que se nos ocurrió ponernos nuestras nuevas mantillas y aretes de la Plaza de la Alfalfa.

Las bailarinas son niñas pequeñas y adolescentes que mascan chicle, pero sus mamás se han esmerado en vestirlas y arreglarlas como si fueran reinas. ¿Qué tipo de goma para el pelo usan, tú crees, y cómo les salen esos chongos tan perfectos? Tomamos nuestros asientos entre los familiares, en sillas plegables de madera. Este no es un espectáculo profesional como el que acabamos de ver, pero es encantador, lleno de la emoción y el orgullo que sólo la familia puede sentir por los suyos.

Para la medianoche, los niños se desploman y caen roncando sobre regazos y hombros. Aun así la fiesta sigue y, al parecer, justo cuando un taxi nos recoge, suben aun más el volumen de los amplificadores. Después de todo, es sábado por la noche.

Los domingos son para ir a la iglesia y comer con la familia en la Ciudad de México, en San Antonio, Texas, y aquí en Sevilla. Como por obligación por ser fuereñas, visitamos la famosa La Giralda, la catedral principal, un hervidero de turistas. Es como estar dentro de un panal de abejas. No aguanto y tengo que huir. Ya después en casa repasaré la historia de Sevilla y me daré cuenta de que Colón está dormido aquí, traído de vuelta de su último lugar de entierro en La Habana. Y después me arrepentiré de no haber sabido que sus archivos también están aquí. El Domingo de Palmas de 1493, él regresó a Sevilla con su botín del Nuevo Mundo, tesoros, plantas, animales y dos indígenas que sobrevivieron el trayecto, turistas reacios, pues, ¿qué más quieres que te diga? Ya sabes el resto de la historia: ¡*yo* soy el resto de la historia!

Lili y yo damos un refrescante paseo en una carroza de caballos por el Parque de María Luisa. Ya lo sé, suena un poco cursi, pero era lo único sensato que hacer durante la salvaje hora de la siesta. Después de ser depositadas en el centro de la ciudad, nos ponemos a buscar una feria del libro, sólo para darnos cuenta de nuevo de que estamos pensando como americanas. Está cerrado. Caminamos a Triana, la cuna del flamenco, justo al otro lado del río Guadalquivir, en busca de música auténtica.

Pero en Triana es como el día en que la Tierra se detuvo. Sólo las pastelerías están abiertas. Compramos unos conos de helado y bailarinas de flamenco en miniatura y vagamos por las calles de Triana, divertidas ante el letrero de una tienda que renta casilleros: "Estimados clientes: Les rogamos, favor de no dejar pescado dentro de los casilleros. —La Administración".

Es aquí en Triana, por accidente o a propósito, que escuchamos algo sincero y desgarrador. De un bar cerrado —Antigua Taberna la Cava— los sonidos de las palmas y las voces de los hombres y las mujeres se elevan como seda negra, la cortina de metal a medio cerrar para bloquear el sol. Todo lo que podemos ver es la mano con hoyuelos de un niño sentado en el fresco piso de azulejos.

¿Qué importa que nos duelan los pies? ¿Qué importa que estemos recargadas contra un edificio al rayo del sol? Aquí está. El verdadero duende, cuando el intérprete es sencillamente un médium y la canción te estremece y te da escalofríos. Estamos extasiadas. Hasta que la mano del niño cambia de posición y una cabeza con rizos se asoma por debajo de la cortina de metal para vernos. Salimos revoloteando, asustadas como palomas.

El lunes es mi último día para ir de compras de manera poco convencional y nuestro barrio de Nervión es muy conveniente. Las calles están llenas de tiendas y todo el mundo está loco por los lunares. No traje una bolsa para este viaje, ni siquiera una cartera, porque España tiene unos artículos de piel maravillosos. El Corte Inglés tiene de todo: mocasines suaves para conducir y, por supuesto, alpargatas españolas. En el departamento de música encuentro Los Romeros de la Puebla con su pegajoso éxito "Tu madre, niña, tu madre" y La Mala Rodríguez, una rapera española.

Alrededor del contenedor de las gangas, ancianas conocedoras y yo estamos de pie abriendo los abanicos junto al oído, escuchando cuáles serán los buenos que se abren de golpe como navajas. Los abanicos no sólo son regalos prácticos a la hora de empacar; en Texas, como en Sevilla, son artículos de primera necesidad.

En mi último día, regreso a la Plaza de la Alfalfa para tratar una vez más de entrar a la Iglesia de San Esteban. Toco y toco y finalmente alguien abre. "He venido desde el otro lado del mar...". Pero esta noche hay un entierro, están ocupados, vuelva otro día. Luego la puerta se cierra con un ruido sordo y me quedo ahí, sintiéndome como Dorothy a las puertas de Oz. Enturbiada por el dolor, no sé qué hacer. Hasta que la puerta se abre de nuevo con otro hombre, quien se apiada de mí y me deja entrar.

San Esteban es pequeña, oscura y fresca como una cueva, y huele como todas las iglesias, como a cera de velas y lágrimas. Una madona llorosa domina desde el altar. "¿Es ella la patrona de esta iglesia?". "No, esa es la Virgen de los Desamparados. Aquella es la patrona de esta iglesia", dice el hombre, dirigiéndome hacia una espléndida madona dorada, radiando de un nicho a un lado del altar principal: "La Virgen de la Luz".

¡La luz! Aquí, hace ciento cincuenta años, mis antepasados rezaron y prendieron velas. Yo también prendo una antes de irme, pero mi corazón ya está lleno de luz.

Me abro camino de vuelta a la Plaza de la Alfalfa y pruebo otro sándwich Bodega Especial —¡bueno, pues, me comí dos!— y trato de llegar a esa tentadora tienda a la vuelta de la esquina, Callejuela, con sus espumosos vestidos de flamenco en las vitrinas. He vuelto dos veces, pero siempre está cerrado. Me recuerda a mi hogar, San Antonio, donde las tiendas abren cuando se les da la gana, o cierran si llueve. Esta vez corro con suerte; las puertas de la tienda se abren alegremente cuando las empujo.

"Ese vestido en el escaparate, el color cobre con los lunares azul pálido, ¿cuánto?".

"Setecientos euros".

Eso es más del doble de lo que cuestan los vestidos de flamenco de confección que vi en El Corte Inglés. Ay de mí, aunque mi perfil es andaluz, mi torso es pura mexicana. Setecientos euros no está mal para un vestido hecho a la medida, me convenzo a mí misma.

"Me gustaría comprar uno como ese, por favor".

"Ah, pero hoy no le puedo vender un vestido", dice la dependienta. "La mujer que toma las medidas no está aquí. Tendrá que regresar mañana".

"¡Mañana! Pero me voy mañana. ¡Y no regresaré hasta el año que entra!".

"Bueno, pues entonces vuelva el año entrante".

Me arrastro de la tienda como una mujer sedienta a quien le niegan el agua, y me quedo afuera del escaparate contemplando mi vestido: "Tu madre, niña, tu madre, no quiere que yo te vea...".

Es como debería ser. Me voy de Sevilla ardiendo de ganas. De un vestido de flamenco color cobre con lunares azul cielo, de los archivos de Colón con documentos sobre el Nuevo Mundo, de música flamenca auténtica, de un sándwich con anchoas, atún y queso de cabra. Me voy con quizá el mismo arrepentimiento en el corazón que mi tatarabuelo Luis Gonzaga. Y quizá con la misma promesa: "Regresaré pronto, mamá, si Dios quiere".

Una blanca flor

Yo quería darle un regalo a una mujer a quien admiro. En agradecimiento. Pero no sabía si uno puede hacerle un regalo al terapeuta de uno. ¿Qué está permitido? Es una cultura con la cual no estaba familiarizada, como viajar a un país donde no hablas el idioma. Ya no la visito como lo hice en el 2005 cuando escribí lo siguiente; me he mudado de ahí desde entonces. Pero a menudo pienso en ella. Ella fue mi maestra y mi guía espiritual durante más de una década. Ella me enseñó a comprender mis sueños y a remontar el vuelo. En otra época, ella podría haber sido una gran sacerdotisa maya o un oráculo en Delfos. Esta analogía la haría reír, creo. Pero así es como yo la veía y aún la veo.

Todos los martes manejo por el área más congestionada de San Antonio a la hora más congestionada del día y, no importa cuán temprano comience, llego puntualmente tarde para mi cita con una mujer a quien llamo la chamana sinvergüenza. Ella no se describe así a sí misma. Sus tarjetas de presentación dicen "terapeuta jungiana".

Unos cuantos meses antes de terminar la novela que me tomó nueve años escribir, la busqué. Yo me sentía tan erizada como una serpiente después de mudar su piel, tan agorafóbica como un vampiro de día, tan anegada como un maguey azul. Me sentía asustada y triste, más allá del alcance de mi familia y amigos. Sentía que me alejaba de la sociedad, como un barco sin amarras arrastrada por estaciones subterráneas.

Había estado así de enferma antes, y sabía qué debía hacer cuando me entraba una depre irremediable. Buscar a una bruja. Pregunté por ahí y alguien que también estaba triste y dolorido me dio su nombre.

En nuestra primera cita pensé que mi chamana se veía exactamente como se debe ver una bruja: sabia e inteligente como un pequeño búho blanco, benévola como una abuelita de programa de televisión. Mi terapeuta escucha y se le paga por escuchar mis historias. Al principio sentí que yo debía actuar de manera agradable. Todavía me resulta un poco extraño contar una historia, cara a cara, sin recibir una historia a cambio. Me hace sentir culpable. Como si yo fuera una narcisista acaparando la atención. Como si fuera grosera al no preguntar: "¿Y tú? ¿Cómo te va a *ti*?".

Pienso en ella entre mis sesiones. Cuando tengo un sueño particularmente bueno, estoy tan encantada de presentárselo como una alumna entregando una manzana. Siento curiosidad hacia esta mujer que escucha pacientemente el último episodio de esa historia llamada mi vida. Quiero preguntarle tantas, tantas cosas, pero sé que eso va en contra de las reglas.

Me gustaría preguntarle, por ejemplo: "¿Cuento con tu aprobación o crees que soy una boba?". Aun si no aprobara de mí, ¿qué importa? Pero sí me importa mucho. A mí.

Le preguntaría si las historias que le he contado son buenas del todo: si valen la pena ser repetidas, ser recordadas. Esa es mi definición de una buena historia.

¿Acaso se cansa de escuchar historias todo el día y toda la semana, año tras año? ¿Cómo mantiene uno la cordura después de un día lleno de historias? ¿Se tiene uno que sacudir como un perro después de su baño?

Y. ¿Qué desayunaste hoy? ¿Crees en el más allá? ¿Qué tal en el más acá? ¿Tu esposo te lee en voz alta? ¿Existe la pasión hasta la muerte? ¿Alguna vez has visto un fantasma? ¿Tuviste una buena infancia? ¿Qué es lo más notable que recuerdas de haber dado a luz? ¿Tienes un perro? ¿Eres feliz? ¿Qué te ha enseñado la vida? ¿Escucha tu esposo la historia de tu vida antes de apagar la luz?

Cuando yo era niña, en realidad había una niña que se llamaba Sally, quien más tarde inspiraría un poquito el personaje del mismo nombre de *La casa en Mango Street*. Ella estuvo en mi salón durante toda la secundaria y prepa, pero no fue sino hasta la mitad que de hecho empezamos a dirigirnos la palabra. Creo que fue sólo porque caminábamos la misma ruta a casa y porque ella estaba enojada con su mejor amiga ese día.

Su casa estaba a media cuadra antes de la mía, encima de la tienda de abarrotes de la esquina. Me invitó a subir, y tuve permiso de caminar por los amplios cuartos de su apartamento, un edificio antiguo estilo Chicago con pisos de duela, techos altos y ventanas largas. A mí me pareció grandioso, pero me di cuenta de que a Sally no le parecía así.

Luego me dejó pasmada al preguntarme algo que yo no esperaba: "¿Me dejas ver tus pijamas?". Era una petición muy particular, pero yo tenía muchas ganas de que ella fuera mi amiga, así que la llevé a casa ese mismo instante.

Nuestra casita de dos pisos estaba bien arreglada y tenía mucho espíritu y, lo mejor de todo, era nuestra. No era nada lujosa, pero me di cuenta de que Sally pensó que yo era rica. Quizá fueron nuestros muebles bonitos lo que la engañó. Nuestro padre, después de todo, era tapicero. Y teníamos cuadros en las paredes. Un tigre de seda que nuestro tío Frankie había traído de Japón después de estar en el servicio militar, y un juego de geishas pintadas según los números por nuestra madre. Gracias a los antiguos dueños, casi todos nuestros cuartos tenían papel tapiz y algunos tenían alfombra. Sally pareció no darse cuenta de las paredes sudorosas y los calentadores ventosos, los dormitorios sin puertas.

Llevé a Sally al pequeño clóset que era mi cuarto, hice hacia atrás la colcha, levanté la almohada de mi camita individual y le mostré mis pijamas cuidadosamente doblados. No estoy segura de si mis pijamas la decepcionaron o si cumplieron con sus expectativas. No dijo nada y yo tampoco dije nada, pero supongo que ella esperaba seda con volantes y plumas de marabú, no mi franela floreada.

Después de todos estos años, creo que por fin lo comprendo. Me gustaría preguntarle a mi terapeuta: "¿Me dejas ver tus pijamas?". Es como si quisiera comprender, en forma abreviada, quién es ella en realidad.

Cuando estoy de gira dando presentaciones, firmo libros después de mis lecturas. Soy consciente de que mi público ha esperado mucho tiempo para decirme algo. A menudo me siento como una terapeuta entonces. Así que trato de poner atención, mirarlos a los ojos, estar tan presente como me sea posible, porque el asunto de escuchar es mucho más difícil que hablar.

Una noche después de una lectura que di en el Museo Nacional de Arte Mexicano en Chicago, la fila para hablar con la autora era particularmente larga y se movía lentamente. Me sentí languidecer.

"Usaste demasiada energía esta noche, ¿verdad?".

Levanté la vista y vi a una mujer que podría haber sido mi hermana. Una mujer con una sonrisa estilo Mona Lisa que decía: "te conozco".

"Eres una bruja, ¿verdad?", dije sin pensar. Se notaba que era una bruja buena, de las que trabajan con la luz. Ella sonrió y nos reconocimos como los animales reconocen a su propia especie.

"Okey, está bien", dije. "Entonces, "¿qué debo hacer para recargar las pilas?".

Me dijo lo siguiente: "Cuando regreses a tu habitación esta noche, encuentra un lugar tranquilo. Quiero que cierres los ojos y te imagines una flor blanca. Puede ser de cualquier tipo, pero tiene que ser blanca. Imagínatela como un capullo. Ahora vela abrirse, abrirse, abrirse, abrirse. Imagínatela en plena flor, tan llena y pesada como sea posible. Ahora sopla todos sus pétalos, hasta que no quede nada más que el tallo.

"Eso es por todos a quienes conociste y con quienes hablaste hoy.

"Ahora quiero que te imagines otro capullo de flor blanca. Vela abrirse de nuevo. Abrirse, abrirse, abrirse, abrirse. Es hermosa. Disfrútala. Aspírala. Saboréala. Esta flor es para ti".

El mes pasado, después de tres años de ser la paciente de mi terapeuta, recibí un mensaje poco común en mi contestadora. Mi terapeuta estaba cancelando nuestras citas por el momento, una emergencia familiar, luego se pondría en contacto conmigo. Y cuando finalmente regresó después de un mes de ausencia, fue con la declaración franca y calmada de que su esposo había muerto.

Quise, entonces, cuidar de la escucha de mis historias. Era su turno de contarme una historia y el mío de escucharla. Y finalmente sentí que yo podría servirle de algo, que podría, para variar, darle algo a cambio de lo mucho que ella me había dado. Pero sentí demasiada timidez como para decírselo y no pude encontrar las palabras para todas las cosas que se arremolinaban en mi interior. La próxima vez que la vi le llevé una orquídea blanca, luminosa como la luna llena.

Los japoneses dicen que uno necesita un gato negro cuando está de luto. Dicen que los gatos negros absorben toda la pena de uno. Puede que sea cierto, pero sé por experiencia que las flores blancas saben escuchar.

Y porque no pude decir lo que sentía en ese entonces, lo digo aquí ahora. Tú eres mi blanca flor. Te ofrezco este ramillete, para purificarte y aliviarte y apaciguarte. Estas páginas son para ti.

Señor Capuchino

Soy tímida cuando me veo forzada a conocer a otros escritores. Supongo que les pasa lo mismo a muchos escritores. Somos una especie introvertida. Y cuando nos arrean para estar en mutua compañía, ya nada nos emociona. Nadie está menos impresionado de que seas escritor que un cuarto lleno de escritores.

Me encontré en tal desazón para el Premio Nápoles de 2005, donde estábamos reunidos como sonrientes reinas de belleza midiéndonos furtivamente entre sí. Quizá no fue así. Quizá es sólo como lo recuerdo. Recuerdo sinceramente haber deseado que alguien más ganara. (Parece mentira, pero es cierto). La mayoría de los escritores que conocí fueron cordiales. Pero un escritor tenía pensamientos como una cimitarra y era divertidamente competitivo. Me río incluso ahora cuando veo su nombre impreso.

Sólo Ryszard Kapuściński se ganó el respeto de todos y flotaba por encima de la plebe. Ojalá hubiera yo leído su obra antes de conocerlo y no después. Perdí la oportunidad de preguntarle... ¿de preguntarle qué? Le preguntaría: "¿Acaso un escritor debe vivir en una frontera perpetua para poder ver?".

El escritor Ryszard Kapuściński murió el 23 de enero de 2007, a la edad de setenta y cuatro años. El editorial del *New York Times* del 2 de febrero le rindió un hermoso homenaje a este periodista, quien escribió con el lenguaje de los sentidos y no, como lo puso el *Times*, el "lenguaje de información cotidiano que utilizamos en los medios".

Él fue un cruza fronteras en todo el sentido de la palabra, cruzando géneros tan fácilmente como cruzaba países, un polaco que fue en pos de sus historias a través de continentes, testigo de guerras, testigo del dolor de los más pobres de la humanidad. Mi compañero y yo tuvimos la buena fortuna de haber conocido al Sr. Kapuściński, muy brevemente, pero eso bastó para que nos diéramos cuenta de quién era. Él nunca mencionó que era famoso por todo el mundo, que era un colaborador frecuente de publicaciones como *The New Yorker*, *The New York Times*, *Granta*; que varios de sus libros —*Viajes con Heródoto*, *El Sha o la desmesura del poder*, *El emperador*— habían sido traducidos a más de dieciocho idiomas. Nunca mencionó nada de esto, y sólo sería después de su muerte que llegué a conocer su forma de escribir.

Nos conocimos en septiembre de 2005 en Nápoles. Él ganaría el Premio Nápoles ese año, sorprendentemente en la categoría de poesía. Nos reunimos en el vestíbulo del hotel donde estábamos esperando a una representante de las oficinas del Premio

Nápoles y, desde ese primer encuentro, el Sr. Kapuściński nos cautivó.

Él era un señor ya mayor, fornido como un boxeador profesional, con un cabello plateado que se le paraba de punta como las cerdas de un cepillo. Recuerdo que él contrastaba pronunciadamente con los otros escritores invitados, una parvada de mirlos negros, porque se vestía de colores claros que iban con su cabello. Hablábamos en español; el Sr. Kapuściński no hablaba inglés. Nos contó haber vivido en México y América Latina. Era notable la manera en que escuchaba. Te miraba de frente mientras hablabas; su atención nunca flotaba por encima o más allá de ti, como la mayoría de los famosos a quienes he conocido. Era tan popular entre todos los escritores presentes que hacia el final de la semana siempre que él se subía al autocar, estallaba un ¡viva! espontáneo. Si hubiera habido un voto para elegir al Sr. Simpatía, estoy segura de que el Sr. Kapuściński lo hubiera ganado.

Finalmente llegó nuestro comité de bienvenida, una diminuta criatura tan frágil como un coral. Ella se veía como una niña a mi parecer, pero esto me pasa mucho ahora que soy mayor. Ese día íbamos a visitar varias librerías y centros comunitarios, dado que mucha gente en Nápoles estaba leyendo y votando por nuestros libros. ¿Queríamos ir a pie o tomar un taxi a la plaza donde nos aguardaba el autocar?

"No es lejos", nos aseguró nuestra acompañante, "sólo unas cuadras".

Eso nos debió haber dado un indicio. Sé por experiencia que para los italianos "unas cuadras" puede significar kilómetros. También era desafortunado que fuera un día caliente de otoño y, aunque era temprano por la mañana, estaríamos caminando cuesta arriba. Para colmo de males, el Sr. Kapuściński iba vestido formalmente de traje y corbata. Él votó por caminar.

Las calles de Nápoles eran a mis ojos como un escenario de

ópera. Atravesábamos una puerta de entrada y nos asomábamos a un patio guarnecido de ropa lavada colgando de balcones —esas orgullosas banderas de las amas de casa— doblábamos por una esquina angosta y de pronto una plazuela brotaba frente a nosotros. Pasábamos por papelerías llenas de artículos ordinarios pero intrigantes —cuadernos de redacción, plumas fuente, cronómetros de arena— un paraíso para los escritores, y más allá por monumentos barrocos y quioscos de periódicos espléndidamente surtidos. Sorteábamos las mesas en los cafés donde mujeres parecidas a Donatella Versace fumaban cigarrillos y sacudían sus melenas rubio platino. Era agradable y, como teníamos mucho de qué hablar, no nos quejamos. Pero después de un rato, el Sr. Kapuściński comenzó a secarse la cara con un pañuelo y a preguntar: "¿Cuántas cuadras más?".

Nuestra niña acompañante parecía ahora como la emisaria de una película de terror, la misma imagen de la Muerte con sus ojos de Cleopatra y minifalda. Ella seguía animándonos a que avanzáramos, bajo la promesa de: "Ya falta poco, es nada más aquí adelante".

Pasamos por un escalón de entrada donde una anciana vestida de negro estaba sentada silenciosamente vendiendo estampillas religiosas de una canasta. Le di mi estampilla sagrada de la Guadalupe de mi cartera, y ella la besó y besó, bendiciéndome en italiano miles de veces.

Tras cada cuadra, el Sr. Kapuściński se enrojecía más. A veces, hacía una pausa tanto para decir algo importante en un relato como para recuperar el aliento. Mi compañero y yo íbamos rezagados para hacerle compañía, ya que para entonces el resto del grupo se había adelantado bastante.

Finalmente, el Sr. Kapuściński estaba harto. "¡Creí que dijo que faltaba poco! ¡Esto es un atropello!". "Sí, es demasiado", concordamos. Nos sentamos en el siguiente café al aire libre con él y pedimos capuchinos, fingiendo estar también muy molestos, aunque nosotros nos sentíamos bien.

Pasó un rato hasta que nuestra anfitriona se dio cuenta de que nos habíamos amotinado. Regresó por nosotros y, para entonces, el Sr. Kapuściński ya estaba más calmado después de haber descansado y tomado algo de beber.

"Pero ya casi llegamos", dijo ella, y para entonces su aseveración era cierta. El autobús ronroneaba en la siguiente plazuela, a la vuelta de la esquina. Pero el Sr. Kapuściński había caminado demasiadas cuadras para un señor grande, y su rabia era verdadera, aunque dirigida al blanco equivocado. No era la joven anfitriona quien le había mentido, era su propio cuerpo que envejecía.

Quise entonces cuidar del Sr. Kapuściński. Me recordaba a mi abuelo, a mi padre, a todos los hombres que he conocido, quienes se frustran ante la insuficiencia de sus cuerpos que envejecen y te echan la culpa. "Ya lo viste, ¡mira lo que me hiciste hacer!".

Creo que fue en ese momento que lo apodé Sr. Capuchino, porque en mi mente, de ahí en adelante, él quedó indeleblemente asociado con esa taza de café que compartimos durante nuestro motín.

El Sr. Kapuściński se rio de su apodo, y cuando nos despedimos al final de la semana, prometió enviarme su poesía y de hecho lo hizo. En polaco, para mi oculista polaco. Él se disculpó y sentía mucho que el libro aún no hubiera sido traducido al inglés para que yo lo leyera. Nunca mencionó su extraordinaria obra, tan compacta como la poesía, en una prosa exquisita que yo descubriría y de la cual me enamoraría después por su habilidad de exceder el periodismo e inventar un nuevo género: el reportaje con poderes literarios, poético y preciso.

Tanto estuvo en mis pensamientos él este año nuevo, que le pedí a una amiga que me comprara un calendario mexicano para mandárselo, aunque los días de su vida ya se habían acabado. Fue ese mismo día en que me enteraría de su muerte al leerlo en el periódico.

"¿Qué tipo de calendario quieres que le compre?", dijo mi amiga esa mañana por teléfono.

"Cómprale uno tradicional", instruí. "Es para un señor grande".

El calendario del Sr. Capuchino llegó unos días después, cuando casi me había olvidado de este. Un guerrero azteca disparando una flecha al sol.

Hija natural

Retrato de india cacique, 1757

En la primavera de 2006, el Museo de Bellas Artes de San Antonio tuvo una exposición titulada *Retratos:* 2,000 *Years of Latin American Portraits* (Retratos: 2.000 años de retratos latinoamericanos). Incluía el retrato de la hija de un cacique, una mujer con un pie en el Viejo Mundo y otro en el Nuevo, vistiendo un huipil barroco, una túnica indígena modificada con encaje español, un producto del mestizaje tanto como lo era ella.

Cuando me invitan a la exhibición, me entretengo y miro a esta mujer, y es ella a quien tengo en mente al buscar el tema de mi ponencia para el prestigioso festival de las artes en Roma,

Festival delle Letterature, donde leeré en el Foro Romano. No sé sobre qué voy a escribir, pero sé que de alguna manera esta pintura es la ruta a tomar.

He sido invitada junto a los olímpicos: José Saramago y Doris Lessing. El tema es "Natural/Artificial". ¿Es natural escribir de esta forma? ¿Acaso no es artificial que te den un título a la fuerza y luego tengas que producir algo que vaya con el tema? Durante semanas me despierto y me duermo en un furor. ¿Será que Saramago y Lessing se debaten tanto como yo?

Estamos en guerra. Quiero decir algo que ayudará a sanar, ayudará a traer paz al planeta, a mis escuchas. No sé qué historia podría contar que tuviera tal poder. Sólo soy una persona y me siento pequeña frente a la tarea que tengo entre manos. Siempre me siento igual. Sólo soy una escritora, pero soy una de los escritores a quienes han invitado.

Sé que antes de comenzar a escribir algo, necesito pedir humildad. Necesito pedir al espíritu de mi padre que venga y me ayude. Necesito pedir una historia que tenga alma y corazón, una historia que yo sienta en mi cuerpo. ¿Qué historia será esa? No tengo la menor idea.

Hago lo que siempre hago cuando me siento perdida: me echo una siesta.

Cuando despierto, me pregunto esto: ¿Cuál es la historia que no queremos contar? Y, ¿cuándo es el momento de contarla? ¿Es una historia natural, es decir, nacida de la verdad? ¿O es una historia artificial, una que tenemos que inventar para atar cabos sueltos porque nadie más quiere decirnos la verdad? Tengo apenas lo suficiente para una historia, pero no es suficiente. Quizá sea como siempre lo he sospechado. Las mejores historias son aquellas que no podemos contar.

Soy Jacobo lidiando con el ángel. "No te dejaré ir a menos que me bendigas". Día tras día, semana tras semana, estoy trabada en una lucha libre con el Ángel de la Muerte. Y, cuando finalmente termino, me duele la cintura. Me ha bendecido.

Entonces, ¿por qué me siento abrumada por el dolor?

Antes de que tú y tus hermanos nacieran", me dijo mi madre, "antes de que tu padre me conociera, él ya tenía a una criatura en la Ciudad de México. Ilegítimamente. Con una de las muchachas que trabajaba para tu abuela. Una hija". Era el año 1995. Estábamos en el hospital Presbyterian St. Luke de Chicago, el hospital donde nací y donde mi padre se encontraba en el quirófano para someterse a una operación del corazón. Mientras aguardábamos en la sala del hospital, mi madre me abrió su propio corazón a mí, su única hija.

"Algunas veces cuando estábamos en México de visita, esa mujer y su hija nos lavaban la ropa. Tú jugabas con la niña. Pero eras muy chica, ya no te acuerdas".

No se lo dije entonces, pero *sí* me acuerdo. La cara de esa niña, mi hermana natural, volvió a mí como una paloma blanca revoloteando por la extensión de cuarenta años.

Y a pesar de que mi padre sobrevivió a esa operación del corazón y nos acompañó en el mundo de los vivos durante otros dos inviernos, él nunca me mencionó a su otra hija. Y yo nunca se la mencioné a él.

Hay ciertas preguntas que una hija no puede hacerle a un padre.

Pensé mucho en esa hermana mientras escribía *Caramelo*. Después de que mi padre murió, me debatía en si debía usar este secreto familiar como materia prima para la historia que deseaba contar. Tuve que prometer al espíritu de mi padre que al final todo saldría bonito. Hace años que terminé la novela. Pero ella todavía me obsesiona.

Creí que de alguna manera, después de que se publicara *Cara-*

melo, mi familia se vería forzada a sentarse y conversar finalmente como una familia de verdad, en donde una persona habla y las demás escuchan. Nos imaginé a mis seis hermanos y a mí viviendo un momento de telenovela donde el volumen de la música sube y las lágrimas caen, pero al final todos nos abrazaríamos.

Pero no sucedió así. Nunca hablamos de las cosas que realmente importan. Hablamos de las chuletas de puerco empanizadas, el equipo White Sox de Chicago, el sarpullido del perro, voces que gritan una encima de la otra y nadie escucha.

Y como no menciono a esta mujer, de sólo pensar en ella me dan ganas de llorar. De modo que, ¿a quién buscar que me pudiera decir algo sobre ella?

Por designios de la Divina Providencia, cuando llamo a mi madre en Chicago la semana siguiente, ¿adivina quién la está visitando desde México? El Sr. Juchi está sentado a la mesa de la cocina de mi madre, como si de tanto desearlo yo lo hubiera hecho aparecer. El Sr. Juchi es un personaje de la vida real y de mi novela. También es el compadre de mi papá de hace mucho, de cuando eran jóvenes en la Ciudad de México, después de que papá regresara de servir en el ejército estadounidense durante la Segunda Guerra Mundial.

Lo primero que me dice el Sr. Juchi acerca de mi media hermana es: "Creo que te equivocas".

Prosigue: "Recuerdo que tu papá tenía un Buick del '41, un convertible amarillo grandote. Y unos buenos trajes que le hacía el sastre, el Sr. Curiel, y unos zapatos caros. De piel italiana. Costaban mucho. Le gustaba ir bien vestido. Trajes bonitos. Zapatos bonitos. 1948, '49. Conocí primero a tu tío Chico, fue así como conocí a tu padre. Por medio de Chico. Chico y yo todavía andábamos en bicicleta, y veíamos a tu padre ir y venir en ese gran Buick del '41 suyo. ¡Qué carrazo! Le gustaban los trajes con hombreras. Recuerdo el Buick del '41. Pero, ¿una hija? No, creo que te equivocas.

"Un Buick del '41. Bonito, pero se le descomponía a cada rato".

El Sr. Juchi sabe cómo contar historias. Se toma su tiempo cuando debe tomarse su tiempo. Aminora el paso de la historia hasta que casi se detiene cuando muestras interés y luego acelera como un bailarín dando pasitos hacia las candilejas, haciendo una pausa justo antes de finalizar con una pirueta precipitada.

"Eso fue en la época en que esta chica Silvia era mi novia, cuando éramos chamacos. Ella tenía unos catorce, así que, déjame ver, entonces yo tendría unos dieciséis o algo así. Hoy en día Silvia cuida mi casa de Juchitán cuando estoy en la Ciudad de México. Dejo que se quede allí sin pagar renta, porque ya está vieja y me da lástima, pero ay, ¡mi mujer se pone celosa! Cree que esa mujer y yo nos traemos algo. Mira, ella fue mi novia hace mucho tiempo. Cuando éramos unos chamacos. Cha-ma-cos. Pero yo la corté porque ella me estaba poniendo los cuernos. Le dije: 'Silvia, me parece que sería en tu beneficio si cada quien agarra por su lado' ".

"Pero, ¿qué tiene que ver todo eso con mi papá", le pregunto.

"Ah, pues, eso. No. Creo que te equivocas".

Después de que la interrogo sobre la hermana secreta, mi madre me dice: "¿Qué hay de nuevo?".

Ha pasado una década desde esa primera conversación que tuvimos en el hospital. Me avergüenza decir que yo temía el mal genio de mi madre. Ella estaba enojada con su suegra por traer a la lavandera cuando ella se encontraba allí como la esposa oficial. Pero esta vez, después de que me dijo todo lo que sabía, que era más o menos lo mismo que yo sabía, dijo: "Eso ocurrió en el pasado. No tiene nada que ver conmigo. Así que, ¿qué hay de nuevo?". Lo dijo con tanta indiferencia como si hablara del tiempo.

A mi madre no le gustan los silencios. Los rellena con: "¿Qué hay de nuevo?". O con un informe detallado de lo que cenó. O de lo que compró en el supermercado. Hay que llenar los silencios como uno tapa el agujero de los ratones con fibra metálica. Para eso sirven las listas de alimentos y la palabrería de mi madre. Sílabas para llenar el vacío, para que las historias verdaderas que merodean en la oscuridad no salgan y nos espanten.

Me pregunto sobre mi madre. Y esto me lleva a preguntarme sobre mí misma y mi propia curiosidad, mi fastidiosa necesidad de hurgar debajo de la cama con una escoba.

———

El Sr. Juchi me llama unos días después: "Hablé con tu madre acerca de la niña. Ella dijo que no creía que fuera cierto".

Me sorprende que mi madre le haya mentido tan descaradamente y le pregunto: "¿Se molestó?".

"No. Pero dijo lo siguiente: 'Si tiene una hija, ella podría estar en Corea, porque allí fue donde él estuvo apostado entre las guerras' ".

Luego lanza esta Molotov: "Y logré hablar con tu tío Viejo. Viejo dice que no recuerda nada acerca de tu padre y una hija ilegítima. Pero...".

Y aquí hace una pausa para mayor efecto.

"¡Confesó que él mismo tiene una hija ilegítima! Una muchacha que ve en la televisión mexicana porque ella es locutora".

Antes de colgar, me da este consejo: "Mira, a quien realmente deberías preguntarle es a tu tía Muñeca. Ella y tú papá siempre fueron muy unidos".

Pero cuando me armo de valor para llamar a la hermana favorita de papá, me dicen que está en México. Cómo es posible que cuando vivía en México siempre estaba de visita en Estados Unidos y ahora que vive en Chicago, uno nunca la encuentra, ¡porque está en la Ciudad de México!

Quizá el antídoto para mi fiebre sea *no* pensar en ella, como mi madre: "Eso fue antes de que me conociera. No tiene nada que ver conmigo".

———

Llamo a mi hermano mayor ya tarde por la noche cuando estoy segura de poder encontrarlo. Es doctor y rara vez está en casa. Me cuenta una historia, pero no la que estoy buscando.

"¿Te sabes la historia de la tía Esmeralda en México, no? Cómo era de bonita, la más bonita de todas sus hermanas bonitas, ¿cierto? Ella es una viuda negra".

"¿Qué quieres decir?".

"Mató a todos sus esposos".

"¡Qué! Pero, *¿cómo?*".

"Bueno, pues *yo* qué sé", dice. "Veneno, tal vez".

"Pero, ¿qué hay del secreto familiar sobre nuestra media hermana?".

"Ah, eso", dice sin emoción, "ya lo sabía. Papá me lo dijo en el carro. Ya estaba enfermo cuando me lo contó".

"¿Y tú qué le dijiste?".

"¿Qué *podría* decirle? ¡Me quedé pasmado!".

"La niña jugaba con nosotros", le digo. "¿Te acuerdas?".

"No, no me acuerdo".

"Pero si fuiste *tú* quien inventó ese juego para ver si ella usaba calzones".

"¿Cómo puedes recordar esas cosas?", dice él.

"¿Cómo puedes olvidarlas?".

———

Creo que si pienso en ello, mi hermana perdida se aparecerá y me contará la historia de su vida. Aquella sin nuestro padre. Si ella se quedó en México, es probable que nunca haya aprendido a leer y escribir. Es posible que se haya ganado la vida de lavandera como su madre. Si tuvo hijos, quizá se abrieron paso hacia el norte y cruzaron la frontera. Y quizá esa travesía fue segura y sin incidentes, o quizá fue peligrosa y mortal, o algo peor. A las mujeres siempre les va peor, ¿no es así?

Y si sus hijos lograron llegar a este lado, *sé* lo difícil que son sus vidas aquí. Sobre todo ahora después del atentado del 11 de septiembre cuando los políticos quieren construir un muro alrededor del país.

Y pienso en las demostraciones recientes a favor de los derechos de los inmigrantes y la pancarta que llevaba un hombre: SI ME DEPORTAN, ¿QUIÉN CONSTRUIRÁ EL MURO?

Mi hermano número dos y yo intercambiamos mensajes electrónicos bajo el encabezado "La hermana perdida", como si fuera una novela de suspenso de Sherlock Holmes.

Mi hermano escribe: *Puede que ella esté emparentada con nosotros, pero para mí es una extraña. De todas formas, a mi manera de ver, yo ya tengo muchos parientes conocidos para quienes de por sí apenas tengo tiempo. ¿Qué pretendes conseguir con todo esto?*

No sé, le contesto de inmediato, *soy escritora. Mi trabajo es pensar acerca de las cosas. Vivo mi vida mirando hacia atrás.* No le digo que todo esto me molesta porque yo era la consentida de papá. Su reina. ¿Cómo es posible que papá se haya desvivido por mí y no por ella?

Mi hermano escribe: *¿Por qué no le preguntas a la tía Muñeca? A ella le encanta hablar del pasado.*

Si pudiera encontrarla, respondo, *pero ella es un testigo poco fiable. Ya sabes que siempre ha tapado a papá.*

Mi hermano sugiere que pregunte a los amigos de papá. Pero la mayoría ya murió, cruzó la frontera final hacia el otro lado, donde, como lo expresa el poeta chicano Levi Romero: "*quizás están muy contentos allá en la gloria / porque no llaman ni escriben*".

Los compadres de mi padre. Incluso aquellos que pudieran estar vivos, ¿cómo encontrarlos? Hombres itinerantes que trabajaban a ambos lados de la frontera, algo de tapicería, compraban algo aquí y lo vendían allá. Quién sabe qué hacían allá. Nunca estaban en su casa, sus esposas e hijos convenientemente guardados en el otro lado. Claro, mandaban dinero a casa. Algunos de ellos iban a la iglesia todos los domingos.

Eran una bola de buenos para nada, de habladores, puro cuento. Mentirosos. Del tipo de hombres como en *Los inútiles* de Fellini. Una bola de niños mimados. Nenes vestidos de traje.

———

Todos me advierten que no vuelva a investigar el tema de la hija de la lavandera, porque esta vez ya no es ficción.

Es sacar los trapitos al sol.

———

"Tú nada más quieres sacar al sol los trapitos de papá".

Mi hermano número tres está en casa cuando llamo. Él y nuestros dos hermanos menores, los cuates, están a cargo del taller de tapicería que les dejó papá. Es sábado. Mi hermano está cuidando a los niños mientras regresa su esposa.

"Tú nada más quieres los trapitos", insiste.

"No, sólo quiero saber qué opinas".

"Creo que todo el mundo tiene sus secretos".

"Yo no", le digo, "mi vida es un libro abierto". Pero en cuanto lo digo, me pregunto si será cierto.

Mi hermano admite que ya lo sabía. Cuco, uno de los tapiceros amigos de papá, se lo contó.

"¿Te acuerdas de Cuco?", pregunta. "Es el único tapicero que he conocido que iba de traje a su trabajo, como un hombre de negocios. Un hombre gordo de cabello lacio y brillante que martillaba sillas en camisa blanca y corbata. Después de que papá se enfermó, yo pasaba el rato con Cuco y escuchaba sus historias, historias sobre la guerra, historias sobre los parientes. Él fue quien me contó que la tía Oralia había tenido una aventura con el tío Paco antes de casarse con su hermano".

"¡Mentira!"

"Eso me dijo. Era bueno para contar historias, eso sí".

Agrega mi hermano: "A mamá no le caía bien, decía que era una mala influencia. Mamá siempre sospechó que papá andaba con una de sus costureras. Bueno, esa costurera no era la gran cosa, pero no sé. Yo creo que, pues, a mí también me han pasado cosas en la vida. Pero me porto bien con mi esposa y mis hijos, sabes. Es distinto una vez que eres padre".

"Por eso mismo", le digo, "tienes una hija a quien adoras. Piensa en *ella*".

"Espera, no me consta que Cuco haya muerto. Le voy a preguntar al que vende gomaespuma. Él ha de saber. Y deberías tratar de localizar a la tía Muñeca".

Promete llamarme después. Pero luego no lo hace.

Mi hermano número dos dice que papá siempre estaba huyendo de sus problemas. Lo pienso un rato y considero si es cierto. Cuando la lavandera estaba embarazada, papá huyó a Corea. Y cuando mamá quedó embarazada de su primogénito en Chicago, papá huyó de regreso a la Ciudad de México. Pero su propio padre lo regañó, al recordarle: "No somos perros". Y papá regresó a Chicago con la cola entre las patas y se casó con ella.

Pienso mucho en las razones de mi obsesión mientras conduzco el carro, mientras estoy esperando en la luz roja. Quizá tenga que ver con el abandono. Se debe a que tuve amantes que me abandonaron mientras estaba escribiendo *Caramelo*, no una sino dos veces. Es porque sé que lo peor del mundo no es que alguien te deje debido a la muerte. Eso, después de todo, no es su culpa. Sino que alguien te deje por su propia voluntad, que alguien a quien tú amas esté vivo, exista en este planeta, pero elija no compartir ninguna parte de su vida contigo.

La debilidad no consiste en tener un hijo, sino en abandonarlo.

Para mí, el abandono es peor que la muerte.

¿Por qué será que el abuelo no insistió en que papá cumpliera con su obligación para con la lavandera? ¿Sería porque ella era indígena? México glorifica su pasado indígena, pero la situación contemporánea es otro cuento. Los indios son quienes hacen los peores trabajos, quienes ocupan el último peldaño de la jerarquía social. Basta con ver la televisión mexicana para darse cuenta de que todas las estrellas son tan blancas como en Hollywood. Los mestizos interpretan el papel de los indios aun en las telenovelas. No sé de ningún indio que juegue el papel de un indio. Y cuando hay un papel para un indio, es un papel secundario de sirviente o de la India María que ridiculiza a los indios. En México, el peor de los insultos es llamar a alguien indio.

La hija de la lavandera. La hija natural de mi padre. ¿Qué tipo de padre fue con ella? Es como en una telenovela. ¿Acaso su madre se enamoró de mi padre en su traje fino y su convertible amarillo? ¿O mi padre simplemente se sirvió de lo que tenía a la mano? No le hubiera costado trabajo. Mi padre siempre fue encantador.

Me pregunto qué sentiría ella, la lavandera, al mirar a mi madre y a sus hijos, mirándonos, mirándome jugar, mientras que su pro-

Papá en Corea

pia hija que tenía la misma cara que mi padre, la hija más morena, tenía que trabajar.

Nosotros siempre andábamos amolados, siempre viajando de Chicago a la Ciudad de México y de vuelta con poquísimo dinero. Sin cinturones de seguridad. Sin tarjetas de crédito. Sin parar. Sándwiches de mortadela para la comida.

A veces mi padre tenía tanto sueño que hacía un viraje brusco sobre la raya. Un camión nos pitaba. Entonces mi madre se despertaba sobresaltada y gritaba: "¡Alfredo! ¡Casi nos matas!". Y entonces nos parábamos a un lado de la carretera y dejábamos que papá se echara una siestecita con nosotros.

Él era incapaz de resistirse a los bebés. Los pedía prestados a sus madres en el supermercado tan sólo para poder cargarlos. Tocaba el claxon y saludaba a los niños cuando su carro se detenía en la señal de alto. "¡Ten cuidado!", le advertíamos. "Alguien va a creer que eres un pervertido". No le importaba. Le encantaban los niños aun de soldado joven. Sus fotos de Corea lo muestran abrazando a niños llorones, abrazando a niños de la calle, tres o cuatro bajo cada brazo. Mi padre siempre fue un hombre al que le encantaban los niños. Crió a siete de ellos.

Por sobre todas las cosas. Por sobre cualquiera, quien quiera. Incluso su esposa. Mi padre adoraba a los niños. ¿Cómo podría el hombre que yo conocí ser el mismo que aquel que abandonó a una hija?

Debí habérselo preguntado a mi padre mientras vivía. Después de yacer en la plancha del quirófano donde le hicieron una operación de *bypass* cuádruple, tuvo casi dos años más de vida.

Mi familia sufre por las historias que nadie se atreve a mencionar.

La abuela que tuvo a un hijo de otra unión antes de casarse con mi abuelo. El tío que huyó con la nómina del ejército. El primo en Filadelfia que le disparó a su mujer en un ataque de celos y pasó el resto de su vida en la cárcel lamentando su mal genio. La bisabuela que, a pesar de ser fea, se casó cinco veces y por tanto esta descendiente tiene sospechas de que ella era buena en la cama.

No hablamos de estas cosas. Papá se enojaba si yo las mencionaba siquiera.

Así que, ¿cómo podría haberle preguntado?

Debí habérselo preguntado.

El hermano número cuatro dice que se enteró por medio de *Caramelo*. Es geólogo. Su esposa nació en México, así que van y vienen con frecuencia. Se debe a que ellos han sido testigos de lo que significa ser pobre allá. Cada vez que van, visitan un orfanato y llevan regalos, donan un poco de dinero. Este hermano es el único que dice que no sería mala idea tratar de encontrar a nuestra hermana.

"Pero, ¿cómo encontrarla?", pregunta. "¿Contratando a un detective?".

"No sé", le digo, "no lo sé".

Hermana, quizá tu madre lo vio como una oportunidad.

No la culpo.

Quizá ella se enamoró de sus palabras, de sus trajes de hombros anchos, del carro fino, los zapatos buenos. Quizá fue el único caballero que la mirara alguna vez.

O quizá él solamente la usó. Un mujeriego como aquellos de quienes me enamoré y de quienes me creí enamorada durante años.

Siempre me quedaba prendada de un traje y una corbata. Un auto bonito. Una profesión buena. Un departamento en un barrio glamoroso. No como mi barrio que parecía una boca con llagas abiertas.

Quizá pensó que él había venido a rescatarla, como en las telenovelas. Librarla del cuarto de la azotea e instalarla en una casa propia.

Quiero verte y te veo, en todas partes, en todas las mujeres que me encuentro cuando viajo a México o a Bosnia o a Italia. Te veo en todas las mujeres, en las más pobres de las pobres. Ese día de primavera en Sarajevo, una imagen inolvidable de la miseria; una gitana con terror en el rostro, de pie en la acera, ignorada, ofreciendo a la venta unas lilas medio muertas que se marchitaban bajo el calor miserable. La indígena del mercado de Tepoztlán implorándome que le comprara otra bolsa de chocolate, aunque ya le había comprado una: "Por favorcito, no me está yendo bien hoy. Por favorcito". En Roma, la refugiada polaca que tejía sombreros sobre la acera de la Piazza Manzini, sus mercancías esparcidas sobre una mesita; las nanas peruanas temerosas de dirigirme la palabra, echando de menos a su tierra y a su gente pero temerosas de quejarse, asoleando a los pequeños niños a su cargo en el parque empedrado de Gianicolo; las mujeres asiáticas en la Piazza Navona, pañoletas de seda tendidas sobre sus brazos como si fueran la diosa Kuan Yin, cada una de ellas gritando desesperadamente precios más y más bajos tan sólo para vender algo. En la plaza Union Square de San Francisco, la mujer sin hogar que me dice: "Gracias. Usted es la primera persona en todo el día que me ha mirado a los ojos y me ha tratado como un ser humano".

En todas partes, sin importar adónde vaya, te veo.

Mi contestador automático. El hermano número cinco. "Recibí tu mensaje. Llámame".

El censo de los Estados Unidos más reciente llega por correo y me siento confundida ante la pregunta más básica.

"¿Qué somos?", le digo a voces a Ray, mi compañero, quien se encuentra trabajando en su estudio. "¿Qué pongo donde dice qué somos?".

No nos parece bien eso de ser clasificados como "*Hispanics*", un nombre esclavista que asocio con presidentes que ni siquiera se molestaron en preguntarnos cómo nos llamábamos a nosotros mismos. ¿Qué importancia tiene un nombre? Toda. Si realmente no importara, ¿por qué no basta con decir "mojado"?

"Cariño, ¿qué pongo donde dice qué somos?".

Ray y yo decidimos después de conversar un rato que hay que marcar "otro".

Pero entonces el formulario del censo insiste en los detalles y ofrece categorías étnicas.

Reclamamos el título de "indígena" porque no sabemos cómo explicarlo en una palabra.

Pero después de que marco "indígena", la siguiente pregunta nos deja aún más desconcertados: *¿De qué tribu?*

"Ray, ¿de qué tribu somos?", digo, gritando hasta el otro cuarto.

"¿Qué?".

"Quieren saber de qué tribu somos. ¿Qué pongo?".

Después de discutirlo un rato acordamos en escribir "mestizo".

El hermano número cinco llama. Dice: "No sé nada".

Entonces un repiqueteo en el teléfono corta la llamada, como si nuestro padre no quisiera que discutiéramos sus pecados.

El hermano número seis, el menor, viene a visitarme a San Antonio, Texas, con su esposa e hijo. Como son turistas, contemplamos subirnos a las carrozas estacionadas junto al Álamo. Estamos comiendo helado y vacilamos. Pero la conductora dice: "Pueden subirse con el helado". Así que nos montamos.

Estoy disfrutando de mi helado con salsa de caramelo y del paseo cuando la cochera, una mujer corpulenta de los campos a las afueras de Dallas, comienza a hablar de genealogías. De cómo ella es una dieciseisava parte cheroqui y una cuarta parte no sé qué, y que esto y que lo otro. Ella es del color de la leche hervida.

Por algún motivo me molesta que ella diga ser indígena. Hay tantos estadounidenses que afirman ser indios, pero no veo que se ofrezcan de voluntarios para ayudar a sus hermanos naturales en las reservaciones.

Tal vez sea la lona que recolecta la caquita del caballo bajo su cola o tal vez sea la historia que nos está contando, pero mi helado con caramelo me empieza a saber a estiércol de caballo.

Cuando ya estoy harta, por fin desenmudezco y digo: "Pues, ¡nosotros también somos indios!".

Ella se voltea desde su asiento al frente de la calesa y dice: "¿Ah, sí?", en tono de mofa, y luego, tal como en el censo de los EE.UU., pregunta: "¿De qué tribu?".

"¿De qué tribu? Pues, no lo sé", digo. "Nuestras familias huyeron de México durante la Revolución Mexicana. Pero basta con vernos las caras".

Mi cuñada es del color del café sin mucha leche, mi hermano y yo somos color café con leche, su niño es color capuchino. Mi hermano, su esposa, el niño y yo parecemos mexicanos, árabes, judíos, moros, sicilianos, indígenas americanos, hindúes orientales, turcos, griegos, palestinos, gitanos, egipcios, paquistaníes, iraquíes, iraníes, afganos. Parecemos lo que somos.

Y quién diablos sabe lo que es eso.

Mi tía da alaridos como una cotorra cuando le digo la razón por la cual la estoy llamando. Llama tanto a la mujer como a su hija: esa chamaca. Todos los personajes de su historia son: esa chamaca, ese fulano, este ratero, esa sinvergüenza. No estoy segura de si estará hablando de la madre, la hija, una hija mayor, el hombre con quien se juntó la madre o el hombre con quien huyó mi hermana natural.

"Espera un momento, tía. *¿Quién* se robó *qué* dinero?".

"Ella me robó", tía continúa sin contestar, "por Dios Santo que ella no era hija de tu padre. ¿Cómo pudo haber sido el padre si él estaba en Corea cuando ella se quedó embarazada?".

Después continúa: "La chamaca Luz...".

¡Luz! La memoria no me falló en cuanto al nombre de la madre.

"Era la sirvienta coja...".

Es curioso que no hubiera recordado su pie cojo, pero, sí, ahora recuerdo que tenía cierto modo de andar como bailando una polca, la manera en que se bamboleaba bajo las palanganas llenas de ropa mojada.

"...era una lavandera buena, excelente, pero no se lavaba el cuerpo. ¿Cómo podría un hombre tan delicado como tu padre juntarse con una mujer mugrosa y apestosa?".

Eso dice mi tía, pero yo la veía más bien como polvorienta y agotada de trabajar. Supongo que si tuvieras que ir rengueando por allí lavando ropa y metiendo cargas en una lavadora de rodillos en la azotea bajo el calor del verano, tú también apestarías.

"Tuvo dos niñas, una mayor, Teresa, de otro hombre, claro. Y una niña más chica pero no me acuerdo de su nombre. Porque eran del tipo de mujeres que se metían con cualquiera.

"Sí, había un tipo que vivía con ella en la azotea. Pero después de que nació la menor, el sinvergüenza las dejó, y tu abuela le encontraba trabajo. Tu abuela sólo lo hacía por ser buena gente. ¿Tú crees que ella la hubiera tenido allí metida si hubiera sabido de esos chismes?".

"Pero yo recuerdo a la niña y se parecía mucho a mi papá, sólo que más morena".

"¡Qué cosas dices! ¡No se parecía a tu papá! Nos acompañó a Acapulco. Tienes fotos de ella".

Me quedo atónita. Creí que había inventado esa parte de la historia en *Caramelo*. Creí que había inventado varias partes de mi novela, pero después alguien me dice que esto y también otras cosas de verdad sucedieron. Las cosas que creo que imaginé son ciertas, ¿y las cosas que recuerdo que sucedieron de verdad...? Pero quizá la mayor fue hija de mi padre. Después de todo, mi papá regresaba a casa cuando le daban licencia de vez en cuando.

Viaje familiar a Acapulco, hacia 1964

Mi tía continúa su historia y sigue hablando de la niña menor. "Alguien le metió la idea en la cabeza acerca de tu padre. Esa muchacha trató de sacarnos dinero después de que todos ustedes se habían regresado a Chicago y, cuando no lo logró, nos robó. No llamé a la policía debido a su madre. Pero déjame buscar las fotos de Acapulco. Y las cartas de tu padre en Corea, las voy a buscar y aclaramos las cosas".

¿Se trata sólo de una historia buena, pero no cierta? Y, si es cierta, ¿acaso es demasiado fea para la ficción, habiéndose ensuciado con el robo y las acusaciones, el chantaje y la intolerancia, los mismos prejuicios que una clase, una raza, tiene sobre otra?

Después mi tía procede a esclarecer otro secreto de familia, uno que ella cree que yo no sé. Sí lo sé, pero quiero ver cómo ella lo cuenta. Se trata de cuando "el abuelo" fue coronel del ejército mexicano, apostado en la costa de Tampico. Tenía a una querida allí que fue el amor de su vida... Pero esa es *mi* versión de la historia, no la de mi tía.

"Mamá hizo que nos mudáramos allá por dos años para vigilarlo. Un día Chico y yo descubrimos a la fulana hablando con mi padre en el cuartel. La seguimos a palos de regreso hasta su puerta, para que lo dejara en paz. Papá estaba tan enojado después de eso que nos mandó de vuelta a la Ciudad de México".

Mi tía ríe orgullosa de su victoria sobre la fulana, aunque eso sucedió hace más de medio siglo.

Quiero preguntarle sobre su padre. ¿No cree que ella debió darle de palos también a él? Pero no menciono ese detalle, ya que parece tan satisfecha consigo misma.

Al rebuscar debajo de la cama, lo único que he encontrado es la cochambre de los demás. Todos me han contado algo que yo no sabía o que ellos pensaban que yo no sabía.

Y me pregunto, ¿acaso serán así todas las historias? Los acontecimientos naturales mucho más complicados que la historia artificial que teje cada uno de nosotros en donde somos el héroe, en el centro del universo.

Mi tía me dice: "Fui a visitar a tu padre al hospital hacia el final y le dije: 'Mira, no eres el padre de esa niña. Cuando Luz quedó embarazada, tú estabas en Corea. Las fechas no coinciden. Así que, ¡ahí está!' ".

Y luego, como si adivinara cómo me siento, mi tía agrega: "No tienes por qué sentirte culpable".

"¿Y luego?".

"¿Qué quieres decir?".

"¿Que *dijo* papá cuando le dijiste eso?".

"Nada. Ese es el final de la historia. ¿Qué más podría decir?".

Entonces me toca a mí no decir nada.

Una niña llamada soñadora

Durante décadas, la única boleta de calificaciones de mi niñez que sobrevivió a mi nómada vagabundear fue la del quinto grado, un testamento a la vergüenza y la tristeza. Esta anodina colección de notas al menos me permitió contar una buena historia ya como una escritora exitosa, pues a menudo la utilicé como un recurso visual en mis presentaciones ante públicos infantiles y juveniles, muchos de ellos alumnos de quinto grado con calificaciones desganadas. Otras evaluaciones escolares emergerían de los escombros de los archivos de mi madre almacenados en cajas de zapatos y darían fe de mi mejoría académica más tarde. Pero al momento en que escribí lo siguiente, mis horribles calificaciones del quinto grado eran todo lo que tenía para recordarme el pánico a la escuela que tuve durante mi niñez. Recuerdo haber despertado muerta de miedo, a menudo quejándome: "Ma, no quiero ir a la escuela hoy". "Entonces no vayas", me decía sin un "¿Y por qué?" ni un "Más te vale". Sabe Dios por qué era indulgente conmigo. Quizá intuía mi desdicha. Yo sentía susto, terror, del tercero al sexto grados. Este recuerdo es tan fuerte que me abruma cada vez que visito una escuela primaria para dar una plática incluso ahora. Afortunadamente, se disipa una vez que comienzo a hablar.

Esta ponencia fue dada por primera vez en la Biblioteca Pública de San Antonio en octubre de 2007 frente a un auditorio de estudiantes de secundaria y preparatoria. La ocasión era la segunda reunión en San Antonio de los MacArturos, los becarios latinos de la fundación MacArthur. Nuestro primer evento de

MacArturos había tenido lugar una década antes. Compartí el programa esta vez con el presidente del comité organizador del sindicato de campesinos, Baldemar Velásquez, un gran contador de historias orales, y ese librero al estilo circense de un P. T. Barnum, Rubén Martínez, quien nos dejó boquiabiertos cuando le regaló un billete nuevecito de cien dólares al estudiante que pudiera recordar el nombre del director de la biblioteca. Aprendí mucho de Rubén sobre causar una impresión inolvidable.

Cuando estuve en el quinto grado, mi maestra, sor María Regina Inmaculada del Altísimo Espíritu Santo, pidió ver a mi madre. Se trataba de algo serio. Quería decir que yo había hecho algo espantoso. Pero yo no podía recordar qué cosa espantosa había hecho.

"¿Y ahora qué?", dijo mamá, fastidiada. La cena se retrasaría. Ella tendría que caminar a mi escuela de ida y vuelta, y yo tendría que acompañarla. Mis dos hermanos mayores recibirían órdenes de cuidar a los cuatro más pequeños; la última vez que ellos habían hecho eso, los cuates habían acabado en la estación de la policía, y sólo tenían cinco años de edad. Papá llegaba del trabajo cansado, hambriento y con los pies punzándole. Mamá, de un humor terrible, arrojaba palabras a cualquiera que se le atravesara en el camino. Gracias a mí, el mundo se había convertido en un caos.

La queja de sor María Regina Inmaculada del Altísimo Espíritu Santo fue esta: "Su hija es una soñadora".

¿Qué podría decir yo? Era cierto. Cuando la maestra me pedía que respondiera, yo raramente sabía en qué iban. Pero también era cierto que el salón era una mezcla de cuarenta y siete niños ruidosos de una mezcla de niveles de grado, demasiado con qué lidiar para una maestra cansada. A menudo en un día había momentos en que te podías dejar llevar por una ensoñación, y a menudo yo tomaba esa ruta, mirando fijamente por la ventana una nube, un pétalo de geranio color coral o a Salvador, el niño que se sentaba enfrente de mí, cuya camisa arrugada y cuello sucio me hacían preguntarme por qué su mamá no lo cuidaba mejor.

Pensaba y pensaba sobre Salvador un montón en ese entonces y me imaginaba que vivía en una familia de hermanitos varones y quizá esos hermanitos hacían que su mamá estuviera demasiado ocupada como para mandar a Salvador a la escuela vistiendo una camisa limpia y planchada. Me imaginaba a Salvador levantándose temprano para ayudar con los bebés. Estaba segura de que sabía dónde vivía Salvador, por Western Avenue cerca de Flournoy Street, en un barrio de Chicago peor que el de nosotros, cerca de mi tía Timo, quien, como la mujer que vivía en un zapato, tenía tantos niños que no sabía qué hacer.

Y justo cuando me podía imaginar a Salvador saliendo disparado de su cama y vistiéndose con su camisa arrugada, ayudando a su mamá a darles de comer a los bebés hojuelas de maíz de una taza de hojalata, peinándose con agua, apresurándose para llegar a la escuela, justo entonces la maestra mencionaba mi nombre para que yo contestara. No recuerdo mucho más sobre ese año del quinto grado excepto cosas que ojalá pudiera olvidar. "Soñadora". Una palabra que era peor que un palo o una piedra. Que rompía más que cabezas.

ATTENDANCE RECORD

	First Semester			Second Semester		
	1	2	3	4	5	6
Half Days Absent	17	2	5	26		
Times Tardy						

Signature of Parent or Guardian

First Period Mrs. Elvera Cisneros
Second Period Mrs Elvera Cisneros
Third Period Mrs. Elvera Cisneros
Fourth Period Mrs. Elvera Cisneros
Fifth Period Mrs. Elvera Cisneros
Sixth Period

A check (V) under **Interview Requested** means that the parent or guardian should arrange to call at the school personally to talk with the principal or the teacher regarding the best interest of the child.

	Interview Requested	Date of Interview
First Period		
Second Period		
Third Period		
Fourth Period		
Fifth Period		
Sixth Period		

Archdiocese of Chicago

REPORT OF PUPIL PROGRESS

Grades 3-6

School St. Callistus
Pupil Sandra Cisneros
Address 2152 Roosevelt Road
Grade 5 Room 6
From Sept. 1964 To June 1965
Teacher Sister Mary Firmina, B.V.M.

For Parents' Attention:

This report is an important message from teacher to parents. Please read it carefully.

The marks are teacher's account of your child's academic progress and school behavior in the middle grades.

If you have any doubts or questions about these marks, please arrange with the school principal for an interview with your child's teacher.

Kindly discuss this report with your son or daughter. Encourage good work by praising it. Motivate greater effort by asking for it.

Your signature is a sign that you have read and analyzed this report.

The school authorities are grateful for your cooperation.

Msgr. William E. McManus
Superintendent of Schools

ACADEMIC PROGRESS

	First Semester			Second Semester		
	1	2	3	4	5	6
Christian Doctrine	D	D+	D+	C-	C	
Reading	C-	C-	C	C-	C-	
Comprehension of what is read						
Fluency in oral reading						
Vocabulary development						
Independent reading of library books						
English	D	C	C+	C	C	
Accurate understanding of what is heard						
Clear expression of ideas in writing						
Clear expression of ideas in speech						
Correct use of language						
Spelling	D	C+	C	C	C+	
Handwriting	D	C	C	C	C	
Arithmetic	C+	C	C-	C-	D+	
Skill with numbers						
Ability to solve problems						
History	C	B-	C	D+	C	
Geography	C	D+	C	D+	C	
Science	C	C	C	C	C	
Music						
Art						
Rank			14/47			9/47

Promoted to Sixth Grade

MARKING CODE

A (93-100) Superior
B (85-92) Above Average
C (77-84) Average
D (70-76) Below Average
F (Below 70) Failure
(Plus or Minus)

A check (✓) indicates a learning area particularly difficult for your child. Your special attention to this difficulty is recommended.

EFFORT-CONDUCT-HOMEWORK-SCHOOL SPIRIT

	First Semester			Second Semester		
	1	2	3	4	5	6
EFFORT	D+	C	C	D	C+	

MARKING CODE

A—Outstanding—maximum use of talent; steady, thorough work in class
B—Commendable—steady effort to improve
C—Satisfactory—does required work, nothing more
D—Poor—minimum use of talent; insufficient and careless work

	First Semester			Second Semester		
	1	2	3	4	5	6
CONDUCT	C	C	C+	C+	B	

MARKING CODE

A—Has observed school rules
B—Has broken some school rules, but is improving
C—Has broken some school rules; is not improving
D—Repeatedly has broken school rules and has not responded to correction

	First Semester			Second Semester		
	1	2	3	4	5	6
HOMEWORK	D+	C	C	D	C	

MARKING CODE

A—Does independent study in addition to assigned homework
B—Carefully does assigned homework
C—Carelessly does assigned homework
D—Repeatedly fails to do assigned homework

	First Semester			Second Semester		
	1	2	3	4	5	6
SCHOOL SPIRIT	C	C	C	D+	C	

MARKING CODE

A—Enthusiastically and generously participates in extracurricular projects
B—Readily participates when asked to join in extracurricular projects
C—Shows little interest in extracurricular projects
D—Often refuses to join in extracurricular projects

Mi boleta de calificaciones del quinto grado

Me sentí avergonzada de alzar la mano por el resto del año escolar, hasta que, gracias a la Divina Providencia, se nos congelaron las tuberías el siguiente invierno y tuvimos que mudarnos a otro barrio, a otra escuela, una con maestros laicos amables y compasivos que descubrieron que yo era una artista y escritora. Pero antes de ese eureka brillante, me escondía dentro de mí misma y dibujaba y escribía en secreto, nunca ofrecía una respuesta en clase voluntariamente porque suponía que si se me había ocurrido a mí, *debía* ser incorrecta.

Es curioso, con todas las mudanzas de mi vida, que esa horrible boleta de calificaciones del quinto grado sobreviviera para recordarme quién solía ser yo. Me basta con ver las constelaciones de letras C y D para recordar cómo me veían los demás, y cómo una vez yo me veía a mí misma. Lástima que no había una calificación para el arte, o me hubiera sacado una A. Lástima que no hubiera crédito para los siete u ocho libros que pedía prestados cada semana de la biblioteca pública. ¿Quién se hubiera imaginado que era importante hacerle ver eso a alguien como sor María Regina Inmaculada del Altísimo Espíritu Santo?

Cuando cumplí cuarenta años, recibí una beca MacArthur, apodada la beca para genios, que es como recibir un Óscar por la historia de tu vida. (Así fue como se lo expliqué a mi madre, quién no lo comprendió en un principio). Eso hizo que finalmente me diera cuenta de esto: Siempre he sido una soñadora, y eso es algo afortunado para un escritor. Porque qué es soñadora sino otra palabra para pensadora, visionaria, intuitiva, todas ellas sinónimos maravillosos de "niña".

Una casa propia

Para escribir esta introducción para el vigésimo quinto aniversario de mi primer libro, *La casa en Mango Street*, supe que debía buscar una foto de esa época. Si la miraba detenidamente el tiempo suficiente, tendría mi historia. Pero, ¿quién era esa mujer de la foto? Ella no era yo, yo no era ella. Era como si estuviera escribiendo sobre alguien más, y eso me inspiró a escribir tanto en la tercera como en la primera persona. También quise aclarar muchos hechos biográficos. Por tanto, las direcciones específicas de dónde había vivido. Me sorprendió que mi madre apareciera en este escrito. Pero, ¿cómo podría no hacerlo? Lo terminé el 26 de mayo de 2008, menos de un año después de su cruce al más allá. Su espíritu todavía me rondaba de cerca.

La mujer joven que aparece en esta fotografía soy yo mientras escribía *La casa en Mango Street*. Ella está en su oficina, un cuarto que probablemente había sido la recámara de algún niño cuando hubo familias viviendo en este apartamento. No tiene puerta y es apenas un poco más ancho que el cuartito de la alacena. Pero tiene una luz maravillosa y está situado por encima de la entrada del piso de abajo, de manera que ella puede escuchar cuando entran y salen sus vecinos. Ella está posando como si acabara de alzar la vista de su trabajo por un instante, aunque en la vida real nunca escribe en este estudio. Escribe en la cocina, el único cuarto con un calentador.

Es el Chicago de 1980, en el barrio venido a menos de Bucktown, antes de ser descubierto por gente de dinero. La joven mujer vive en el 1814 North Paulina Street, exterior, segundo piso. Nelson Algren alguna vez se paseó por estas calles. Los dominios de Saul Bellow se extendían por Division Street, a un paso de aquí. Es un barrio que apesta a cerveza y meados, a salchicha y frijoles.

La jovencita llena su "estudio" de cosas que acarrea a casa del mercado de las pulgas en Maxwell Street. Máquinas de escribir antiguas, bloques de madera, helechos, libreros, figurinas de cerámica del Japón ocupado, canastas de mimbre, jaulas de pájaros, fotos pintadas a mano. Cosas que le agrada contemplar. Es importante tener este espacio donde poder mirar y pensar. Cuando ella vivía en la casa de sus padres, las cosas que miraba la regañaban y la hacían sentirse triste y deprimida. Le decían: "Lávame". Le decían: "Floja". Le decían, "Deberías". Pero las cosas de su estudio son mágicas y la incitan al juego. La llenan de luz. Es un cuarto donde puede estar en silencio y en calma y escuchar las voces en su interior. Le gusta estar a solas durante el día.

De niña, soñaba con tener una casa silenciosa, para ella sola, de la misma manera en que otras mujeres sueñan con el día de su boda. En lugar de coleccionar encaje y ropa de cama para el ajuar de novia, la jovencita compra cosas viejas de las tiendas de segunda sobre la cochambrosa Milwaukee Avenue para su futura casa propia: colchas de retazos desteñidas, floreros agrietados, platitos desportillados, lámparas que reclaman atención.

La mujer joven regresó a Chicago después de terminar sus estudios de maestría y se mudó de nuevo a la casa paterna en el 1754 North Keeler, de vuelta a su cuarto de niña con su camita individual y su papel tapiz floreado. Ella tenía veintitrés años y medio. Luego se armó de valor y le dijo a su padre que quería vivir sola otra vez, como lo había hecho cuando se fue a estudiar fuera. Él la miró con esos ojos de gallo antes de atacar, pero ella no se alarmó. Ya conocía esa mirada y sabía que él era inofensivo. Ella era su consentida, así que sólo era cuestión de esperar.

La hija alegaba que le habían enseñado que un escritor requiere de silencio, privacidad y largos periodos de soledad para pensar. El padre decidió que tantos años de universidad y tantos amigos gringos la habían echado a perder. De alguna manera él tenía la razón. De alguna manera ella tenía la razón. Cuando ella piensa en el idioma de su padre, sabe que los hijos y las hijas no abandonan la casa paterna hasta que se casan. Cuando piensa en inglés, sabe que debió haber vivido por su cuenta desde los dieciocho.

Por un rato el padre y la hija llegaron a una tregua. Ella accedió a mudarse al sótano de un edificio donde vivían el mayor de sus seis hermanos y su esposa, en el 4832 West Homer. Pero después de varios meses, cuando el hermano mayor que vivía arriba resultó ser un *Big Brother*, ella se subió a su bicicleta y anduvo por el barrio de sus días de secundaria hasta que descubrió un apartamento del segundo piso con las paredes recién pintadas y cinta de enmascarar en las ventanas. Luego tocó a la puerta de la tienda de abajo y convenció al dueño de que ella sería la nueva inquilina.

Su padre no puede entender por qué ella quiere vivir en un edificio que tiene cien años de construido con ventanales por los que se cuela el frío. Ella sabe que su apartamento está limpio, pero el pasillo está rayado y da miedo, aunque ella y la mujer del piso de arriba se turnan para trapearlo con regularidad. El zaguán necesita una mano de pintura, pero eso no es algo que ellas puedan remediar. Cuando el padre viene de visita, sube las escaleras refunfuñando con disgusto. Adentro, él ve los libros de ella acomodados en cajones de leche, el futón en el piso en una recámara sin puerta, y susurra "Jipi", de la misma forma en que mira a los vagos del barrio y dice: "Drogas". Cuando ve el calentón en la cocina, papá niega con la cabeza y suspira. "¿Para qué trabajé tan duro para comprar una casa con calefacción, para que ella de un paso atrás y viva de esta manera?".

Cuando ella está a solas, disfruta de su apartamento de techos altos y ventanas por las que se cuela el cielo, del tapete nuevo y las paredes blancas como una cuartilla para escribir a máquina, el cuarto de la alacena con sus repisas vacías, su recámara sin puerta, su estudio con la máquina de escribir, y los ventanales de la sala con su vista a la calle, a techos, árboles, y el tráfico vertiginoso de la autopista Kennedy Expressway.

Entre su edificio y la pared de ladrillo de junto hay un jardín bien cuidado, a un nivel más bajo. Los únicos que entran a ese jardín son una familia que habla como guitarras, una familia de acento sureño. Al atardecer se aparecen con un mono mascota en una jaula y se sientan en una banca verde y platican y se ríen. Ella los espía por detrás de las cortinas de su recámara y se pregunta dónde habrán conseguido el mono.

Su padre la llama cada semana para decir: "Mija, ¿cuándo vienes a casa?". ¿Qué dice su madre al respecto? Ella se lleva las manos a la cintura y dice orgullosa: "Salió a mí". Cuando el padre está en el cuarto, la madre sólo se encoge de hombros y dice: "¿Qué quieres que haga?". La madre no se opone. Sabe lo que es vivir una vida llena de arrepentimientos, y no le desea esa vida a su hija. Ella siempre apoyó los proyectos de su hija, siempre y cuando asistiera a la escuela. Aquella madre que pintaba las paredes de sus casas de Chicago de los colores de las flores; la que sembraba jitomates y rosas en el jardín; cantaba arias; practicaba solos en la batería de su hijo; bailaba bugui bugui con los del programa musical *Soul Train*; pegaba carteles de viaje en la pared de su cocina con miel de maíz Karo; arriaba a sus hijos semanalmente a la biblioteca, a conciertos públicos, a museos; llevaba una insignia en la solapa que decía: "Hay que alimentar al pueblo, no al Pentágono"; quien nunca pasó del noveno grado. *Esa* madre. Ella le da un ligero codazo a su hija y le dice: "*Good lucky*; menos mal que tú estudiaste".

El padre quiere que su hija anuncie el estado del tiempo por la televisión, o se case y tenga hijos. Ella no quiere ser la chica del pronóstico del tiempo de la tele. Tampoco quiere casarse ni tener hijos. Todavía no. Quizá después, pero hay tantas otras cosas en la vida que tiene que hacer primero. Viajar. Aprender a bailar tango. Publicar un libro. Vivir en otras ciudades. Ganarse una beca del National Endowment for the Arts. Ver la aurora boreal. Saltar de un pastel.

Ella se queda mirando los techos y las paredes de su apartamento de la misma manera en que una vez se quedara mirando los techos y las paredes de los apartamentos donde se crió, sacándoles forma a las grietas del yeso, inventando historias que acompañaran esas formas. Por las noches, bajo el círculo de luz de una lámpara de estudiante, ella se sienta con papel y pluma y finge no tener miedo. Intenta vivir como una escritora.

De dónde saca esas ideas de vivir como una escritora, no tiene la menor idea. Aún no ha leído a Virginia Woolf. No ha oído hablar de Rosario Castellanos ni de Sor Juana Inés de la Cruz. Gloria Anzaldúa y Cherríe Moraga están forjando sus propios caminos por el mundo en alguna parte, pero ella todavía no ha oído hablar de ellas. No sabe nada. Va improvisando sobre la marcha.

Cuando le tomaron la foto a aquella jovencita que era yo, todavía me consideraba a mí misma como poeta, aunque había escrito cuentos desde la primaria. La ficción me cautivó de nuevo cuando tomé un taller de poesía en la Universidad de Iowa. La poesía, según me enseñaron en Iowa, era un castillo de naipes, una torre de ideas, pero yo no puedo comunicar una idea excepto a través de una historia.

La mujer que soy en la fotografía estaba escribiendo una serie de viñetas, poco a poco, junto con su poesía. Yo ya tenía un título: *La casa en Mango Street*. Había escrito cincuenta páginas, pero todavía no pensaba en ello como una novela. Sólo era un frasco de botones, como las fundas bordadas que no hacían juego y las servilletas con iniciales que conseguía en los arcones del Goodwill. Escribí estas cosas y pensaba en ellas como "cuentitos", aunque sentía que estaban conectados entre sí. Aún no había oído hablar de los ciclos de cuentos. No había leído *Canek* de Ermilio Abreu Gómez, *Lilus Kikus* de Elena Poniatowska, ni *Maud Martha* de Gwendolyn Brooks, ni *Las manos de mamá* de Nellie Campobello. Eso vendría después, cuando tuviera más tiempo a solas para leer.

La mujer que una vez fui escribió los tres primeros cuentos de *La casa* durante un fin de semana en Iowa. Pero debido a que no estaba inscrita en el taller de ficción, no valdrían como parte de mi tesis de la Maestría en Creación Literaria (MFA). No me quejé; mi asesor de tesis me recordaba demasiado a mi padre. Escribía estos cuentitos aparte como un consuelo cuando no me encontraba escribiendo poesía para obtener los créditos necesarios. Los compartía con compañeros como la poeta Joy Harjo, quien tampoco se sentía a gusto en los talleres de poesía, y el narrador Dennis

Joy Harjo en Iowa City

Mathis, oriundo de un pueblito de Illinois, pero cuya biblioteca de libros de tapa blanda provenía de todo el mundo.

Los minicuentos estaban de moda en círculos literarios en esa época, en los años setenta. Dennis me contó acerca del japonés Kawabata, ganador del premio Nobel, que escribía cuentos mínimos que cabían "en la palma de la mano". Freíamos *omelets* para cenar y leíamos cuentos de García Márquez y Heinrich Böll en voz alta. Ambos preferíamos a los escritores experimentales —todos ellos varones, con la excepción de Grace Paley— rebeldes como nosotros mismos. Dennis se convertiría en mi revisor de toda la vida, en mi aliado, y en esa voz al otro lado del teléfono cuando alguno de los dos se desanimaba.

La jovencita de la foto basa el libro en el que está trabajando en *El hacedor* de Jorge Luis Borges, un escritor a quien había leído desde la preparatoria, fragmentos de cuentos que hacen eco a Hans Christian Andersen, o a Ovidio, o secciones de la enciclopedia. Ella desea escribir cuentos que ignoren las fronteras entre los géneros, entre lo escrito y lo hablado, entre la literatura para intelectuales y las rimas infantiles, entre Nueva York y el pueblo imaginario de Macondo, entre Estados Unidos y México. Es cierto, también quiere que los escritores a quienes ella admira respeten su obra, pero también quiere que la gente que usualmente no lee libros también disfrute de estos cuentos. Ella *no* quiere escribir un libro que el lector no entienda y que lo haga sentirse avergonzado por no entender.

Ella cree que los cuentos tienen que ver con la belleza. Una belleza que cualquiera pueda admirar, como un rebaño de nubes pastando en lo alto. Ella cree que la gente que está ocupada trabajando para ganarse la vida merece unos cuentitos bellos, porque no disponen de mucho tiempo y a menudo se sienten cansados. Ella se imagina un libro que pueda abrirse en cualquier página y aún mantenga el sentido para un lector que no sepa qué sucedió antes o qué viene después.

Ella experimenta, creando un texto que sea tan sucinto y flexible como la poesía, partiendo las oraciones para formar fragmentos de manera que el lector haga una pausa, haciendo que cada oración sirva el propósito de *ella* y no al revés, abandonando las comillas para estilizar la tipografía y hacer que la

Dennis Mathis y yo en Iowa

página sea tan sencilla y legible como sea posible. Para que las oraciones sean tan maleables como ramas y puedan ser leídas de varias maneras.

A veces la mujer que una vez fui sale los fines de semana a encontrarse con otros escritores. A veces invito a esos amigos a mi apartamento a "tallerear" nuestros escritos. Somos afroamericanos, blancos, latinos. Somos hombres y somos mujeres. Lo que nos une es nuestra creencia en que el arte debe ayudar a nuestras comunidades. Juntos publicamos una antología: *Emergency Tacos* (Tacos urgentes), porque terminamos nuestras colaboraciones de madrugada y nos reunimos en la misma taquería abierta las veinticuatro horas sobre Belmont Avenue, como una versión multicultural de la pintura *Nighthawks* (Noctámbulos) de Hopper. Los escritores de *Emergency Tacos* organizamos eventos culturales mensuales en el apartamento de mi hermano Keek: Galería Quique. Lo hacemos sin otro capital que nuestro valioso tiempo. Lo hacemos porque el mundo en que vivimos es una casa en llamas y nuestros seres queridos se están quemando.

La joven mujer de la fotografía se levanta en la mañana para ir al trabajo que paga la renta de su apartamento en Paulina Street. Da clases en una escuela de Pilsen, el antiguo barrio de su madre en la zona sur de Chicago, un barrio mexicano donde la renta es barata y demasiadas familias viven hacinadas. Los dueños de las viviendas y el municipio no toman responsabilidad por las ratas, por la basura que no se recolecta con suficiente frecuencia, por los porches que se derrumban, por los apartamentos que carecen de escaleras de incendios, hasta que sucede una tragedia y mueren varias personas. Entonces se realizan investigaciones por un rato, pero los problemas continúan hasta la próxima muerte, la próxima investigación, el próximo periodo de olvido.

La jovencita trabaja con estudiantes que han abandonado sus estudios de preparatoria pero que han decidido volver para tratar de obtener su diploma. De sus alumnos se entera de que ellos llevan unas vidas más difíciles de lo que su imaginación de escritora pueda inventar. La vida de ella ha sido cómoda y privilegiada comparada con la de ellos. Ella nunca tuvo que preocuparse por tener que darle de comer a sus bebés antes de ir a clases. Ella nunca tuvo a un padre o un novio que la golpeara por las noches y la dejara amoratada por las mañanas. Ella nunca tuvo que planear una ruta alterna para no tener que enfrentarse a las pandillas en un pasillo escolar. Sus padres nunca le rogaron que dejara sus estudios para que pudiera ayudarlos a ganar dinero.

¿De qué sirve el arte en este mundo? Eso nunca se cuestionó en Iowa. ¿Debería ella estar enseñando a estos estudiantes a escribir poesía cuando lo que necesitan es aprender a defenderse de quien los ataca? ¿Acaso las memorias de Malcolm X o una novela de García Márquez pueden salvarlos de los golpes diarios? ¿Y qué pasa con aquellos que tienen tales dificultades de aprendizaje que no pueden ni con un libro del Dr. Seuss, y sin embargo son capaces de hilar una historia oral tan asombrosa que la hace a ella desear tomar notas? ¿Debería ella abandonar la escritura y estudiar algo útil como la medicina? ¿Cómo puede enseñar a sus estudiantes a tomar las riendas de su propio destino? Ella adora a sus estudiantes. ¿Qué podría hacer para salvarles la vida?

El empleo que la jovencita tiene como maestra la conduce a otro, y ahora se encuentra como consejera y reclutadora de su *alma mater*, Loyola University sobre North Side, en Rogers Park. Tengo seguro médico. Ya no me traigo el trabajo a casa. Mi día de trabajo termina a las 5 p.m. Ahora tengo las noches libres para dedicarme a mi propio trabajo. Me siento como una escritora de verdad.

En la universidad trabajo para un programa que ya no existe, el Educational Opportunity Program (Programa de oportunidades educativas), que ayuda a estudiantes no privilegiados. Va de acuerdo con mis principios y todavía puedo ayudar a los estudiantes de mi empleo anterior. Pero cuando a mi estudiante más brillante la admiten, se inscribe y luego abandona los estudios durante el primer semestre, me desmorono en mi escritorio de pena, de agotamiento, y a mí también me dan ganas de abandonarlo todo.

Escribo acerca de mis estudiantes porque no sé qué más hacer con sus historias. Escribirlas me ayuda a conciliar el sueño.

Los fines de semana, si acaso puedo eludir la culpa y rehuir las exigencias de mi padre de que vaya a cenar en familia los domingos en su casa, soy libre de quedarme en casa y escribir. Me siento como una hija ingrata por ignorar a mi padre, pero me siento peor si no escribo. De cualquier forma, nunca me siento completamente feliz.

Un sábado la mujer sentada a la máquina de escribir acepta una invitación a una velada literaria. Pero al llegar, se da cuenta de que ha cometido un grave error. Todos los escritores son señores de edad. La invitó Leon Forrest, un novelista afroamericano que por amabilidad quería invitar a más mujeres, a más personas de color, pero hasta ahora, ella es la única mujer, y él y ella son los únicos de piel morena.

Ella está aquí porque es la autora de un nuevo libro de poesía: *Bad Boys* (Chicos malos) de la editorial Mango Press, fruto de los esfuerzos literarios de Gary Soto y Lorna Dee Cervantes. Su libro tiene cuatro páginas de extensión y fue encuadernado en la mesa de una cocina con una engrapadora y una cuchara. Muchos de los demás invitados, pronto se da cuenta, han escrito libros *de verdad*, libros de tapa dura de las grandes editoriales de Nueva York, impresos en tirajes de cientos de miles en imprentas genuinas. ¿Es ella una escritora de verdad o apenas finge serlo?

El invitado de honor es un escritor famoso, quien asistió al programa de escritura creativa del Iowa Writers' Workshop varios años antes de que ella estudiara allí. Acaba de vender su último libro a Hollywood. Él habla y se porta como si fuera el Emperador de Todo.

Al final de la noche, ella se encuentra buscando un aventón a casa. Llegó en autobús, y el Emperador se ofrece a llevarla a casa. Pero ella no va para su casa, tiene mucha ilusión de ir a ver una película que sólo van a dar esa noche. Le da miedo ir sola al cine, y por eso ha decidido ir. Precisamente porque le da miedo.

El escritor famoso conduce un auto deportivo. Los asientos huelen a piel y el tablero relumbra como si fuera la cabina de un avión. El coche de ella no siempre arranca y tiene un agujero en el suelo cerca del acelerador por donde se cuelan la lluvia y la nieve, de manera que ella tiene que usar botas cuando maneja. El escritor famoso habla que habla, pero ella no puede escuchar lo que él dice, ya que sus propios pensamientos lo ahogan como el viento. Ella no dice nada, no es necesario. Ella es lo suficientemente joven y lo suficientemente bonita como para alimentar el ego del escritor famoso al asentir con entusiasmo a todo lo que él dice, hasta que la deja enfrente del cine. Ella espera que el escritor famoso se fije en que ella va a ver *Los caballeros las prefieren rubias* a solas. A decir verdad, se siente incómoda acercándose a la taquilla sola, pero se fuerza a sí misma a comprar el boleto y a entrar porque le encanta esta película.

La sala de cine está repleta. A la jovencita le parece que todo el mundo viene acompañado, todos menos ella. Finalmente, la escena donde Marilyn canta: "Los diamantes son los mejores amigos de las mujeres". Los colores son tan maravillosos como en las caricaturas, el escenario deliciosamente frívolo, la letra ingeniosa, todo ese número es puro glamur a la antigua. Marilyn es sensacional. Después de que termina su canción, el público estalla en aplausos como si fuera un espectáculo en vivo, aunque la pobre Marilyn ya lleva muerta años y años.

La mujer que soy yo vuelve a casa orgullosa de haber ido sola al cine. *¿Lo ves? No fue tan difícil.* Pero cuando le da vuelta al cerrojo a la puerta de su apartamento, se echa a llorar. "No tengo diamantes", solloza, sin saber qué quiere decir con eso, excepto que sabe aún entonces que esto no tiene nada que ver con los diamantes. Cada pocas semanas, le da un ataque de llanto nefasto como este que la deja sintiéndose mal y llena de zozobra. Es un suceso tan habitual que ella cree que estas tormentas depresivas son algo tan normal como la lluvia.

¿De qué tiene miedo la mujer de la fotografía? Tiene miedo de caminar de su coche estacionado a su apartamento en la oscuridad. Tiene miedo del ruido de algo que corretea y da arañazos por entre las paredes. Tiene miedo de enamorarse y quedarse atrapada viviendo en Chicago. Le tiene miedo a los fantasmas, las aguas profundas, los roedores, la noche, las cosas que se mueven demasiado aprisa: los autos, los aviones, su propia vida. Tiene miedo de tener que regresar a la casa paterna si no tiene la valentía de vivir sola.

A lo largo de todo esto, escribo cuentos que van con ese título. *La casa en Mango Street*. A veces escribo sobre gente que recuerdo, a veces escribo sobre gente a quien acabo de conocer, a menudo las entremezclo. A mis estudiantes de Pilsen que se sentaban frente a mí cuando daba las clases, con las muchachas que se sentaban junto a mí en otro salón de clases una década antes. Recojo partes de Bucktown, como el jardín vecino con el mono, y lo aterrizo en la cuadra de Humboldt Park donde viví durante mis años de secundaria y preparatoria, en el 1525 North Campbell Street.

A menudo lo único que tengo es un título sin cuento —"La familia de los pies menuditos"— y tengo que hacer que el título me dé un puntapié en el trasero para echarme a andar. O a veces lo único que tengo es la primera oración: "Nunca acabas de llenarte de cielo". Una de entre mis alumnos de Pilsen dijo que yo lo había dicho y ella nunca lo olvidó. Menos mal que ella lo recordó y me lo citó de nuevo. "Vinieron con el viento que sopla en agosto...".

Esta frase me llegó en un sueño. A veces las mejores ideas te llegan entre sueños. ¡A veces las peores ideas también llegan de allí!

Ya sea que la idea haya venido de una oración que escuché zumbando por ahí y que guardé en un frasco, o de un título que recogí y me embolsé, los cuentos siempre insisten en decirme dónde quieren terminar. A menudo me sorprenden al detenerse cuando yo tenía todas las intenciones de galopar un poco más lejos. Son tercos. Ellos saben mejor que nadie cuando ya no hay nada más que decir. La última oración debe resonar como las notas al final de una canción de mariachi —tan-tán— para avisarte que la canción ha terminado.

La gente sobre la que escribí era real, en su mayoría, de aquí y de allá, de ahora y de ese entonces, pero a veces trenzaba a tres personas reales en una persona ficticia. Usualmente, cuando creía que estaba creando a alguien a partir de mi imaginación, resultaba ser que yo había recordado a alguien a quien había olvidado o a alguien que estaba tan cerca de mí que no podía verlo en lo absoluto.

Norma Alarcón

Recorté y cosí los sucesos para confeccionar la historia, le di forma para que tuviera un comienzo, una parte de en medio y un final, porque en la vida real los cuentos rara vez nos llegan completos. Todas las emociones, no obstante, buenas o malas, me pertenecen.

Conozco a Norma Alarcón. Ella se convertirá en una de mis primeras editoras y en amiga para toda la vida. La primera vez que camina por los cuartos del apartamento en North Paulina, nota los cuartos silenciosos, la colección de máquinas de escribir, los libros y las figurinas japonesas, las ventanas con vista a la autopista y al cielo. Camina como de puntitas, asomándose a cada cuarto, incluso a la alacena y el clóset, como si buscara algo. "Vives aquí...", pregunta, "¿sola?".

"Sí".

"Pero...". Hace una pausa. "¿Cómo lo lograste?".

Norma, lo logré haciendo las cosas que temía hacer para dejar de tenerles miedo. Mudarme a otra ciudad para hacer un posgrado. Viajar al extranjero. Ganar mi propio dinero y vivir sola. Posar como autora cuando sentía miedo, así como posé en aquella foto que usaste para la primera portada de la revista *Third Woman Magazine*.

Y finalmente, cuando estuve lista, después de haber realizado mi aprendizaje con escritores profesionales durante varios años, asociándome con la agente idónea. Mi padre, quien suspiraba y anhelaba que me casara, al final de su vida estuvo mucho más complacido de que tuviera a mi agente, Susan Bergholz, velando por mí en lugar de un marido. "¿Ha llamado Susan?", me preguntaba a diario, ya que si Susan llamaba eso significaba buenas noti-

Mi agente literaria, Susan Bergholz, frente a la Tienda Guadalupe Folk Art de Danny López Lozano en San Antonio

cias. Quizá a muchas mujeres les baste con diamantes, pero para una mujer escritora el mejor de los amigos es su agente.

No confiaba en mi propia voz, Norma. La gente veía en mí a una niña pequeña y escuchaban la voz de una niña pequeña cuando yo hablaba. Debido a que no estaba segura de mi propia voz adulta y a menudo me censuraba a mí misma, inventé otra voz, la de Esperanza, para que ella fuera mi voz y preguntara las cosas para las cuales yo misma necesitaba respuesta: "¿Hacia dónde?". Yo no lo sabía con exactitud, pero sabía cuáles rutas no quería tomar —Sally, Rafaela, Ruthie— mujeres cuyas vidas eran unas cruces blancas junto a la carretera.

En Iowa nunca hablamos de ayudar a los demás a través de

nuestra escritura. Tenía más que ver con ayudarnos a nosotros mismos. Pero no había otros ejemplos a seguir, hasta que me diste a conocer a las escritoras mexicanas Sor Juana Inés de la Cruz, Elena Poniatowska, Elena Garro, Rosario Castellanos. La jovencita de la fotografía buscaba alternativas, "otro modo de ser", como decía Rosario Castellanos.

Hasta que nos reuniste a todas como escritoras latinas —Cherríe Moraga, Gloria Anzaludúa, Marjorie Agosín, Carla Trujillo, Diana Solís, Sandra María Esteves, Diane Gómez, Salima Rivera, Margarita López, Beatriz Badikian, Carmen Abrego, Denise Chávez, Helena María Viramontes— hasta entonces, Normita, no teníamos idea de que lo que hacíamos era algo extraordinario.

Ya no vivo en Chicago, pero Chicago aún vive en mí. Todavía hay historias de Chicago que quiero escribir. Mientras que estas historias repiqueteen en mi interior, Chicago seguirá siendo mi hogar.

A la larga tomé un empleo en San Antonio. Me fui. Regresé. Me volví a ir. Seguía regresando atraída por la renta barata. La vivienda asequible es vital para un artista. Con el tiempo, pude incluso comprar mi primera casa, una casa de cien años de antigüedad que una vez fuera de color violeta claro, pero que ahora está pintada de rosa mexicano.

Hace dos años mandé a construir mi estudio en el jardín de atrás, un edificio creado a partir de mis recuerdos de México. Escribo la presente en el mismo, color xempoaxóchitl por fuera, azul lavanda por dentro. Unas campanillas de viento resuenan desde la terraza. Los trenes gimen todo el tiempo a la distancia; el nuestro es un barrio de trenes. El mismo río San Antonio que los turistas conocen del Riverwalk pasa por detrás de mi casa hacia las misiones y más allá, hasta que vierte sus aguas en el Golfo de México. Desde mi terraza se puede ver cómo el río se ondula para formar una "s".

Unas garzas blancas flotan por el cielo como un paisaje pintado en un biombo lacado. El río comparte la tierra con patos, mapaches, tlacuaches, zorrillos, zopilotes, mariposas, gavilanes, tortugas, víboras, tecolotes, a pesar de que es posible llegar a pie al centro desde aquí. Y dentro de los confines de mi propio jardín, también hay muchas criaturas: perros que ladran, gatos kamikaze, un loro enamorado de mí.

Esta es mi casa.

La gloria.

---

24 de octubre de 2007. Vienes a visitarme desde Chicago, mamá. No quieres venir. Te hago venir. Ya no te gusta salir de tu casa, te duele la cintura, dices, pero insisto. Construí este estudio junto al río tanto para ti como para mí, y quiero que lo veas.

Una vez, hace años, me llamaste por teléfono con cierta urgencia en la voz: "¿Cuándo vas a construir tu propio estudio? Acabo de ver un programa en el canal cultural sobre Isabel Allende y ella tiene un escritorio ENORME y un estudio GRANDE". Te moles-

Mi estudio de San Antonio

taba que yo estuviera escribiendo de nuevo en la mesa de la cocina como en los viejos tiempos.

Y ahora henos aquí, en la azotea de un edificio color azafrán con vista al río, un espacio sólo mío para poder escribir. Subimos al cuarto donde trabajo, encima de la biblioteca, y salimos al balcón que da al río.

Tienes que descansar. Hay unos edificios industriales en la orilla opuesta —graneros y silos abandonados— pero están tan oxidados por la lluvia y desteñidos por el sol que tienen su propio encanto, como esculturas públicas. Cuando recuperas el aliento, continuamos.

Me siento particularmente orgullosa de la escalera de caracol que conduce a la azotea. Siempre he soñado con tener una, como en las casas de México. Incluso la palabra en español para nombrar a esta escalera en espiral me encanta. Nuestros pasos resuenan sobre cada escalón de metal, los perros nos siguen tan de cerca que hay que regañarlos.

"Tu estudio es más grande de lo que parece en las fotos que mandaste", dices, contentísima. Me imagino que lo estás comparando con el de Isabel Allende.

"¿Dónde conseguiste las cortinas de la biblioteca? Apuesto a que te costaron mucha plata. Lástima que tus hermanos no hayan podido tapizar los sillones para ahorrarte unos centavos. "¡Úuujole, qué bonito!", dices, tu voz se desliza en ascendente por las escalas como una urraca de río.

Extiendo unas colchonetas para hacer yoga en la azotea y nos sentamos de piernas cruzadas para contemplar la puesta de sol. Bebemos tu vino favorito, el espumoso italiano, para celebrar tu llegada, para celebrar mi estudio.

El cielo absorbe la noche rápido rápido, disolviéndose dentro del color de una ciruela. Me tiendo sobre la espalda y veo las nubes apresurarse a casa. Las estrellas tímidas se asoman, una a una. Te recuestas junto a mí y enroscas tu pierna sobre la mía como cuando dormimos juntas en tu casa. Siempre dormimos juntas cuando estoy de visita. Al principio porque no hay otra cama disponible. Pero después, cuando papá muere, sólo porque deseas estar junto a mí. Es el único momento en que te permites ser cariñosa.

"¿Qué tal si invitamos a todos a pasar acá la próxima Navidad", te pregunto. "¿Qué te parece?".

"Ya veremos", dices, absorta en tus pensamientos.

La luna sube por encima del mezquite del jardín de adelante, salta por la orilla de la terraza y nos deja atónitas. Es una luna llena, un *nimbus* enorme como en los grabados de Yoshitoshi. De ahora en adelante, no volveré a mirar la luna llena sin pensar en ti, en este momento. Pero por ahora, esto no lo sé.

Cierras los ojos. Parece como si estuvieras dormida. Debes estar cansada del viaje en avión. "*Good lucky* que estudiaste", dices sin abrir los ojos. Te refieres a mi estudio, a mi vida.

Te digo: "*Good lucky*". Qué buena suerte.

Para mi madre, Elvira Cordero de Cisneros
11 *de julio de* 1929—1ro *de noviembre de* 2007

Una ofrenda para mi madre

El altar que instalé para mi madre en el Centro Nacional Cultural Hispano, en Albuquerque

Yo estuve presente en el cuarto el momento en que mi madre murió. Ella estaba en cuidados intensivos, enchufada a máquinas que la mantenían viva. Yo estaba dormida en un catre en el mismo cuarto cuando la enfermera me sacudió y me dijo: “Ya se va”. Habíamos estado esperando este momento durante cuarenta y ocho horas y quizá toda la vida, pero de todas formas fue una sorpresa. Estaba oscuro afuera, el primero de noviembre, justo antes del amanecer. No había tiempo de llamar a nadie más que a mi hermano Lolo, que había acampado en el pasillo afuera. El doctor de mi madre había dicho que su cerebro ya había muerto, pero las enfermeras de urgencias le hablaban suavemente como si todavía estuviera viva, al igual que nosotros.

Yo había estado allí cuando el espíritu de mi amigo Danny López Lozano había cruzado al más allá. No estuve en el cuarto de hospital con él, sino en mi propio patio trasero cuando me dieron la noticia. Yo intentaba meditar pero no sabía cómo y estaba haciendo un enredijo. Mi mente se apartaba de Danny y me preguntaba si yo había recordado poner a descongelar el pollo. Luego me embargaba la culpa e intentaba de nuevo pensar en Danny y sólo en Danny. Lo menciono porque sé que yo no causé lo que sucedió después. La cosa más extraña. Sentí un calor en la coronilla de la cabeza, como si alguien me hubiera roto un huevo encima y la yema estuviera fluyendo hacia abajo, lenta como la miel, pero tibia como una calentura. No fue sólo el calor lo que me sobresaltó, sino la emoción arrolladora que lo acompañó. Una sensación de júbilo tan intensa que me hizo llorar. Se movió a través de mí verticalmente. Para cuando me había entrado al torso moviéndose hacia los pies, la coronilla ya se me estaba enfriando. Me asustó mientras sucedía. *¿Qué es esto?*, pensé. Luego me di cuenta de que era el espíritu de Danny, despidiéndose. Nos vemos, estoy bien, no te pongas triste, no te preocupes, avísales a los demás. Y para cuando lo comprendí, mi cuerpo ya había regresado a su temperatura normal. Él se había ido.

Por eso en el cuarto de cuidados intensivos con mi madre yo estaba lista como un jugador de béisbol aguardando una pelota al aire. Mi madre tenía una personalidad fuerte, así que yo estaba esperando un tsunami. En lugar de eso casi no noté la emoción que se cernía y se movía por el cuarto como luz de luna resplandeciendo sobre el agua. Era suave y tierna y dulce dulce dulce. Todo lo contrario a mi madre. Y no viajó a través de mí, de la coronilla a los pies. Era tan suave como una boca y apenas perceptible, como una palomilla revoloteando justo fuera del alcance. "¿Lo sientes?", le pregunté a Lolo, pero él sólo frunció el ceño. "Tómala de las manos, dile que ya se puede ir", le dije. Yo estaba emocionada de la manera en que me imagino que estás emocionado cuando eres testigo de un nacimiento; no puedes creer que esté sucediendo. Me sentí así, como si estuviera en un cuarto sagrado, afortunada de ayudarla a morir, tal como ella me había ayudado a nacer. "No tienes idea", le dije a mamá. "No tienes idea de lo que hiciste en esta vida". Se me resquebrajó el corazón en dos de pensar que este amor puro había sido mi madre desde un principio, por debajo de toda esa furia, debajo del trueno y la rabia. ¿Cómo había ido de ser *eso* a la mujer que yo conocí? Luego el resplandor se apagó, se desvaneció, y nos quedamos solos.

Esta historia apareció por primera vez en versión impresa en un ejemplar de *Granta* sobre Chicago, en diciembre de 2009.

Me convertí en escritora gracias a una madre que era infeliz siendo madre. Ella era una madre prisionera de guerra golpeando los barrotes de su celda toda su vida. Las mujeres infelices

Mi madre (izq.) y Frances Casino

Mi madre como dama de honor
en su adolescencia

hacen esto. Ella buscó rutas de escape de su prisión y las encontró en museos, el parque y la biblioteca pública.

Cuando ella era niña vivió en el distrito de San Francisco de Asís en Chicago, cerca de Roosevelt Road y South Halsted Street, lo suficientemente cerca del centro de la ciudad que ella podía ir allí a pie. Tengo una foto de ella de muy jovencita en la escalinata de un museo de Chicago con su mejor amiga, Frances. Sé que mi madre a menudo se largaba todo el día con sus amigas y le pagaba a sus hermanas menores para que hicieran sus labores. No sabía lo que le esperaba en la vida y, de haberlo sabido, hubiera corrido más allá del museo.

Debido a que mi madre necesitaba fortificar su espíritu, los sábados se reservaban para ir a la biblioteca, los domingos para conciertos en el parque Grant o visitas a los muchos museos de Chicago. Yo antes pensaba que lo hacía por nosotros, pero luego me di cuenta de que lo hacía por ella. Le encantaban la ópera, las novelas de Pearl S. Buck, y la película basada en *Un árbol crece en Brooklyn*. Más tarde abandonaría a Pearl Buck por Noam Chomsky, pero en un principio ella leía obras de ficción. Sé que soñaba con convertirse en algún tipo de artista —ella sabía cantar y dibujar— pero estoy segura de que nunca soñó con criar a siete hijos.

Creo que se casó con mi padre porque él la rescató de una casa con pintura descascarada y camas llenas de hermanas y chinches. Por lo menos esto es lo que mi padre le recordaba a ella cuando discutían. Él provenía de la Ciudad de México y hablaba un español impecable, tan rígido y formal como los hermosos trajes que usaba. Él era un caballero, y me imagino que mi madre lo veía como cosmopolita y sofisticado. Ella no sabía que él era un soñador y que le daría siete hijos y una vida poco imaginativa.

Mi madre era la bonita de la familia, acostumbrada a que su hermana mayor la mimara. Si había algo que mi padre sabía hacer, era cómo mimar a una mujer. Él creía que las mujeres más que nada quieren palabras y él tenía una abundancia de estas. Mi cielo.

Mis padres antes de casarse, en una fiesta de Chicago

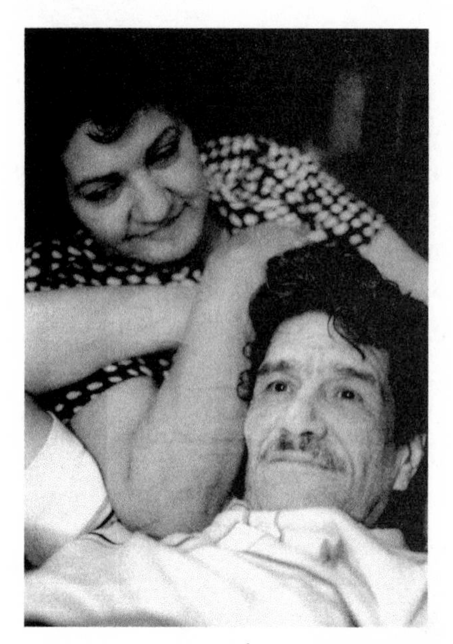

Mis padres

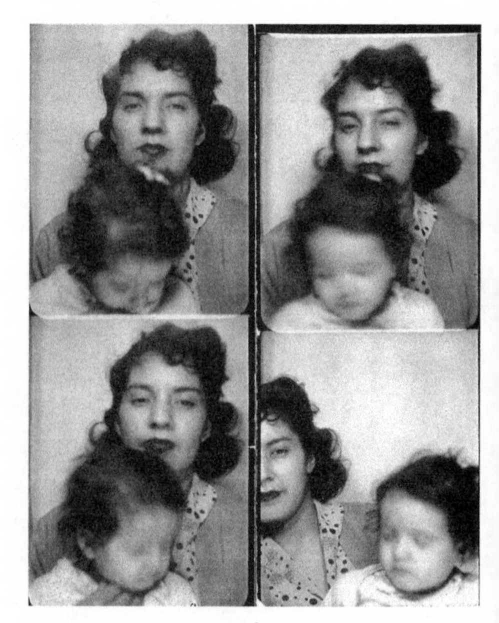

Mi madre y yo

Mi vida. Mi amor. Así que por un rato ella debe haber estado feliz. Tengo una foto de ellos bailando y besándose. Es obvio que están enamorados. Pero eso no duró mucho y fue reemplazado por un amor más duradero, el amor cotidiano, y las palabras también fueron reemplazadas por unas más duraderas, cotidianas.

"Vieja, ¿dónde estás?".

"¡No me llames vieja, yo no soy vieja!".

Los domingos papá era nuestro chofer y nos llevaba adonde mamá quisiera. Un concierto de música clásica en el parque, mientras él roncaba sobre una cobija bajo un árbol. El zoológico Brookfield o un museo del parque Grant. "Aquí los espero", decía papá, y se deslizaba hacia una banca. Él hubiera preferido quedarse en casa leyendo sus revistas mexicanas en cama o remojándose los pies después de una semana de moverse de arriba abajo como un boxeador profesional entre los sofás y las sillas que tapizaba. Pero mamá se quejaba de que tenía que salir de esa casa o se volvería loca.

Los sábados yo caminaba con mamá a la biblioteca. Para mí, la biblioteca era una casa estupenda. Una casa de ideas, una casa de silencio. Nuestra propia casa era como la del cocinero en *Alicia en el país de las maravillas*, un montón de gritos y vajillas hechas añicos. ¿Podría alguien darme un bebé y ese bebé se convertiría en un cochino? Cualquier cosa podía suceder en esa cocina. Era una pesadilla y yo estaba condenada al peor puesto de ayudante, ya que era demasiado ensoñadora como para aprender a cocinar. El arroz se me quemaba, un error costoso. Así que me ordenaban cortar papas en cuadritos o fregar ollas o poner la mesa, o cualquier cosa que se le ocurriera a mamá mientras ella estaba ocupada golpeando cacerolas y gritando.

El infierno era una cocina. El infierno era tener que ir al supermercado cada viernes con ella. A veces papá nos llevaba. Por lo general íbamos a pie de ida y vuelta con un carrito plegable y una carretilla roja. Era una cruz, comprar comestibles para nuestro ejército. Ni mi madre ni yo lo disfrutábamos.

A veces mi padre y madre iban al mercado de Randoph Street a comprar huevos y verduras al por mayor para nosotros nueve. A veces mi madre caminaba por North Avenue, más allá del parque Humboldt, a la panadería donde le vendían pan dulce del día anterior. Los domingos, después de rebuscar en el mercado de pulgas en Maxwell Street, recogíamos alimentos mexicanos en la 18th Street; carnitas y chicharrón servidos en tortillas calientes con una cucharada de crema y unas ramitas de cilantro. Estas cenas dominicales eran una de las pocas ocasiones en que papá "cocinaba". Se paraba frente a la tabla de picar y cortaba en trozos como un chef japonés, tarareando al trabajar, hasta que las carnitas estaban cortadas en cubitos como a él le gustaba.

Papá era meticuloso. Le gustaba recordarle a todo el mundo que él venía de buena familia, el hijo de un militar mexicano y el nieto de un pianista que también había sido educador, pero su apreciación de las cosas buenas de la vida no iba más allá de los centros nocturnos. Le encantaban los salones de baile y los cabarets, las grandes orquestas de Xavier Cugat, Pérez Prado y Benny Goodman, la voz seductora de Peggy Lee cantando la canción de Lil Green, "Why Don't You Do Right?" (¿Por qué no te portas bien?), cuyas letras *"Get out of here and get me some money too"* (Ya lárgate y también consígueme algo de dinero) siempre lo hacían reír. Él bailaba bien y vestía con elegancia. Y entonces se casó.

Como todos a quienes conocíamos, viajábamos por carretera de Chicago a México a visitar a los familiares. En México no teníamos que pedirle a papá que nos llevara a museos en coche; el pasado y el presente nos rodeaban por doquier. Presenciamos a varios Judas de papel explotar durante Semana Santa, vimos pirámides aztecas brotar de en medio del centro, miramos a bailarines mecerse como pájaros de un tronco gigante plantado frente a la catedral, escuchamos el tocar de música antigua de tambores y caracolas en el zócalo. El arte se encontraba en las banderitas de papel picado que revoloteaban sobre nosotros en una fiesta, en los mangos rebanados como rosas y servidos en un palo, en las baratijas que comprábamos con nuestro domingo en el mercado, en las obleas color pastel adornadas de pepitas. El arte era una forma de ser.

Durante estas vacaciones, papá se ponía al corriente en su lectura. Su biblioteca consistía de historietas mexicanas y fotonovelas de bolsillo impresas con tinta color chocolate oscuro en un papel tan barato que era utilizado por los pobres como papel de baño. Cuando papá terminaba con sus libritos, me los pasaba y yo pintaba los labios teñidos de chocolate de las damas con un lápiz rojo remojado en saliva. Así fue como aprendí a leer en español.

Papá también tenía una biblioteca privada, una reserva oculta de revistas *¡Alarma!*, cuyas portadas eran tan salvajes, que mamá lo obligaba a guardarlas debajo del colchón en bolsas de papel estraza. *¡Alarma!* contenía historias sensacionales del diario acontecer mexicano: otro chofer que se desbarranca, otro terremoto que sepulta a un pueblo, otro homicidio a punta de machete. Todo con fotos detalladas. A los mexicanos les encanta mirar de frente a la muerte. A mí no me permitían leer estas revistas, pero de vez en cuando yo sí pescaba algún encabezado mientras papá leía en cama. "Mujer mata a marido y sirve su cabeza en tacos".

De vuelta en Chicago, mamá pintaba geishas usando juegos de pintar según los números en la cocina después de terminar el quehacer. Hacía flores de mentiras con papel crepé hasta que cultivó flores verdaderas de semillas que mandaba pedir. Ella cosía muñecos de peluche y ropa para muñecas, diseñaba decorados de teatro y creaba títeres. Pero no era suficiente. Mamá se sentía engañada por la vida y suspiraba por una vida que no era la suya. Papá veía la televisión en cama, contento, riéndose, pidiendo *hot cakes*.

"No hay ninguna vida inteligente por aquí", decía mamá a nadie en particular.

Cuando ella estaba de mal humor, que era a menudo, arrojaba palabras afiladas como cuchillos, hiriendo y mutilando a culpables e inocentes.

"Tu madre", se quejaba papá conmigo, a punto de llorar.

Enferma y cansada, abatida, mamá rabiaba y caminaba de un lado a otro de su celda. Nosotros caminábamos de puntitas a su alrededor sintiéndonos melancólicos y culpables.

Yo comprendía a papá. Él me comprendía a mí. Ninguno de nosotros dos la comprendía a ella y ella nunca nos comprendió a nosotros. Pero no importaba. Un montón de *hot cakes*. Un cheque de pago. Un ramo de diente de león. Un viaje en carro al conservatorio del parque Garfield. Una caja de palomitas "del Sears". Un lenguaje para las palabras que no podíamos decir.

Resurrecciones

Se me ocurre que hay un complot global para ocultar ciertas verdades elementales. Esto es en lo que concierne a envejecer y engordar, y otras metamorfosis de volverse viejo, como perder a tus padres. ¿Alguien olvidó decírmelo o yo no estaba poniendo atención? Pregunto: "¿Por qué nadie me lo dijo?" casi a diario.

De manera que terminé este ensayo en el 2011 y lo convertí en el epílogo de mi libro *¿Has visto a María?*, un cuento sobre la pérdida de un gata llamada María y la pérdida de una madre, con un elenco de personajes que incluía a mis amigos y vecinos de verdad de San Antonio: el reverendo Chavana, la viuda Helen, el vaquero Dave, Bill y Roger.

Normalmente, no sentiría la necesidad de agregar un epílogo, ya que dije todo lo que quería decir en el cuento. Pero había algunas cosas que quería agregar como la autora que no podían ser dichas como la protagonista, cosas que pudieran ayudar a otros atravesar su propia época de duelo.

En México dicen que cuando un ser querido muere, una parte de ti muere con ellos. Pero olvidan mencionar que una parte de ellos nace en ti, no de inmediato según he aprendido, sino con el tiempo y paso a paso. Es una oportunidad de renacer. Cuando te encuentras entre nacimientos, debería haber una forma de indicar a todos: "Cuidado, no soy como era antes. Frágil. Trátenme con cariño".

Vivo en San Antonio a la orilla izquierda de un río en un área

Los verdaderos Bill y Roger (Sánchez y Solís) posando para el libro

de la ciudad llamada King William, o Rey Guillermo, famosa por sus casas históricas. Al sur de Álamo Street, más allá de King William propiamente dicho, el río San Antonio se transforma en un refugio silvestre a medida que se abre paso hacia las misiones españolas. Detrás de mi casa el río es más arroyo que río. Todavía tiene un fondo natural arenoso. Aún no lo han recubierto de cemento. Los animales silvestres viven entre los pastos altos y sus aguas. Mis perros y yo podemos vadear de un extremo a otro y mirar los renacuajos, las tortugas y los peces pasar velozmente por ahí. Hay gavilanes y garzas y tecolotes y otras espléndidas criaturas aladas en los árboles. Es tranquilizante y hermoso, sobre todo cuando estás triste y necesitas dosis grandes de belleza.

En la primavera después de que murió mi mamá, un doctor quiso recetarme pastillas para la depresión. "Pero si no siento nada", le dije, "¿cómo voy a poder escribir?". Necesito poder sentir las cosas profundamente, buenas o malas, y vadear a través de una emoción hasta la otra orilla, hacia mi renacimiento. Sabía que si demoraba mi paso por el dolor, el trayecto entre mundos sólo tardaría más. Incluso la tristeza tiene su lugar en el universo.

Ojalá alguien me hubiera dicho entonces que la muerte te da la oportunidad de sentir el mundo entrañablemente, que el corazón se abre como la abertura de una cámara, captándolo todo, lo doloroso así como lo gozoso, sensible como la piel del agua.

Ojalá alguien me hubiera dicho que atrajera hacia mí los objetos de espíritu puro cuando me encontrara entre nacimientos. Mis perros. Los árboles a lo largo del río San Antonio. El cielo y las nubes reflejadas en sus aguas. El viento con su perfume a primavera. Las flores, sobre todo la compasiva margarita.

Ojalá alguien me hubiera dicho que el amor no muere, que podemos seguir recibiendo y dando amor después de la muerte. Esta noticia me es tan asombrosa aun ahora, que me pregunto por qué no relumbra en la parte inferior de la pantalla de televisión en CNN.

Ester Hernández

Escribí el cuento *¿Has visto a María?* a raíz de una muerte, poco a poco. Una escritora que estaba aquí de visita había perdido a su gata. La verdadera María eludió su captura por más de una semana, pero buscarla me obligó durante esos días a conocer a mis vecinos, y así surgió la idea de este libro.

Algunas personas que me han escuchado leer versiones anteriores de *¿Has visto a María?* en voz alta creyeron que era para niños, pero lo escribí para los adultos, porque había necesidad de algo para gente como yo que de pronto se queda huérfana en la madurez de la vida. Quería ser capaz de hacer algo que pudiera dar a quienes están de luto, algo que los ayudara a encontrar de nuevo el equilibrio y caminar hacia su renacimiento. Debido a que he admirado su obra desde hace mucho y a que ella también perdió a su madre recientemente, supe que la artista Ester Hernández sería la persona indicada para esta colaboración.

Ester voló desde California hasta San Antonio para tantear el terreno. Los vecinos y sus hijos posaron para nosotras y se involucraron en el proyecto: incluimos a personas, casas y lugares de verdad, casi como si estuviéramos haciendo un documental, y este libro se convirtió en un esfuerzo conjunto de la comunidad.

Me gustaba la idea de que las imágenes contaran otra historia sobre la gente de San Antonio, una historia de culturas que chocan para dar origen a algo nuevo: gente de pelo rubio, apellido alemán y con un nombre de pila español, heredado de una abuelita mexicana de varias generaciones atrás. Tejanomexicanos de rasgos árabes e indígenas y apellido escocés. Católicos ultra devotos de raíces sefarditas. Historias que el Álamo olvida recordar.

Somos una especie de aldea, con casotas y casitas, hogar de herederos así como de gente que tiene que tomar el autobús para ir a comprar el mandado. Tenemos casas con banderas estadounidenses y letreros hechos en casa. "Dios bendiga al soldado Manny

Cantú". "Traigan a las tropas a casa ahora". "Por favor no deje que su perro haga popó en mi jardín".

Quería que tanto la historia como las ilustraciones capturaran la belleza excéntrica de lo rascuache, de cosas hechas con materiales a la mano, arquitectura chida y jardines chidos, maneras creativas de ingeniárselas, porque me parece que eso es lo particularmente maravilloso de San Antonio.

Sabía mientras escribía este cuento que me estaba ayudando a volver a mí misma. Es esencial crear algo cuando el espíritu se está muriendo. Sin importar qué. A veces sirve dibujar. A veces sembrar un jardín. Otras veces hacer una tarjeta del Día de San Valentín. O cantar o elaborar un altar. Crear nutre el espíritu.

He vivido en mi barrio durante más de veinte años, más tiempo del que he vivido en cualquier otra parte. El pasado abril, justo cuando la gente le daba una mano de pintura a sus porches y podaba sus jardines para el desfile anual de King William, mi vecino, el reverendo Chavana, murió de pronto. Su familia me sorprendió al pedirme que le escribiera una elegía. No soy capaz de guisar algo, pero me sentí útil en un momento en que por lo regular me siento inútil, y eso me hizo sentir agradecida.

No es posible sobreponerse a la muerte, sólo aprender a viajar a su lado. Esta desconoce el tiempo lineal. A veces el dolor es tan reciente como si acabara de suceder. A veces es un espacio que toco con mi lengua a diario como el hueco de una muela.

Digan lo que digan, puede que algunos duden de la existencia de Dios, pero todo el mundo está seguro de la existencia del amor. Hay algo ahí, entonces, más allá de nuestras vidas, que a falta de mejor nombre llamaré espíritu. Algunos lo conocen bajo otros nombres. Yo sólo lo conozco como amor.

Diez mil

Una vez, hace muchos años, asistí a una convención del Modern Language Association en Chicago durante las vacaciones de Navidad y Norma Alarcón iba al volante. De regreso a casa nos quedamos atrapadas en un embotellamiento en el centro. Norma estaba enfadada. Para levantarle el ánimo, le comencé a leer de un libro que yo había conseguido en la convención, una reedición de una serie internacional. Como por arte de magia, el horrible tráfico y el mal tiempo de Chicago desparecieron y nos encontramos en las playas de Indonesia. Cuando nuestro coche volvió a moverse de nuevo gruñimos, lamentando tener que guardar el libro.

Qué catálogo de cosas documentó esta escritora, un mundo lleno de diez mil cosas, todas ellas extraordinarias. Me gustó en particular cómo la narradora te hablaba como si ella estuviera presente en la habitación. ¿Acaso la autora estaba pidiendo prestado de las historias orales de los javaneses o quizá de algún antepasado? Ahora como entonces, me parece que este libro exige ser leído en voz alta. Tiene la curiosa habilidad de resonar contigo por toda una vida, como la mejor poesía.

Mi primera versión "terminada" de este ensayo tiene una fecha del 26 de agosto de 2008, pero lo abandoné hasta ahora.

Una mujer llamada María Dermoût vivió en las Islas Molucas cerca de Java hace mucho tiempo. Ella vivió allí y se enamoró de todas las cosas isleñas, aunque era holandesa y no de la isla. Pero como dice el dicho: "Si los gatitos nacen en el horno, ¿son gatitos o son bizcochos?".*

De modo que esta gatita, María, se volvió javanesa por elección propia y no simplemente por el azar, y por elección propia amó a Java íntimamente. Ella estaba ocupada. Era una madre, después de todo, y luego fue abuela. Para cuando terminó con las diez mil distracciones de ser ambas cosas, por fin tuvo un poco de tiempo para sí misma y pudo profesar su amor por todas las cosas javanesas al empuñar su pluma. Lo cual hizo para cuando tenía sesenta y tres, o por lo menos comenzó a publicar en ese entonces.

Dermoût escribió dos novelas. Solamente dos. Pero un libro exquisitamente bien hecho vale cincuenta que no vale la pena recordar. El primero se llama *Days Before Yesterday* (Los días antes de ayer) o *Yesterday* (Ayer), según la edición que leas. Pero sobre la que te quiero contar es *Las diez mil cosas*. Y en realidad contiene diez mil cosas extendiéndose a través de una geografía, como Noé recolectando todos los animales. Caracoles arborícolas con conchas blancas como fruta de porcelana. El pulpo gigante con sus ocho tentáculos avariciosos que vivía en un hueco entre las piedras esperando que los pescadores lo olvidaran. Una parvada de aves ruidosas, resplandecientes, bebiendo de una cisterna recubierta de musgo en un bosque que huele a árboles de especias.

Pero no sólo los animales. Los mitos y las historias también. Perlas de mar que son lágrimas que nosotros mismos hemos de llorar, y perlas de tierra desenterradas de las tumbas de los muertos que nunca deben ser usadas o acarrearán la muerte. La campana de los esclavos que sonaba siempre que una proa iba o venía, si alguien recordaba tocarla. El viento del mar abierto distinto a los

* Encontré esto en *There Are No Madmen Here* (Aquí no hay locos), pero la autora Gina Valdés no está segura si es de origen mexicano o si fue una invención familiar. Me han dicho que la gente de Maine usa un dicho parecido para diferenciar a la gente del lugar de los invasores.

suspiros del viento terrestre, y el viento de la tormenta conocido como Baratdaja. Las olas, una detrás de otra, detrás de otra, detrás de otra —"el padre, la madre y el hijo"— ¿las escuchas?

Y la gente de las islas. El hombre que se tiñó el pelo de azul añil porque su hijo era un guerrero temerario. El padre y el hijo que habían sido tiburones una vez y por eso nunca sonreían, para no dejar entrever sus dientes puntiagudos. La anciana llamada la madre de los Pox, de la cual había que cuidarse poniendo una rama con espinas amarrada a la puerta principal. Las tres niñitas fantasmas que habían muerto el mismo día, el día del gran terremoto —¿o fueron envenenadas?— y quienes visitaban el jardín de vez en cuando y dejaban pétalos de rosa a su paso. Los pescadores que silban para implorar al Señor Viento que se suelte su largo pelo y deje que sus botes se hagan a la mar.

Y los tesoros visibles e invisibles. Los abanicos de mar color malva o amarillo oscuro tejidos tan finamente como el lino. El muy discutido cocotero de mar que se encontraba en un remolino en las más grandes profundidades, un árbol negro o quizá morado o violeta, porque lo negro bajo el agua no siempre es negro. Y la criatura que los niños más temían: "¡el leviatán que es demasiado espantoso!".

La oración que los devotos de la isla cantan cuando alguien muere: " 'Las cien cosas' era el nombre del lamento... de las cuales se le recuerda al difunto... un nieto, un amigo, un compañero de armas; o sus posesiones: tu linda casa, tus platos de porcelana escondidos en el desván, la rápida proa, tu navaja afilada, el escudo incrustado de hace mucho...". Se recitan cien cosas cien veces. Luego cerraban con: "oh, alma de fulano de tal", y terminaban con un melancólico y sostenido *¿ii-ii-ii? ¿ii-ii-ii?* sobre el agua.

Algo de la grandiosa pero íntima voz, algo de las listas detalladas que ella crea con paciencia y poesía para evocar un lugar, una época, un estado de ánimo, me inspiran a empuñar mi pluma y jugar a ser Dios.

Pero, ay, ¡cuánto trabajo es escribir así! ¡Tanta lata! Como coser diminutas cuentas de cristal con una aguja fina que dejaría ciega a una monja. Es cierto. De todas formas, un bordado exquisito para que uno se maraville y volteé la tela lleno de admiración y se pregunte. ¿Cómo lo hace? Quizá el cuerpo recuerda. "La mano tiene buena memoria".

Abrir *Las diez mil cosas* es como abrir el cerrojo de un gabinete de curiosidades lleno de tesoros inusuales, tales como los que describe en sus páginas. Una mujer que se cayó al mar y se convirtió en un coral rojo. Una flotilla de medusas con velas de un blanco lechoso y un manojo de serpentinas a la zaga en tonos de gemas azules y verdes. La tristeza algo que uno puede pasar de largo sólo gradualmente, como remar un bote por el agua marina. "Ella sabía que una bahía y rocas y árboles que terminan más allá de las olas no pueden aliviar la tristeza. ¿Puede aliviarse la tristeza o uno sólo puede pasarla de largo, muy lentamente?".

Si lo deseas, abre este libro en un principio y léelo hasta el final. O puedes seleccionar cualquiera de los capítulos, que se leen como un cuento, y darte gusto con la flora y la fauna javanesas que la autora ha catalogado meticulosamente para deleitar nuestros sentidos.

Las diez mil cosas mencionadas en estas páginas rinden homenaje a lo que era sagrado para esta escritora. Dermoût ha nombrado el mundo que ella conocía y, en cierto sentido, está recitando su propio canto funerario, las diez mil cosas que juntas integraron su vida.

Leer este libro es recordar las diez mil cosas de uno. Jorge Luis Borges dijo lo mismo en su viñeta "El testigo". Él nombró una barra de azufre en el cajón de un escritorio de caoba y la esquina de dos calles en Buenos Aires como su legado particular, pero olvidó mencionar lo obvio: los espejos y los tigres.

Y me pregunto si narrar historias no es siempre una lista, consciente o inconsciente, de las diez mil cosas metidas dentro de los cajones especiales del cerebro, un gabinete de curiosidades forrado de seda antigua y perfumado de incienso. Un bonito abanico de carey verdadero con incrustaciones de oro de la época de antes. Una canasta tejida de raíces de orquídeas. Una concha en espiral que absorbe el veneno de una herida marina. De la "tierra al otro lado", Ceram, un plato para detectar el veneno "de cerámica burda, glaseado de forma uniforme de un verde claro".

La autora responde a su carta que pide que se prohíba mi libro en la biblioteca escolar

Recibí una carta de una madre enojada de Austin, Texas, que me puso aún más enojada. Sin embargo, creo que Thich Nhat Hanh me ha enseñado la lección más importante de todas, que es no hablar o escribir cuando estoy enojada. De manera que esperé varios días... por necesidad, ya que me encontraba de viaje, pero su carta viajó conmigo como una piedrecita en el calcetín. Finalmente, después de una semana, escribí y reescribí esta carta. Me imaginé que se la estaba enviando a mi padre y eso me ayudó a ser más respetuosa, sobre todo porque mi objetivo era hacer que ella me escuchara. Mis amigos me dijeron que era una pérdida de mi tiempo, pero siempre he creído ilusamente en el poder de la palabra, sobre todo cuando se escribe con amor. A fin de cuentas, la madre enojada me contestó y se disculpó, e hicimos las paces. Le agradezco a ella el haberme dado la oportunidad de poner mis pensamientos sobre papel y le estoy doblemente agradecida por haber estado dispuesta a escucharme.

Inn of the Turquoise Bear
Santa Fe, Nuevo México

Miércoles 11 de noviembre de 2009

Estimada JP:

Siento no haber podido contestarle hasta hoy. Me encuentro de viaje para un proyecto de lectura comunitaria y su carta necesitaba de algo más que una respuesta precipitada.

Antes que nada, mis disculpas porque mi escritura le hiciera mal o incomodara a alguien, sobre todo a un niño. Mi primera regla al escribir es esta: "No hacer daño". Siempre les recuerdo a mis estudiantes y lectores acerca de esta regla elemental. Enterarme de que mi libro hubiera causado cualquier desorden fue perturbador. Esa nunca fue mi intención.

Si no ha leído todavía la introducción de la edición del vigésimo quinto aniversario de *La casa en Mango Street*, ¿me permitiría enviársela? En ella describo cómo y por qué escribí ese libro hace veinticinco años y que estaba dedicado a mis estudiantes de preparatoria, muchachos cuyas vidas tenían una gran necesidad de sanación. Lo escribí porque yo sólo era su maestra y no sabía qué más podría hacer para salvarlos.

Los niños de nueve años no son el público que yo tenía en mente para *Mango Street*, aunque soy consciente de que niños del cuarto grado a veces leen o les leen selecciones de mi libro. Esto no me inquieta porque las partes que ellos no deberían leer fueron escritas intencionalmente de una manera poética y deberían pasarles desapercibidas si no cuentan con la madurez necesaria.

Aunque usé una narradora de la secundaria para escribir este libro, escribí sobre temas serios de forma indirecta de manera que sólo los adultos lo comprendieran. Por eso me quedé sorprendida por su carta que decía que mi libro le había hecho mal a un niño. Me pregunté si ese niño estaría sufriendo de experiencias de las cuales no podía hablar, experiencias que el libro pudiera haberle suscitado: una cuestión delicada para la cual usted pueda no tener respuesta y que podría ser totalmente desatinada. No lo sé; no soy una trabajadora social pero lo que sí sé es esto: los trabadores sociales y los consejeros a menudo usan mi libro para la gente joven que ha sido objeto de agresiones, físicas, sexuales o de cualquier tipo; les permite hablar de temas difíciles sin tener que hablar directamente sobre sí mismos.

En cuanto a mi nota biográfica de autora: "Ella no es la madre de nadie ni la esposa de nadie". No fue mi intención faltarle el respeto a usted ni a nadie más que sea una esposa y una madre. Yo estaba expresando la ruta personal que tuve que tomar para convertirme en una autora. No ser la madre de nadie ni la esposa de nadie no fue una opción para mí, sino un requisito; yo era pobre y a duras penas podría haber criado a un niño sola con mi salario. Y ser soltera fue resultado de otro tipo de pobreza: haber escogido mal entre los hombres, aunque mirando atrás, me siento agradecida por estas limitaciones. Me permitieron la soledad y la perseverancia necesarias para escribir.

Es verdad, no tengo hijos biológicos, pero resulta que me he convertido en madre de todas formas. Tengo a más de cien escritores para quienes hago de madre directa e indirectamente a través de mis dos fundaciones, la Fundación Macondo y la Fundación Alfredo Cisneros del Moral, y a miles de lectores de todas las edades con quienes trabajo a través de mis presentaciones en público en bibliotecas y escuelas por todo el país. Aunque todo esto es agotador y me aleja de mi escritorio, creo fervientemente que mi labor comunitaria es parte de mi tarea de sanación y de efectuar un cambio social de manera no violenta en una época de miedo extremo y xenofobia.

Además de mi trabajo como escritora, doy albergue a varios animales callejeros anualmente y les encuentro hogares permanentes. Todos son mis hijos y, créame, mi trabajo, como el suyo, nunca se acaba.

A continuación, abordaré su objeción a mi libro por contener brujas. Su miedo es una malinterpretación cultural, sospecho. En la cultura mexicana tenemos a mujeres dotadas a quienes llamamos brujas o curanderas. Son chamanas, yerberas, visionarias, parteras, consejeras y guías espirituales. Las mujeres tienen estos mismos dones intuitivos en la cultura norteamericana, pero se les conoce como sanadoras intuitivas, consejeras, doctoras holísticas, terapeutas, espiritistas, trabajadoras de la salud, trabajadoras sociales, enfermeras, artistas o monjas.

Las brujas no son necesariamente lo mismo que una hechicera malvada, aunque podrían serlo si usaran el miedo de la gente para su propia ganancia. He conocido a muchos políticos, personalidades de los medios y gente religiosa que usa el miedo de la gente para su propia ganancia y, si me lo pregunta, ellos son los hechiceros de quienes debemos tener cuidado. Desde mi punto de vista, cualquiera que trabaje con la energía espiritual femenina, positiva, es un brujo o una bruja, y todos tenemos la habilidad de desarrollar este don divino, así como tenemos el potencial de convertirnos en amenazas sociales al trabajar partiendo del miedo.

Yo creo que los libros son medicinales. Una biblioteca es un botiquín. Lo que pueda sanar a una persona puede que no funcione del todo para otra persona. Uno sabe cuándo algo lo está sanando, así como cuándo no es así. Y si mi libro no le está resolviendo el problema y no le está sirviendo de nada, no es obligatorio seguir leyéndolo. Pero por favor permita que este permanezca sobre el estante de la biblioteca para alguien más que necesite de su medicina particular.

Asimismo, si siente que el libro no es apropiado para su hijo, debe hacer lo que le dicte su corazón. Esa también es su responsabilidad. La mía es escribir mi verdad, y ciertamente no insisto en que los niños lean mis libros. Personalmente, no creo que podamos forzar a los niños a leer nada que no quieran leer, ¿no es así? La verdadera lectura proviene del placer, no de la obligación. Cuando nos vemos obligados a leer algo que no hace eco en nosotros, en última instancia lo olvidaremos. Si, de otra forma, nos brinda la medicina adecuada para lo que nos aqueja, lo recordaremos. Esa es la naturaleza del arte.

Por último, no sé dónde en mi libro encontró la prostitución, ya que no recuerdo haber escrito sobre ningunas prostitutas en *La casa en Mango Street*. Sin embargo, un lector debe llevar sus propias connotaciones a un texto. Mi libro fue escrito de manera epigramática, ya que deseaba escribir un nuevo tipo de novela que fusionara la poesía con la ficción. Estas historias están allí para que se reflexione sobre ellas, como la poesía. Son densas e intencionalmente enigmáticas para que el lector tenga algo que descubrir, que saborear, ya que mucho de lo que ocurre en mis cuentos no está en lo que se dice, sino en lo que *no* se dice.

Concuerdo con usted. Este libro no fue escrito para niños, y a menudo me encuentro modificando mis selecciones cuando llegan niños a mis eventos públicos. (Les leo los capítulos graciosos). *La casa* fue escrita para adultos y para niños que han tenido experiencias que van más allá de lo que es común a su edad. Pero los niños insisten en leer mi obra por alguna razón, y ¿quién soy yo para prohibir algo que no me fue prohibido a mí? A menudo, leí libros que requerían de mayor madurez cuando los sacaba de los estantes de la Biblioteca Pública de Chicago de niña. No podía llevar libros a casa más allá de las categorías "juvenil" o "joven adulto", pero podía leer cualquier cosa que quisiera mientras estuviera allí. La mayoría de los libros para adultos me aburrían en ese entonces, a decir verdad, y creo que el aburrimiento es suficiente censura.

Confío en que mis libros sólo se harán al vuelo en las mentes de aquellos que necesiten de estas historias. Aquellos que sean demasiado jóvenes o que no necesiten de mi dosis de medicina particular se aburrirán, y así es como funciona mejor, en mi opinión.

Espero que usted encuentre todos los libros adecuados de los cuales enamorarse y con los cuales transformarse, y que esos libros que no satisfagan sus necesidades sean depositados con gentileza de nuevo en el estante. Le deseo lo mejor en su viaje de autoconocimiento.

Sinceramente,
Sandra Cisneros

La niña que se convirtió en una santa: Teresa Urrea

En el 2011 una amiga me invitó a colaborar en un proyecto de libro sobre mujeres revolucionarias. Escogí a Teresa Urrea (1873-1906). Alguna vez incluso planee escribir una novela sobre ella, pero su descendiente, el escritor Luis Alberto Urrea, reclamó este proyecto para sí mismo, de modo que me hice a un lado. Teresita Urrea, como la chamana oaxaqueña María Sabina, es una heroína personal. Usé hebras de las vidas de ambas mujeres para crear al personaje de la bruja en "Ojos de Zapata", un cuento que escribí sobre la mujer de Emiliano Zapata.

La tumba de Teresita

El miércoles 24 de marzo de 2010, mi buena amiga la cineasta Lourdes Portillo y yo manejamos por los campos de Arizona en busca de la tumba de Teresita, localizada en el pueblo minero de Clifton. Las mujeres en la oficina de la Asociación de Automovilistas Americanos en Tucson nos advirtieron que Clifton era feo y que no había nada que ver allí. No les dijimos que teníamos una misión y salimos del desierto plano del sur de Arizona sin anticipar los drásticos cambios de paisaje que encontraríamos.

En medio de nuestro cotorreo, Lourdes y yo no nos dimos cuenta de que estábamos manejando por gruesas franjas de vaporosa niebla. Al principio creímos que se trataba de un incendio forestal, y eso merecidamente nos asustó. Luego vimos las nubes flotar a nuestro lado, borrachas, sesgadas y adormiladas. No comprendíamos. Yo nunca había visto ese tipo de nubes, como si se hubieran caído del cielo. Luego Lourdes explicó que habíamos manejado a su elevación gradualmente sin siquiera notarlo. Nos reímos de esto toda la vida.

El terreno seguía saliendo de la nada, sorprendiéndonos con sus cambios. El camino se elevó más allá de las nubes borrachas a través de montañas prehistóricas, color óxido, paquidermas, y luego descendió por un valle lleno de amapolas, de un tono más vibrante que las calabazas, más brillante que la raya anaranjada que dividía el camino. En el horizonte, montañas color lavanda y luego colinas de verdes matorrales, espolvoreadas aquí y allá con amapolas color cúrcuma. Qué suerte tuvimos de haber llegado después de las lluvias.

Clifton también nos sorprendió. Un pueblo en la grieta entre dos pompas de tierra como un par gigante de nalgas en lúdica exhibición. ¿Quién construiría un pueblo en un lugar que estaba destinado a inundarse? Y *sí* se había inundado, incluso en la época de Teresita, en proporciones desastrosas. Curiosamente dispuesto o no, Clifton no es un pueblo feo. Deteriorado, quizá, abandonado, como un vestido de fiesta de seda arrastrado hasta la playa después de una tempestad, pero este es un tipo de belleza. Cerros frescos y verdes por la lluvia, un cielo de un azul lavanda claro. Lo mejor de todo, el aire más maravilloso, vigorizante y con olor a fresco.

Caminamos más allá de la cárcel, una cueva transformada en una celda con barrotes de hierro. Allí es donde encarcelaron al esposo de un día de Teresita, Guadalupe Rodríguez, en junio de 1900. Deambulamos por la vieja calle principal del pueblo, haciendo escala en el Museo Histórico del Condado de Greenlee y conocimos al servicial Sr. Joel Birskly, un aficionado a la historia del lugar, quien nos conectó con la sobrina bisnieta de Teresita, otra Teresita: Terry Urrea.

Yo había quedado desconsolada cuando Terry Urrea no respondió a una nota que le había dejado a su puerta más temprano ese día, pero el Sr. Briskly, amabilísimo, la llamó por nosotras y le dio nuestro número. Y, milagro de milagros, Terry Urrea en efecto nos llamó justo cuando nos enfilábamos hacia el cementerio en nuestro coche de alquiler. Terry nos dio instrucciones mientras manejábamos y pacientemente se quedó en la línea hasta que llegamos al estacionamiento del panteón. Y sí, allí estaba la última morada de Teresita, tal y como tanto Terry como el Sr. Briskly nos lo habían dicho: a la izquierda cuando entras al cementerio, rodeada de una cerca de hierro forjado, pequeña como una cuna, una lápida sin nombre con rosas de seda rosadas, rosarios y un atrapasueños que otros habían dejado allí.

Qué hermoso lugar donde descansar. Era maravilloso ver la puesta del sol entre los cerros. Yo olfateaba el aire y trataba de descubrir el aroma de las rosas, que según algunos sucede cuando visitas la tumba de Teresita, pero no puedo decir mentiras. Olí plantas verdes y viento fresco que silbaba por la cerca como un quejido, pero nada de rosas. Un color ámbar tan alegre a esa hora del día, la luz atada a las largas sombras azules. Lourdes se sentó en una tumba vecina y yo en otra cantando "Farolito" y "Por un amor" y el "Son de Cuba" de Lorca, porque esas son las únicas letras que me sé de memoria.

Luego le pedí a Teresita que recibiera a nuestra linda amiga, la poeta Ai, quien recién había muerto. Y que abriera nuestro camino, que bendijera y cuidara de nuestra familia y amigos, mi maestra de textiles la Sra. María Luisa Camacho de López, quien se encontraba mal de salud, mis amigos y familia con todas sus necesitadas necesidades, Lourdes y yo, mis animales. Danos paz, por favor. Salimos de ahí quemadas por el viento y cansadas, pero emocionadas de haber descubierto aquello por lo que habíamos venido. Algún día me gustaría dedicarle un cuento a Teresita. Mientras tanto, he aquí lo que sé hasta ahora.

Había una vez una niña mexicana tan famosa que asustó al presidente de la República Mexicana y tuvo que ser exiliada. No parece algo tan escandaloso en nuestra época que alguien atemorice al jefe de Estado ahora que vivimos en los tiempos del puro susto, donde demasiada gente es deportada o algo peor, pero resulta difícil imaginar a una mujer, una adolescente, una mexicana capaz de tal poder, entonces como ahora. Se llamaba Teresa Urrea, y en vida fue conocida como Teresita, la santa de Cabora, un pueblito en el norte de México, una región actualmente invadida de narcos.

Teresita vivió y murió antes de que comenzara la Revolución Mexicana y, sin embargo, ella ciertamente fue parte del rugir volcánico que advertía el fin del mundo establecido. Su historia es extraordinaria ya que ella fue una mujer de color sin educación formal que adquirió poder y fama como una curandera mística en México y Estados Unidos.

Teresita era mestiza, en una época en que las diferencias de clase y raza eran aun más pronunciadas que hoy en día. Su madre, Cayetana Chávez, era una mujer indígena, y su padre, Tomás Urrea, un mexicano de piel clara de ascendencia española. Él era dueño de todas las tierras y el rancho donde Teresita nació y donde Cayetana trabajaba. Teresita era su hija natural, pero cuando ella estaba a mediados de su adolescencia él la reconoció como su hija y la invitó a vivir con él y su segunda familia (de hecho).

Antes de esto, Teresa había vivido en una enramada, una casa hecha de palos y lodo, con los parientes de su madre. Se dice que ella había sido una excelente amazona, y que sabía tocar la guitarra y cantar: todo esto los vaqueros le habían enseñado. Debe haber sido una niña sobresaliente para haber llamado la atención de su padre. Las niñas no eran valoradas, sobre todo aquellas que eran ilegítimas e indígenas, e indudablemente no por un hombre acaudalado como Tomás Urrea. Pero Teresita era alta y hermosa, como lo podemos apreciar con nuestros propios ojos en sus fotografías, así como encantadora e inteligente, a decir de todos. Quizá su padre reconocía una parte de sí mismo en ella y estaba orgulloso de reclamarla como propia. Sólo Dios sabe. Pero para mediados de su adolescencia ella estaba viviendo la trama de una telenovela latinoamericana al mudarse bajo los cuidados y la protección de su padre y al ascender en clase y raza.

Fue aquí en la casa de su padre que ella conocería a una anciana indígena que la encaminaría en su misión por la vida. La mujer era conocida como Huila, una curandera y partera que conocía los poderes de las plantas nativas. Teresa comenzó a trabajar como aprendiz de Huila y esta compartió con ella todas sus habilidades, ya que la joven mostraba aptitud. Pero sucedería algo que cambiaría por siempre la vida de Teresita y le daría poderes que superarían aquellos de su maestra.

Dicen que Teresita sufrió una convulsión como resultado de un susto terrible a mediados de su adolescencia. Algunos dicen que fue agredida sexualmente o que hubo algún intento de agresión. Otros creen que ella sufría de epilepsia. No se sabe con seguridad qué pasó exactamente, pero fue lo suficientemente poderoso como para hacer que Teresita estuviera en estado de coma durante varios meses, con el pulso y la respiración tan imperceptibles que había que ponerle un espejo frente a la nariz para asegurarse de que seguía viva. Con el tiempo, el pulso de Teresita se debilitó y finalmente se apagó completamente, hasta que su familia tuvo que admitir que la muerte la había reclamado.

Se hizo un velorio para Teresita en la casa familiar, como se acostumbraba en aquella época. Tomás Urrea mandó pedir que se construyera un ataúd para Teresita, y Huila ató las muñecas de la joven con un listón. Fue durante el velorio donde se había reunido la comunidad para rezar el rosario sobre su cuerpo que ocurrieron los primeros dos milagros de Teresita. Primero, se levantó de entre los muertos, o por lo menos de su muerte temporal y, segundo, anunció que no necesitarían quitar el ataúd, ya que se ocuparía en tres días. Su predicción se hizo realidad; su maestra Huila falleció y fue enterrada en el ataúd destinado a Teresita.

Teresita resucitó, pero a todas luces había cambiado y su vida nunca sería la misma. Ella habló de haber visitado a la Virgen María mientras estuvo ida, y vivió distraída por varias semanas, incapaz siquiera de alimentarse o vestirse sola. Cuando finalmente una mañana volvió en sí, no podía recordar nada de lo que había pasado desde que se había enfermado. Era como si hubiera estado viva, pero no viva, como si estuviera prestando atención únicamente a cosas dentro de su propio corazón.

Ocurrieron otros eventos extraños. Después de renacer, Teresita mostró poderes extraordinarios de sanación y visión. Teresita aseguraba poder ver dentro de sus pacientes y ver sus enfermedades claramente, como si estuviera mirando por una ventana. A veces era capaz de curarlos con sólo ponerles las manos encima, y a aquellos a quienes no podía curar, al menos podía reconfortarlos y ofrecerles alivio temporal.

Se corrió la voz por la región de la jovencita que podía curar milagrosamente. Miles de enfermos, ricos o pobres, llegaron a buscarla. El rancho de su padre muy pronto se transformó en un carnaval. Aunque Tomás Urrea trató de disuadir a su hija de realizar su labor, al final su piedad y dedicación lo convencieron. "Creo que Dios me ha puesto aquí como uno de sus instrumentos para hacer el bien". Ella estaba cumpliendo con una obligación.

De manera que la familia Urrea hizo grandes sacrificios en nombre de Teresita. El mundo tal y como lo conocían se puso de cabeza. Teresita fue instalada en su propio edificio, donde podría recibir a sus pacientes. A aquellos que podían pagar por su comida, se les cobraba, y a aquellos que no, se les daba de comer gratis. A la manera de una verdadera curandera, Teresita no cobraba, sin embargo, por sus servicios de curación.

La familia de Teresita la quería y la apoyaba, pero nunca dijeron que fuera una santa. Siempre que Teresita curaba a alguien con éxito, era la multitud quien clamaba: "¡Milagro!" y "¡Santa Teresa!".

Teresa no quería ser una santa. ¿Quién querría ser un santo? ¿Acaso tú? Pero la santidad la confieren los demás, no el santo, ¿no es verdad? Comerciantes avispados tratando de ganarse la vida mandaron imprimir estampillas religiosas con la imagen de Teresita rodeada de ángeles flotando a su alrededor, y estas se vendieron muy bien y eran populares entre sus seguidores, sobre todo entre las tribus indígenas que la reclamaron como su patrona y que llevaban la imagen de Teresita en el sombrero para que los protegiera del mal.

"No soy ninguna santa", insistió Teresita en una entrevista. Teresita admitió que su cuerpo era como el de cualquiera, pero su alma, ella sabía que era diferente. La familia de Teresita también negaba su santidad, aunque tenía que admitir que Teresita poseía ciertos dones que ni siquiera ellos podían explicar. Por ejemplo, cuando ella quería, podía hacerse tan pesada que ni siquiera sus medios hermanos fornidos podían levantarla, pero cuando ella lo deseaba, su delgadita mejor amiga podía alzarla en brazos. Aun más asombrosa era su habilidad de invitar a su mejor amiga a viajar junto con ella mientras soñaban el mismo sueño por la noche. Podían ir a la Ciudad de México y caminar por ahí, y luego viajar de vuelta a sus cuerpos y recordar el viaje a la mañana siguiente.

Abundaban muchas teorías sobre cómo era exactamente que Teresita lograba hacer lo que hacía. ¿Era magnetismo, hipnotismo, espiritismo? Pues, ¿exactamente qué? Ni siquiera la misma Teresita lo sabía, excepto que sabía que estaba realizando la labor de Dios, y más tarde en su vida expresó interés en viajar a Europa o la India para encontrar una explicación a sus propios dones místicos.

Durante toda su vida Teresita defendió los derechos de las comunidades indígenas, quizá porque ella era mitad indígena y había vivido en su mundo. Entonces como ahora, los indios eran los más pobres de los pobres y sufrían enormemente. Teresita siempre hablaba por ellos y criticaba los abusos a manos del gobierno y la Iglesia. Aconsejaba a la gente a rezar a Dios directamente, sin la intercesión de los curas ni de los costosos sacramentos. Sobra decirlo, la Iglesia mexicana no veía con buenos ojos el poder de Teresita sobre las multitudes y la denunció como un fraude.

A la larga, la popularidad de Teresita entre las comunidades mayo, tarahumara y tomochiteco hicieron que ella se involucrara en la política y, en última instancia, que fuera exiliada del país. Sucedió que las comunidades indígenas tenían en alta estima a Teresita ya que reconocían en ella a una persona de gran poder e integridad espiritual. Porfirio Díaz, el dictador/gobernante de México, sintió que ella los estaba incitando a rebelarse contra él e hizo que fuera escoltada a la frontera entre México y Estados Unidos, donde la botaron del país. Su padre acompañó a Teresita y la protegió durante su éxodo, y con el tiempo se establecieron en Arizona y más tarde en Texas, en El Paso. Mientras que Teresita estuvo exiliada, varias comunidades indígenas en efecto se organizaron entre ellas y efectuaron huelgas y rebeliones. Y aunque ya no era una residente mexicana, Teresita a menudo estuvo implicada en estos eventos debido a que sus seguidores llevaban su imagen en el sombrero. Esto hizo que Porfirio Díaz temiera que ella era aun más poderosa de lo imaginado. Quizá el presidente mexicano creía las historias de la habilidad de Teresita de aparecer en más de un lugar al mismo tiempo. De cualquier forma, supuestamente él mandó a agentes al otro lado de la frontera para secuestrar o asesinar a Teresita.

No en vano los Urrea temían por la seguridad de Teresita, así que se les aconsejó que se mudaran tierra adentro, lejos de la frontera y su ambiente volátil. Tomás mandó llamar a su esposa e hijos y finalmente estableció a su familia en Clifton, Arizona, un hermoso pueblo minero metido entre la grieta de dos peñascos. Aquí él estableció prósperos negocios de lácteos y leña. Pero fue aquí también que él y su hija sufrirían una desilusión.

Parece ser que Teresita se enamoró de un minero mexicano de un pueblo vecino. Se llamaba Guadalupe Rodríguez, y era alto y guapo como su padre. Quizá ella vio en él a un hombre que podría protegerla y se sentía segura con él. Después de haberlo conocido por ocho meses se casó con él, aunque su padre no estuvo de acuerdo con que ella hubiera elegido a esa pareja. Ella tenía veintisiete años cuando conoció a Lupe. ¿Acaso él vio en Teresita a una hermosa jovencita y no a una santa? Y quizá esto era algo completamente nuevo para Teresita, y aunque su padre maldijo su elección en el amor, las mujeres siempre son valientes de cara al amor, incluso si eso significa desafiar a sus padres.

Lupe se tuvo que robar a Teresita de la casa de su padre. Llegó con su rifle y se la llevó, aunque no sin el consentimiento de ella. Quizá ella había planeado este enfrentamiento y fue de buena gana con él para casarse, y se casaron en el pueblo vecino de Metcalf, donde él vivía. Pero, para el amanecer, el marido comenzó a comportarse de forma extraña. Muchos hombres mexicanos actúan de manera extraña después de su noche de bodas. Quizá él había estado tomando. Quizá él sospechaba que Teresita no era ninguna santa y eso lo hizo enojar. Quizá ella había sido violada ese día en que entró en coma y esto pudo haber hecho que Lupe se sintiera engañado, como si hubiera recibido mercancía dañada. Quizá Porfirio Díaz lo había contratado. O quizá simplemente era un loco. Sólo podemos imaginarlo, porque no sabemos qué habrá detonado las extrañas acciones del nuevo marido de Teresita. Se encolerizó, Teresita reportó, y él rompió sus cosas. La obligó a que empacara su ropa y, luego, echándose el atado al hombro, ordenó a su recién casada que lo siguiera.

Hubo testigos mirando a Teresita seguir a este loco. ¿Iba gritando? ¿La golpeó? ¿Qué fue lo que hizo que la gente saliera y le advirtiera a ella no seguirlo? Quizá sabían que él siempre había sido un lunático. Guadalupe Rodríguez caminó por las vías del tren y Teresita se vio obligada a seguirlo. Entonces Guadalupe se echó a correr y Teresita corrió detrás de él. Él se volteó y comenzó a dispararle. Y sólo entonces los mirones fueron tras de él y lo presentaron frente a las autoridades. Lo llevaron de vuelta a Clifton y lo metieron a una cárcel hecha dentro de la cueva de una montaña, y allí se comportó como una criatura salvaje que iba y venía dentro de su jaula.

Quiero imaginarme las cosas que Lupe gritaba sobre su desposada para que todos lo escucharan. Quiero imaginarme el dolor y la tristeza de ella. No pudo haber sido más humillante el haberse ido en contra de los deseos de su padre para luego regresar al día siguiente sabiendo que él tenía razón. Su esposo echando espuma por la boca en la cárcel, escupiendo palabras en su contra. En ese momento, ¿era ella una santa?

Y, ¿qué dice el padre de ella? Y, ¿qué le contesta Teresita? ¿Qué no se dicen entre sí y qué piensan? Y, si ella podía ver dentro de los corazones de la gente y hacia el futuro, ¿por qué no pudo ver a través del amor?, pregunta la gente del lugar. Si alguna vez has vivido tal escena en tu propia vida, puedes rellenar los huecos. Quizá el amor nos vuelve tontos a todos.

Al momento oportuno, una Sra. C. P. Rosencrans llega e invita a Teresita a California a curar a su hijo, y quizá debido a su desastroso matrimonio, Teresita acepta y se va de Clifton, porque ella también está enferma y necesita sanar su propio corazón.

Más de quinientos ciudadanos acuden a la estación del tren para despedir a Teresita. Creo que una persona no está allí. Creo que su padre se niega a ir y va al trabajo ese día y finge estar demasiado ocupado con su lechería, con su negocio de leña. Así es como me imagino a un hombre demasiado orgulloso, demasiado dolido, lidiando con su tristeza. O quizá está allí. ¿Acaso se une a la multitud sacudiendo un pañuelo o se queda de pie, duro e impasible como una montaña?

Teresita ya no existe para él. Su padre ya no existe para ella. Cuán impotente debe haberse sentido su padre cuando ella se casó y ahora, cuando ella se va de allí, ¿acaso una parte de él muere también?

Y, ¿qué hay de ella? ¿Qué debe sentir al aceptar un viaje a California que la llevará muy lejos? Pienso en su padre mirando el sol ponerse sobre Arizona. Pienso en Teresita mirando la misma puesta del sol en California. Cada uno pensando en cada cual.

¿Acaso este es el comienzo de la pérdida de los poderes de la santa? Porque en California una compañía médica contratará a Teresita y le prometerá miles de dólares para realizar una cruzada de sanación, y le dirá que podrá viajar y curar a muchas personas, pero no le dirá que ellos le cobrarán a sus pacientes, y debido a que ella estará curando a anglosajones, tendrá dificultades porque no habla el inglés. De modo que la cruzada de sanación de Teresita comienza en Los Ángeles y la lleva a St. Louis y luego a Nueva York. Y dado que ella no puede encontrar a un intérprete adecuado ahora que está prestando sus servicios a un público anglosajón, le manda una carta a su buena amiga, su comadre Juana Van Order, en Arizona, una mujer mexicana casada con un anglosajón y que tiene dos hijos bilingües. El hijo mayor es enviado a Nueva York para ayudar a Teresita con su labor. Se llama John Van Order, y se convertirá en el padre de las dos hijas de Teresita.

¿Cómo podría un amor no florecer entre un muchacho de diecinueve años y una mujer de veintisiete, con muy poca experiencia en el amor? Quizá él le dice cosas que él cree con todo su corazón, pero su corazón es el corazón de un niño. Pero el corazón de ella es el corazón de una niña. Y aunque no pueden casarse, porque ella todavía está casada legalmente con Lupe, prometen amarse como si estuvieran casados y casarse cuando puedan. No me lo puedo imaginar de ninguna otra forma, porque Teresita vivió y habló siempre de corazón.

Ella no puede saber que John y ella no tendrán nada que decirse en unos cuantos años. Tienen muy poco en común. Que aunque ella buscará el divorcio en Los Ángeles, para entonces John ya habrá dejado atrás su amor por la niña santa. Las santas no son buenas amas de casa.

Cuando ella está esperando bebé en Nueva York se entera de que su padre está enfermo y, finalmente, que ha muerto. Teresita con una vida en su vientre y un contrato que la hace permanecer en Nueva York, ¿en qué piensa ahora?

¿De qué manera Teresita finalmente se da cuenta de la duplicidad de sus empleadores y contrata a un abogado para cancelar su contrato con la compañía médica? Está exhausta. Quiere volver a casa. Y sí regresa a casa, con sus dos hijas, pero no con el padre de ellas. Ha desistido de ser una santa.

Con los ahorros de su gira puede abrir un pequeño hospital en Clifton y vive allí hasta que contrae tuberculosis en su trigésimo tercer año y muere. Durante la breve pero extraordinaria vida de Teresita, se abrían las puertas por dondequiera que fuera, a pesar de ser mexicana. Ella nunca olvidó sus raíces indígenas y siempre se aliaba con los pobres, incluso en Estados Unidos. Mientras vivió en Los Ángeles, se dice que ella apoyó a los mexicanos que estaban organizando un sindicato. Ella fue un puente entre comunidades en conflicto, y eso fue en una época en que los mexicanos estaban aun más oprimidos que ahora.

Teresita Urrea no fue una escritora, así que no sabemos qué sentía acerca de las cosas que le sucedieron. Contamos con relatos de testigos. Contamos con entrevistas de periódicos, pero estas eran traducciones de sus palabras. No tenemos sus palabras directamente, tenemos que confiar en aquellos que pusieron palabras en su boca. Y al parecer todo el mundo ha puesto sus propios pensamientos, su propia política, su propio giro en cómo la ven, incluso esta escritora.

Pero quizá ese sea el misterio y el poder de Teresita Urrea, una mujer de ambos lados de la frontera. Activistas, revolucionarios, historiadores, escritores, comunidades indígenas, parientes, amigos y enemigos por igual la han usado para que porte sus propias palabras, sus propias historias a través de las fronteras. A más de un siglo de su muerte, ella sigue viviendo como una inmortal, porque aquellos a quienes recordamos a través de las historias nunca mueren.

OTRAS LECTURAS RECOMENDADAS

Teresita, por William Curry Holden (en inglés)

Ringside Seats to a Revolution, por David Dorado Romo (en inglés)

La hija de la chuparrosa y *Queen of America* (en inglés), ambos por Luis Alberto Urrea

Chavela Vargas: Una mujer muy mujer

Yo iba caminando por la playa en Miami cuando recibí la llamada: ¿Me gustaría escribir un tributo a Chavela Vargas para el diario *The New York Times*? Dije que terminaría mi caminata y lo decidiría. Mi primera reacción fue "No puedo hacerlo", no porque no fuera capaz, sino porque no creía que fuera la persona idónea para la labor. Pero mientras más caminaba me di cuenta de que si me negaba, *The New York Times* se lo pediría al escritor latino *du jour*, quien probablemente sería un hombre. Eso me motivó a llamarlos de vuelta y aceptar la tarea. Quise escribir sobre Chavela la mujer del mito propio, no Chavela la escandalosa. Pero el espacio era limitado y, a fin de cuentas, con todos los recortes y revisiones, mi homenaje se redujo a puro cuento. ¡Ay, Chavelita, perdóname!

El artículo apareció en la sección "Las vidas que vivieron" de la revista del *New York Times* el 28 de diciembre de 2012.

Una vez, cuando México era el ombligo del universo, Isabel Vargas Lizano se escapó de Costa Rica y se propuso a sí misma convertirse en una cantante mexicana. Eso fue en los años treinta, cuando Europa estaba en llamas, Estados Unidos sin trabajo y la nación de México ocupada dándose a luz después de una revolución.

A los catorce años, Isabel también estaba ocupada dándose a luz a sí misma. Abandonada por sus parientes costarricenses por ser demasiado "rara", ella se convertiría en la adorada Chavela Vargas de México.

Era la época de oro del país. Visitantes llegaban de todas partes del globo. Sergei Eisenstein, Luis Buñuel, Leonora Carrington. México era un mango, y todo el mundo quería comérselo.

En un principio, Vargas se ganaba la vida haciendo chambitas: cocinando, vendiendo ropa para niños, haciendo de chofer para una señora mayor. La adoptaron artistas y músicos y cantaba en sus fiestas y bares favoritos. Cuando aún no había cumplido veinticinco, recibió una invitación a la Casa Azul de Frida Kahlo y Diego Rivera en Coyoacán. "¿Quién es esa muchacha, la de la blusa blanca?", preguntó Kahlo. Kahlo la mandó llamar, y Vargas se sentó a su lado el resto de la noche. Debido a que Vargas vivía hasta la colonia Condesa, Rivera y Kahlo la invitaron a quedarse esa noche. Rivera le sugirió que se acostara con unos de sus *xoloitzcuintlis*, sus perros lampiños mexicanos. "Duérmete con ellos", le dijo. "Calientan la cama y previenen la reuma". Vargas había encontrado a su familia espiritual.

A la larga, Vargas fue aprendiz de los mejores músicos de México: el compositor Agustín Lara y Antonio Bribiesca y su guitarra llorona. Afinó su estilo de cantar al escuchar a Toña la Negra y al ave canora de Texas, Lydia Mendoza, entre otras. El compositor José Alfredo Jiménez se convirtió en su maestro con sus canciones que "expresaban... el dolor común a todos los que aman", dijo Vargas. "Y cuando yo subía al escenario eran mías, porque yo también les agregaba mi propio dolor".

Con únicamente su guitarra y su voz, Vargas se presentaba en pantalones y un poncho rojo en una época en que las mujeres mexicanas no usaban pantalón. Cantaba con los brazos bien abiertos como un cura celebrando misa, modelando su canto en las mujeres de la Revolución Mexicana. "Una mexicana es una mujer muy fuerte", dijo Vargas. "Comenzando con la Adelita, la Valentina, mujeres muy mujeres". Chavela Vargas pertenecía a esta categoría.

Incluso cuando Vargas era joven y su voz todavía tan transparente como el mezcal, ella bailaba con sus letras al estilo tacuachito, bien agarradas, las aporreaba sobre el bar, las hacía saltar como dados, escupía y siseaba y ronroneaba como la mujer jaguar que aseveraba ser, y terminaba con una descarga que entraba al corazón como una sarta de tiros de la pistola que guardaba en el cinturón.

"Ella era chile verde", recuerda la escritora mexicana Elena Poniatowska cuando le pregunto. "Chavela era una tortillera y presumía de ello en una época en que otros escondían su sexualidad. Ella vivía y cantaba a lo macho. Chavela cantaba canciones de amor escritas para los hombres pero sin cambiar los pronombres.

"Su gran éxito era 'Macorina' ", continuó Poniatowska. "Ponme la mano aquí, Macorina", cantaba poniéndose la mano sobre su sexo como una gran concha marina, mucho antes que Madonna".

En su autobiografía, *Y si quieres saber de mi pasado*, Vargas escribe: "Siempre comenzaba con 'Macorina'... Y muchas veces terminaba con esa canción. Para que la gente se fuera a la cama bien calientita".

Debido a que ella inmortalizó las populares rancheras, a menudo Vargas es etiquetada como una cantante de música ranchera. Pero ella secuestró los boleros románticos y también los hizo suyos. Sus canciones gustaban a quienes bebían pulque así como champán.

El crítico Tomás Ybarra-Frausto recuerda a la Vargas de principios de los años sesenta. "Solía ir a verla a La Cueva de Amparo Montes, un centro nocturno frecuentado por la cultura alternativa en el centro de la Ciudad de México. Ella se vestía de cuero negro y entraba rugiendo en una moto con una gringa rubia a cuestas".

Alguien más contó lo siguiente. En un antro de la Ciudad de México, Vargas le estaba dando serenata a una pareja. Luego zafó la corbata del hombre, la ató alrededor del cuello de la mujer, le dio un tirón apasionado y la besó.

Tenía fama de ser una robaesposas. ¿Realmente se fugó con la esposa de todo el mundo? ¿Una reina europea? ¿Ava Gardner? ¿Frida? ¿Qué era cierto y qué era mitote? Basta con ver las fotos de Vargas cuando era joven para darte cuenta de que algunos de los chismes eran ciertos.

En el pueblo de Monclova, Coahuila, pregúntale a la gente mayor. Te dirán: Chavela vino al pueblo a cantar. Y luego se fugó con la hija del doctor. La gente todavía lo recuerda.

Judy Garland, Grace Kelly, Bette Davis, Elizabeth Taylor... La invitaban a sus fiestas, ella bailaba con las esposas de políticos influyentes, declaró haber compartido un amor con "la mujer más famosa del mundo", pero no quiso decir más.

Y entonces, a los sesenta y tantos, Vargas desapareció. Algunos creyeron que había muerto y, de cierta forma, era verdad.

"A veces creo que no me queda otra que bromear sobre mi alcoholismo como si fuera solamente la parranda de una sola noche", dijo ella. "No era ningún chiste... Aquellos que lo vivieron conmigo saben".

Antes de que Pedro Almodóvar y Salma Hayek la presentaran en sus películas, hubo amigos que ayudaron a Vargas a caminar por el fuego y renacer. Artistas como Jesusa Rodríguez y Liliana Felipe invitaron a Chavela a volver a las tablas en 1991 en su teatro de la Ciudad de México, El Hábito.

"Faltaban sólo unos minutos antes de su entrada, y el lugar estaba a reventar", recuerda Rodríguez. "Toda la gente de moda de esa época estaba esperando. Nadie podía creer que Chavela fuera a volver a cantar.

"Estaba nerviosa. Bueno, ella nunca se había aparecido en el escenario sin tomar. Cuando le dimos la segunda llamada, le entró el pánico y pidió un tequila. Liliana y yo nos quedamos viendo y luego Liliana dijo: 'Chavela, si vas a tomar, mejor cancelamos el *show*'. 'Pero, ¿cómo?', dijo Chavela. 'Tenemos casa llena'. 'Bueno, qué importa', dijimos. 'Nada más les devolvemos su dinero y se acabó'.

"Chavela se puso seria por unos momentos, luego respiró hondo y dijo. '¡Vámonos!'. Dimos la tercera llamada, ella subió al escenario, se paró ahí como un árbol milenario y cantó por... años, sin parar, sin tomar".

Su voz se había vuelto otra voz. Deteriorada pero hermosa de una manera oscura, como un vidrio que se chamusca hasta convertirse en obsidiana.

La especialidad de Vargas era el amor y el desamor, las canciones de soledad y adioses en una voz tan etérea como el humo blanco del copal, pero tan poderosa como el Pacífico. Canciones que te chupaban hacia adentro, que amenazaban con ahogarte; luego, cuando menos lo esperabas, te bajaban los pantalones y te daban unas nalgadas. El público daba gritos espontáneos, ese canto que se ladra desde las entrañas y una vida de dolor.

Cada país tiene un cantante que captura su alma. Las fiestas mexicanas siempre terminan con todo el mundo llorando, advirtió una vez la periodista Alma Guillermoprieto. Vargas satisfizo unas ansias nacionales por llorar.

Ella personificaba a México, esa herida abierta que no ha sanado desde la Conquista y, un siglo después de una inútil revolución, más necesitado de llorar que nunca.

Este verano de 2012, a la edad de noventa y tres, Vargas regresó a México de España. Estaba enferma. El 5 de agosto, la Muerte finalmente llegó y se fugó con ella.

Donas y chocolate

Cuando he contado una historia en voz alta más de una vez, sé que es hora de capturarla de forma escrita. Comencé esta historia sobre papel en abril de 2013 y le leí las dos primeras páginas a Franco por teléfono, pero no la versión final un año después. Espero que no se enoje conmigo por ir más allá de la fachada de su casa y examinarla bajo una luz que podría no parecerle halagadora. Yo intentaba examinarme a mí misma y, como siempre, las casas me ayudan a hacerlo.

Incluso en los sueños conjuro casas, algunas de mi pasado, algunas en barrios inventados a las cuales regreso una y otra vez durante una serie de sueños. En las casas de mi pasado regreso a vivir a una antigua dirección con mis padres, quienes en el sueño siguen vivos, y con mis hermanos como adultos solteros.

O sueño que he olvidado darle de comer a los animales que tengo como mascotas, peces de colores o incluso una vez pingüinos, y en el sueño alguien me advierte: "¡No olvides darle de comer a los pingüinos!". Luego entro en pánico, porque yo ni siquiera sabía que *tenía* pingüinos. Un terror abrumador y unas ganas de volver a casa, preguntándome qué encontraré allí a mi regreso.

A menudo sueño que estoy viviendo en el *lobby* de un hotel, o en un cuarto sin puertas, o abro la puerta de mi cuarto de hotel sólo para encontrarlo lleno de escritores sentados en el círculo de un taller o unos invitados durmiendo en mi cama. Entonces sé que el sueño me está diciendo que es hora de retirarme de la sociedad. Cuando me siento segura y estoy a solas, pero no me siento sola, escribo mejor.

Acabábamos de desayunar *dim sum*, pero no habíamos tenido suficientes raciones de plática. Franco sugirió que fuéramos a su casa a tomar tazas de chocolate mexicano y donas de The Original Donut Shop, un expendio de tacos y donas donde te atienden en el carro sobre Fredericksburg Road. Nadie tenía hambre, pero la casa de Franco es un festín para los sentidos.

La casa perteneció una vez al bisabuelo de Franco, un reparador de relojes, y más tarde a su abuelo, un operador de elevador en el edificio más alto del centro de San Antonio, donde Franco un día trabajaría como abogado. Ahora su descendiente era un artista internacional que vivía como un emperador romano en uno de los barrios más humildes, el West Side. Era difícil creer que esta casita

Poniendo guapa la casa para las cámaras; yo estoy sentada al extremo derecho

de cuatro recámaras sin puertas había sido una vez el hogar de una familia de nueve.

Ahora los candelabros iluminan el porche del frente, el jardín, todos los cuartos adentro, incluso el estudio a un lado y la pajarera, suficiente como para apodar esta casa el Versalles del West Side. Magueyes azules y tunas brotan de macetas gigantes tapizadas de mosaicos. Angelitos y diosas griegas de yeso están en guerra con dioses aztecas y un Cantinflas. Una galería tras una vitrina con pinturas tan grandes como puertas.

Las paredes interiores están laqueadas de negro como joyeros mexicanos de Olinalá para mostrar mejor el arte, las antigüedades, la cerámica, las esculturas y la repostería. Afuera los abrevaderos galvanizados que contienen nenúfares y peces koi hacen de jardín acuático. Y por los jardines, tortugas, gatos callejeros, gallinas elegantes, palomas blancas y jardineros guapos se pavonean por el lugar como los pavos reales que Franco también mantiene. Es una fusión de mundos, el Viejo con el Nuevo, de alta cultura y cultura popular, de la clase media romana fusionada con la clase trabajadora tejana.

Franco creció en Boerne, un pueblo que ahora es prácticamente un suburbio de San Antonio. En una vida anterior, cuando era un abogado bien pagado, vivía en una casa de cristal minimalista en el barrio más lujoso de San Antonio. Ahora a él le parece romántico vivir en el West Side. ¿Quién soy yo para no estar de acuerdo?

Así que se le ocurre a Franco instalar una cama en la sala, como lo hizo mi familia cuando yo era chica. Para él se trata de estética. Para nosotros era necesidad.

Desde la cocina el sonido de las tazas de café tintineando, el chocolate mexicano batiéndose con un molinillo, las voces de mis amigos chismeando y riendo. Me acuesto en la cama de la sala, una cobija imitación visón color chocolate tendida sobre mí. Y es cuando sucede.

El miedo con el que siempre vivo, se ha ido. Una conocida sensación de bienestar. Como si ya no estuviera en mi cuerpo de mujer y fuera puro espíritu. Un confort y una seguridad rodeada de desbordantes vidas y voces y gritos y pasos de aquellos a quienes quiero, aquellos que me quieren, que vence todos los peligros y miedos del mundo externo.

Debido a que he vivido sola por demasiado tiempo, quiero saborear esto. Estoy flotando entre los sonidos del molinillo de palo removiéndose en la olla, el murmullo de las voces desde la cocina desvaneciéndose y luego aumentando de vez en vez a medida que el sueño llega como la marea y me lleva.

En turco hay una palabra para cuando eres bendecida y *sabes* que eres bendecida: *kanaat*. Lo siento ahora en la sala de Franco, acostada en la angosta cama tapada con un visón de mentiras. Una vez en una playa cerca de la costa de Quintana Roo, sentí esta misma alegría, como si estuviera conectada con todo en el universo. Una sensación de pertenecer, unidad, paz.

¡Tac, tac, tac, tac! Alguien aporrea la puerta principal como si quisiera derribarla con los puños. Cuando la abro, de pie en el porche está un hombre fuerte como del circo vestido con una camiseta de los Spurs.

"¿Está Franco?".

"Voy por él. ¿Quieres entrar?".

"No, aquí lo espero".

Franco acude a la puerta y yo me meto de nuevo en la cama y trato de recuperar ese estado de arrebato de antes de que la puerta me despertara de golpe, pero es difícil encontrar el nirvana mientras Franco y Hércules discuten en el porche del frente. Trato de ignorarlos, pero sus voces suben de volumen.

"No, *no* es cierto", dice Franco. "No. Es. Cierto. ¡No! ¿Quieres que llame a la policía? Porque si no te largas de mi porche, voy a llamar al 911, y tú no quieres volver a la cárcel".

La puerta se azota.

"¿Quién era ese *fulano*, Franco?".

"Sólo uno de mis ex empleados que me robó. No te preocupes".

"¡Franco, él estaba bastante enojado! ¿No te da miedo que regrese con una pistola?".

"Bah, no tengo miedo. Tengo a una nueva asistente muy machona, Peppermint Patty. Ella puede con él".

Franco va a la parte trasera a servir el chocolate y disponer las donas. Una cobarde, me escabullo detrás de él a la cocina, el cuarto más lejano de la ventana del frente, recordando cómo pasaba el Año Nuevo en mi juventud. Mi madre nos arreaba al sótano antes de la medianoche para protegernos de la pasión de los vecinos. Una piedra, una palabra, una bala, una bomba. Un desbordamiento del Vesubio llamado el corazón.

¿Acaso el hogar es el lugar donde te sientes segura? ¿Qué hay de aquellos cuyo hogar no es seguro? ¿Están desamparados o es el hogar un ideal justo fuera del alcance, como el cielo? ¿Es el hogar algo hacia lo que te diriges o el lugar del que te alejas? La añoranza entonces, sería un malestar no por un lugar dejado atrás en el recuerdo, sino por uno recordado del porvenir.

Los inmigrantes y los exiliados conocen esta suerte de acrobacias mentales en busca de un hogar perdido. Su añoranza los hace contar cuentos hasta que han creado una "patria imaginada", como la llama Salman Rushdie, donde los dulces son más dulces que en cualquier realidad.

Incluso el barrio de Chicago de mi juventud, con sus toques de queda autoimpuestos al atardecer, los borrachos estrellando sus carros contra nuestra banqueta, los vehículos abandonados incendiados en nuestro callejón y las ratas escabulléndose debajo de los matorrales de hibiscos de mi madre después de que la recolección de basura fuera recortada de dos veces a la semana a una, a pesar de que la población del barrio se había duplicado. Pero nosotros éramos la gente de color y por tanto no necesitábamos que nos recogieran la basura dos veces a la semana como a la gente blanca que, una vez que ocurrió el aburguesamiento, se les volvió a recoger la basura dos veces a la semana. ¡Ese es mi Chicago! A pesar de todo esto, uno sentía seguridad estando entre la manada, entre los suyos, una tribu que podría no comprender o conocerte. Pero tú eras suya; te sentías a salvo al pertenecer a ella. Una sensación que es difícil de recrear una vez que te vas de casa.

Ahora, bajo el visón artificial, me está dando una comezón. La familiaridad conlleva un diluvio de dudas. La vida es tan tenue como la antena de televisión hecha de un gancho de abrigo, la lámpara reparada con cinta eléctrica y papel de aluminio, los muebles de la cocina laqueados color Coca-Cola para ignorar mejor la vida nocturna de los caparazones ámbar.

En cualquier momento la felicidad podría ser interrumpida por la última palabra enviada por la ventana dentro de una bola de fuego. Prender una luz podría provocar la explosión de un corto circuito, un recordatorio de nunca contratar al primo que está estudiando para ser electricista. Cuánta verdad existe en las habladurías de un borracho; durante la última fiesta de Franco, un artista aseguró haber visto pelaje de verdad, vivo, de cuatro patitas apurándose entre los peluches. Y ¿qué hay de los guapos jardineros circulando alrededor, hienas esperando a que flaqueé el león? Santa María Virgen Purísima, soy la más miedosa de toditos los pobres infelices del mundo de la misericordia. Cúbreme con tu manto de piel artificial, Virgencita, mantenme en la oscuridad. Reza por mí, mantenme a salvo. Bendice este humilde hogar.

Akumal

Cuando escribí la historia anterior, "Donas y chocolate", ese recuerdo me trajo otro recuerdo, un momento que compartí con muy pocos. Fue una visita a un lugar de la península de Yucatán al que había ido por sólo unos minutos, pero lo que sucedió allí dejó su huella en mí por toda una vida. Me di cuenta después de escribir la otra selección que era hora de visitar Akumal de nuevo, aunque sólo fuera de forma impresa.

No he regresado aún a Akumal a cuarenta años de esa primera visita, aunque pedí prestado de esa experiencia para un capítulo de *Caramelo* (pero nadie lo sabría más que yo). Mi amiga, la diseñadora Verónica Prida, pasó por Akumal y se sorprendió de ver mi foto en un recorte de un periódico de Texas pegado bajo el mostrador de la tienda de regalos. Pero, ¿por qué está aquí este artículo?", preguntó. "Pues, no sé", dijo el cajero. "Alguien lo puso allí". ¿Cuál es la conexión entre Akumal y yo? Sólo Dios, como suelen decir los mexicanos.

Era la última vez que viajaría con ellos, o al menos eso pensé. Yo tenía veintiuno, el final de mi niñez. Demasiado mayor para estar viajando con mi madre y mi padre, me dije a mí misma. Sin embargo, por amor a México y a mi padre, quien me había invitado, dije que sí.

Era el verano entre los años de la carrera y el posgrado. ¿Estoy recordando o inventado algo aquí? En mi recuerdo es justo antes de irme a estudiar al Iowa Writers' Workshop. En mi mente he colocado este verano como una cuenta de jade antes de los venideros dos años sosos, cuando trabajé en ese extraño lugar llamado Iowa City.

El viaje es una idea de mi padre; también la idea de que yo los acompañe. Lo más probable es que no le haya preguntado a mi madre antes de invitarme; ni se le ocurre. O a ella no le importa todavía, pero le importará después cuando ella haga uno de sus famosos berrinches. Entonces será él y yo contra ella, siempre contra ella.

Todos los viajes tienen sus malos momentos, así como los buenos. Quiero hablar de los momentos culminantes, sólo algunos, los que recuerdo ahora, hoy, treinta y siete veranos después, tan brillantemente como el día en que bailaron conmigo.

Ese viaje nos llevaría a Yucatán, Quintana Roo y, finalmente, Oaxaca. Escogidos por papá. Estábamos viajando a estados donde su padre, un militar, había estado apostado. Debido a la carrera sinuosa de su padre, papá había nacido en Oaxaca en lugar de en casa en la Ciudad de México. Quizá los antepasados estaban llamando de vuelta a papá, pero de ser así, él no estaba escuchando. Hablaba de nuevas playas y buena comida, y eso fue suficiente para convencernos.

Volamos de Chicago a la Ciudad de México, luego a Mérida. Después del zumbido arrullador del avión, di un vistazo por la ventana y me quedé maravillada al ver, de pie a nuestro lado, una enorme montaña con nieve en la punta y una pequeña nube enganchada en su pico como una boina. Me quedé sin aliento. Sólo pude dar un ligero codazo y apuntar.

"El Popo", dijo mi padre. El Popocatépetl, ese era. Nuestro monte Fuji. Uno de los volcanes gemelos que veíamos desde las azoteas de la Ciudad de México cuando yo era niña. Nunca lo había visto desde esta altura. La sombra de nuestro avión avanzaba como un mosquito, la gran montaña sólida y silenciosa como un Buda.

En Mérida rentamos un bocho VW azul cielo, con mi padre al volante como siempre, y manejamos hacia la selva en dirección a Chichén Itzá, una pirámide maya que sólo habíamos visto por televisión. El bocho azul iba volando por la carretera de dos carriles, todos nosotros parloteando como guacamayas cuando dimos vuelta a una curva y allí estaba. Se nos quedaron las palabras colgando de la boca. Chichén Itzá elevándose de la selva. Brillante, blanca, enorme, tan imponente como el Popo.

¿Cómo fue que no sabíamos que Chichén Itzá sería... estupenda? Chichén Itzá era tan magnífica como el Partenón, o las pirámides de Egipto o la torre Eiffel, o cualquier otra maravilla del mundo. De nuevo tuve un momento de: "'¿Cómo fue que nadie me lo dijo?".

Con Chichén Itzá habría bastado para todo el viaje, pero teníamos que seguir manejando antes del anochecer a un nuevo centro turístico llamado Cancún, el lugar donde los reyes mayas supuestamente habían pasado el invierno, o eso es lo que los anuncios querían hacernos creer. Había apenas algunos hoteles en aquel entonces, con costales de cemento y montones de arena y tablas sueltas por ahí, un pueblo tan nuevo que no tenía ningún encanto. Pero las aguas, ¡ah! Eran las playas más hermosas que hubiera visto jamás: arena blanca y fina como talco y unas aguas de más tonos turquesa de los que hubiera soñado jamás.

Nos quedamos sólo una noche y luego apuntamos el bocho hacia las ruinas mayas de Tulum, bajando por la costa de Quintana Roo, sílabas tan hermosas para la boca y el oído que Joan Didion se las robó para el nombre de su hija.

Las tarántulas se escabullían por la carretera, abriéndose paso temblorosamente de una parte de la jungla a la otra. Papá paró en un lugar llamado Akumal para que pudiéramos descansar. No era más que unas palapas con techo de palma con hamacas tendidas y una laguna tranquila rodeada de palmeras.

De suerte yo traía puesto mi traje de baño, o no me hubiera aventurado. El agua estaba calmada y quieta. Me tendí en la orilla poco profunda de agua y tierra donde la arena, rugosa y suave y firme a la vez, se asentó en los contornos de mi espalda y cuello. El agua, cálida como un cuerpo, me lamía los lóbulos de las orejas, y los árboles sacudían la luz sobre mi cuerpo como si estuvieran dándome una limpia. Las aguas, lentas y tranquilizantes, murmuraron cosas que yo no necesitaba entender por ahora. Cerré los ojos.

Y sentí algo que ha ido y venido en mi vida en momentos inesperados sin que yo lo pida. Una sensación de desprenderme de mí misma, de deslizarme fuera de mí y conectarme con todo en el universo. De estar vacía para poder llenarme de todo.

Y me pregunté si eso sería morir y, de ser así, ¿por qué a todo el mundo le daba tanto miedo? Todo ese rato el agua chapa-chapaleaba contra mis lóbulos, diciendo y diciendo cosas suavemente.

Esto fue sólo por un momento, quizá unos cuantos segundos, unos cuantos minutos a lo mucho. Yo estaba viviendo un momento primordial, como cuando te enamoras. No existe el tiempo, sólo el ser, desenganchado de un cuerpo, ese tractoremolque. Finalmente había vencido el miedo. Una felicidad infinita.

"¡SANDRA, YA VÁMONOS!", gritó mi padre, rebobinándome de vuelta al mundo de los vivos con su retahíla de insignificantes obligaciones.

Mi padre estaba impaciente por llevarnos al próximo destino de su lista, sin saber cuán lejos yo acababa de viajar. ¿Cómo explicarlo?

Desapareció tan rápido como surgió. Pero me pertenecía, me había sido otorgado.

Lo mantuve en secreto dentro del coche y dentro de mi corazón, como si hubiera desenterrado un exquisito artefacto que pudiera ser confiscado en la frontera. Algo antiguo y sin embargo nuevo, algo de gran valor, como una moneda que tendría que ocultar bajo la lengua.

Una casa prestada

Una vez di una ponencia en un congreso de bibliotecarios titulada "Silenciosa como la nieve", donde conté la historia de las muchas bibliotecas de mi infancia y mencioné un libro que pedí prestado muchas veces. ¿Por qué ese pequeño libro de hace tanto dejó una huella en mí todos estos años? Escribir es el tirón de una pregunta, pero no sabes la pregunta hasta que has escrito la respuesta.

Este ensayo fue uno de dos escritos para la ponencia Thomas Wolfe, en la Universidad de Carolina del Norte, Chapel Hill, y la di el 21 de octubre de 2014.

Mi primer enamoramiento fue por un libro, y no sólo cualquier libro, sino un libro sobre una casa. *La casita* de Virginia Lee Burton. Mi hermano Quique y yo estábamos locos por este libro ilustrado para niños y lo pedimos prestado de la Biblioteca Pública de Chicago diecisiete veces. Bueno, quizá exagero, pero lo que recuerdo con seguridad es que memorizamos sus páginas, nos quedamos dormidos con ese libro, queríamos quedárnoslo, e incluso planeamos robárnoslo. ¿Podrían culparnos? Como muchos niños de los barrios céntricos pobres, no teníamos idea de que uno podía *comprar* un libro. Durante mucho tiempo pensé que los libros eran tan valiosos que sólo eran expedidos a instituciones y no a individuos. Nunca habíamos visto una librería ni libros que no contuvieran una estampa que dijera "Propiedad de St. Mel's" o "Biblioteca Pública de Chicago".

Con una excepción. Mis primos tenían una colección de libros detrás de una vitrina en su apartamento gracias a la tía Lily, quien trabajaba en una compañía de encuadernación. Leí pedacitos de *Los niños del agua* de Charles Kingsley, fascinada por las ilustraciones, pero nunca pude leer más de una página o dos a la vez, porque me dijeron que era de mala educación preferir los libros por encima de los primos.

Los únicos libros de nuestra propiedad cuando éramos niños eran los de cartoncillo brilloso que podías conseguir en el Woolworth's o en el supermercado, pero para mí esos no contaban como libros de verdad. De niña, nunca había visto una tienda que se especializara sólo en libros. En nuestro barrio cualquier cosa que mencionara libros iba precedida de la palabra "exótico", y eso quería decir sólo para adultos. Hoy en día, cuando las librerías van desapareciendo a la manera del pájaro dodó, apuesto a que hay muchos niños que tampoco han visto nunca una librería.

Puede que no hayamos sabido dónde comprar un libro, pero sí sabíamos el precio de *La casita* al chequear las tarjetas metidas dentro del sobre de la portada. En ese entonces los libros de la biblioteca venían con dos tarjetas metidas en un sobre de manila pegado en la primera página. Esta tarjeta tenía el nombre del libro y el precio, y también tenía una fecha puesta con un sello de goma que te decía cuándo había que devolver el libro. Decía en letras claras a lo largo del margen que habría una multa de veinticinco centavos si perdías las tarjetas. Yo tocaba esas tarjetas una y otra vez para asegurarme de no perderlas, y culpo a la Biblioteca Pública de Chicago por el principio de mis ansiedades obsesivas compulsivas.

A Quique y a mí nos daban un domingo de cincuenta centavos. Si juntábamos nuestro dinero y lo ahorrábamos por varios meses, podríamos ser dueños de nuestro libro favorito. Teníamos la intención de decirle a la bibliotecaria que lo habíamos perdido y pagar para reponerlo, de modo que técnicamente no sería un robo. Pero la idea de mentirle a una bibliotecaria era infinitamente más difícil que robarse un libro, así que renunciamos al plan antes de ejecutarlo.

La casita es una historia de una casa situada en una colina bonita del campo. El paisaje cambia con el paso de los años, pero la casa es sólida y constante. Al mismo tiempo, acechando más allá del horizonte está el débil resplandor de la ciudad, acercándose constantemente con el paso de las décadas. Vemos los carruajes tirados por caballos dar paso a los automóviles, los caminos rurales ser pavimentados con excavadoras a vapor, la ropa de los dueños cambiando con la época. Sólo la casa sigue igual mientras todo a su alrededor cambia, la ciudad devorando el campo, reemplazándolo con edificios altos y trenes urbanos elevados, de modo que al final, la casa ya no se encuentra en el campo sino en medio de una ajetreada calle del centro, descuidada y en mal estado, pero aun así como si en el fondo fuera nueva. Finalmente, en el clímax del libro, la casa es rescatada por los tataradescendientes del dueño original, quienes acarrean la casa sobre ruedas lejos de allí y la llevan al campo y la colocan sobre una hermosa colina sembrada de margaritas, tal como cuando comenzó el cuento.

La casita llegó en un momento en que mi vida se tambaleaba. Mi hermano Quique había sido mi mejor amigo mientras nuestro hermano mayor, Alfredo, estaba fuera estudiando en el colegio militar, pero me encontré sola al regreso de Al. Me costaba trabajo hacer amigos. Yo no era bonita. Tenía unos flecos asimétricos gracias a mi madre, quien inventó el estilo Vidal Sassoon años antes de Vidal Sassoon. Mi uniforme escolar, una falda a cuadros, estaba parchada en frente porque mi madre la había quemado sin querer mientras planchaba. En la escuela yo estaba convencida de que todo el que me veía estaba mirando fijamente el parche de mi falda. Yo sabía lo que era sentirse como La casita cuando esta estaba triste, asustada y amolada. Necesitaba saber que yo

Quinto grado

estaría bien al final, aunque el mundo a mi alrededor a menudo fuera aterrador, sobre todo en lo concerniente a mi familia, pues sucedían cosas que nadie te decía que iban a pasar, o te decían y tú no estabas prestando atención.

Recuerdo haberme trepado al asiento trasero de nuestro Chevy una vez y preguntado: "¿Adónde vamos?". "A México", dijo mi madre. Miré por la ventana trasera y eché un último vistazo a nuestro apartamento, en el 1451 West 63rd Street, segundo piso al fondo. Era sólo otro edificio de Chicago sin chiste, cuya mejor característica era la renta de cincuenta dólares al mes. Cuatro recámaras con pisos de linóleo. Nada que amar, pero era mi hogar. Se me cayó el alma a los pies.

El cuento de *La casita* me daba ánimos. Comienza con el hombre que construyó la casa declarando: "La casita nunca será vendida ni por oro ni por plata y vivirá para ver a los tataranietos de los tataranietos vivir en ella". ¡Con razón este era mi libro favorito! ¿Por qué mis propios abuelos no podían hacer esa promesa? ¿Por qué no podía papá? Él viajó de ida y vuelta a su ciudad natal, la Ciudad de México, casi cada año por los primeros seis años de mi existencia, o al menos así me parecía. ¿Podría ser que a papá le entraba la nostalgia aun cuando estaba con nosotros en casa?

Mis abuelos paternos de la Ciudad de México vivían en Fortuna, número 12, en el barrio oficialmente llamado la Colonia Industrial, pero más comúnmente conocido como la Villa o Tepeyac por su visitante más famosa, la Virgen de Guadalupe, en 1531. Si tan sólo el abuelito Cisneros hubiera declarado que la casa de Fortuna nunca se vendería, ni por pesos mexicanos ni por dólares estadounidenses, para que yo no hubiera vivido el tiempo suficiente como para presenciar su fachada de dulce de menta ser pintada de un café fecal. Aun si no hubiera sido vendida, cómo podría abuelito haber legado la casa de Fortuna a dieciocho nietos desperdigados por dos países.

El padre de mi madre, *Grandpa* Cordero, era viudo antes siquiera de que yo comenzara la primaria. En el barrio Lawndale de Chicago, mi abuelo compartía su apartamento doble, oscuro y deprimente, en el 3847 West Grenshaw con cuatro de sus hijos adultos. Tío Maño, quien no trabajaba por razones que nunca se nos ocurrió indagar; tía Lily, casada tres veces (¡y divorciada dos veces del mismo hombre!); tía Margaret, quien criaba a dos hijas sola; y en el piso de arriba, tía Lupe, su esposo, Pete, y sus tres hijos. No había lugar allí para ningunos huéspedes más, eso era seguro.

Dimos vueltas por Chicago de apartamento en apartamento en barrios donde podíamos hallar un apartamento barato. Las incursiones de mi padre a México nos dejaban constantemente en la quiebra, hasta que finalmente mi madre, nacida en el año de la caída de la bolsa de valores en Estados Unidos, comprendió que necesitábamos una casa para tener estabilidad. Como muchas mujeres de la clase trabajadora, mamá sabía que una casa equivalía a tener seguridad frente al lobo a la puerta.

Quizá papá nunca hubiera seguido los consejos de mamá si la Divina Providencia no hubiera intervenido y le hubiera dado una buena patada en el trasero. En enero de 1966, la tubería de nuestra vieja casa de piedra rojiza se congeló, se reventó y nos vimos obligados a acarrear agua, subiendo cuatro pisos de escaleras, en galones de leche de vidrio. Cuando papá vio nuestras mangas de abrigo, zapatos y guantes congelados, se dio cuenta de que era hora. Vendió su querida camioneta guayín Chevy por tres mil dólares, pidió prestado dinero a cualquier pariente que confiara en él y dio el enganche para nuestra primera casa, una casita de dos pisos en Humboldt Park, en el Near North Side de Chicago.

En nuestra antigua dirección vivíamos en el último piso de lo que alguna vez había sido una elegante casa unifamiliar de piedra rojiza en el 2152 West Roosevelt Road. Ya estaba dividida en tres apartamentos para cuando nos mudamos. Le decíamos a todo el mundo que vivíamos en el tercer piso, pero técnicamente era el cuarto, debido a un sótano elevado. Detrás de una puerta escondida en el corredor del segundo piso, subías por un estrecho tramo de escaleras a lo que una vez había sido el alojamiento de los sirvientes. Ese era nuestro departamento. Se entraba a través del cuarto de en medio, pero este cuarto equipado con dos camas servía de recámara para mis cuatro hermanos menores y yo.

Imagínense lo encantados que estábamos en nuestra nueva dirección de poder abrir las llaves y que saliera el agua a borbotones. Podíamos caminar fácilmente a la biblioteca pública más cercana que quedaba a sólo cinco cuadras, en lugar de la caminata de cinco millas a la biblioteca en Madison, cerca de Western Avenue. Y, lo mejor de todo, ya no tenía que dormir con mis hermanos menores. Yo tenía un cuarto de verdad, del tamaño de un clóset, pero no me iba a quejar. Ese clóset era mío.

La casita desencadenó un hambre de toda la vida por una casa propia, un lugar donde recuperarse del mundo que podía maltratarte un poco de vez en cuando. Una casa significaba mucho para una niña que vivía con demasiada gente, en barrios venidos a menos, que hablaba con los árboles, cuya familia creía que ella lloraba demasiado porque así era. Una casa, incluso prestada por un rato, pero toda tuya, significaría un lugar donde imaginar y sentirse segura. Toda mi vida he soñado y soñado con una casa, de la forma en que algunas mujeres sueñan con maridos.

Cuando mi padre estaba enfermo y sabía que sólo le quedaban unos meses de vida, me confesó en privado: "Quise dejarles una casa a cada uno de ustedes mis hijos, pero fallé". Y luego comenzó a llorar.

Me asombra incluso ahora pensar que la idea que mi padre tenía del éxito era, ¡dejar a cada uno de sus siete hijos una casa! Papá nos había dado tanto, al no darnos tanto.

La necesidad. Eso fue lo que nos dio. La necesidad nos enseñó a valorar aquello por lo que trabajábamos, a reconocer a otros que, como nosotros, no tenían mucho, a ser generosos con los demás *porque* no habíamos tenido mucho. Cuando no has tenido mucho, *nunca* olvidas lo que se siente. La compasión. Eso fue lo que papá nos dio.

En mi vida, debido a mis malas decisiones, los hombres fueron y vinieron, pero principalmente se fueron. No podía confiar en ellos para que me compraran la cáscara de una calabaza. Compré mi casa con mi pluma. Yo solita. Sin tener que pedir prestado dinero a mi padre y mi madre para el enganche. Compré mi primera casa en San Antonio con un miedo tremendo, en una colonia tan bonita que no creía pertenecer allí. ¿Podría pagar la hipoteca con las entradas de una escritora independiente? Dos mujeres en mi vida me convencieron de que sí podría hacerlo. Mi agente literaria y luego mi contadora, Pam Hayes.

Cuando la escritora Betty Smith de Brooklyn finalmente ganó dinero con *Un árbol crece en Brooklyn*, fue y se compró una casa en Chapel Hill, Carolina del Norte. Para ella, para su madre antes que ella, para mi madre, para tantas mujeres de clase trabajadora, una casa es una balsa salvavidas para mantenerte a flote cuando las tormentas arrollan con todo lo demás. Quizá las cosas hayan cambiado pero, en ese entonces, eso era lo que una casa significaba para las mujeres. Para Betty Smith significaba algo que ella pudiera darle a sus hijos para compensar por los momentos difíciles que su escritura les había hecho sufrir a todos ellos.

Smith escribió una vez: "La serenidad es una hermosa palabra. Para mí equivale a un jardín cercado, con una puerta de entrada y la luz del sol al final del día y paz y un refugio".

Una de las primeras cosas que Smith hizo con su nueva casa fue derribar el porche del frente y construir ese muro alrededor del jardín. Los vecinos se quedaron con la boca abierta. Lo comprendo. Un porche en la fachada se supone que es para saludar a los vecinos y platicar. Pero para un escritor es cuando parece que no estás haciendo nada que en efecto estás escribiendo; la gente que no escribe no lo comprende.

Eso me recuerda a algo que compartió conmigo la escritora Helena María Viramontes. Cuando ella era joven y todavía vivía en la casa paterna, su madre la veía escribiendo en la mesa del comedor y le decía: "Mija, ayúdame, no estás haciendo nada". Su mamá trabajaba tan duro físicamente que Helena sentía que lo que ella estaba haciendo en comparación no era verdaderamente trabajo. Ella suspiraba, se levantaba y ayudaba a su mamá.

Cuando yo era joven y todavía vivía en casa, mi padre me llamaba vampira por escribir de noche. Yo no podía decirle que la noche era mi propia casa privada.

Cuando yo estudiaba la maestría nos asignaron para leer *La poética del espacio* de Gastón Bachelard para un seminario. Dejó una arruga en mi cerebro en ese entonces, y al releerlo todos estos años después me arruga aun ahora. Él dijo: "Si me pidieran nombrar el beneficio principal de una casa, diría: la casa protege la ensoñación, la casa protege al soñador, la casa le permite a uno soñar en paz". Se le olvidó añadir: pero sólo si uno vive solo y puede pagar a alguien más para que la limpie.

Mi primera casa fue mi México inventado. La pinté, decoré y construí según el México de mis recuerdos de niña. (Sólo al escribir esto me doy cuenta de que mi casa de San Antonio está pintada del mismo tono de rosado que La casita del libro de cuentos. Habíamos encontrado una casa histórica en un barrio que originalmente había sido rosada cuando fue construida en los años 1880. Resulta que su dueño original era cubano. Quizá él también tenía nostalgia).

Cuando agregué un estudio a mi casa, escogí un estilo Bauhaus que me recordaba a la Ciudad de México, un edificio con un lavadero y una escalera de caracol que conducía a la azotea. Lo construí con la idea de cuidar de los demás: mi madre, otros escritores, un espacio para un asistente o invitados.

Y ahora estoy en busca de mi última casa. Me la imagino con un muro alto. Algún lugar que me proteja de la gente que quiera interrumpir mi escritura. A los sesenta quiero una casa reducida a la mínima expresión, que nutra mi propio espíritu. Quiero un muro para la privacidad, un zaguán entre las áreas externas e internas y, de nuevo, un lavadero, para poder lavar bajo el cielo y pensar y pensar. Quiero una casa que cuide de mí.

La casita sembró una semilla sin que yo lo supiera todos estos años. Lo que he añorado es un refugio tan espiritual como un monasterio, tan privado como un convento de clausura, un santuario todo mío para compartir con los animales y los árboles, no uno para satisfacer las necesidades de los demás como lo hicieron mis casas anteriores, sino una casa tan sólida como La casita, una fortaleza para el ser creador.

El día en que anuncié que iba a dejar mi casa en San Antonio, 31 de marzo, 2011

Epílogo: Mi casa es su casa

> ¿Para qué comprarías una casa vieja?
> ¡Es como casarse con un hombre viejo!
>
> —MI PADRE

Vine a Guanajuato porque me mandaron llamar. La gente de mi mamá. El abuelo José Eleuterio Cordero Rodríguez y la abuela Felipa Anguiano Rizo, y quizá también su gente, espíritus todos ellos. Despierto a media noche y recibo su mensaje.

En el quincuagésimo sexto año de mi vida, me invitan a dar una charla en una conferencia para escritores en San Miguel de Allende. Había visitado el pueblo sólo una vez, hacía veinte años, una visita tan breve que apenas dejó una impresión. Esta vez acepto la invitación a la conferencia porque es la única manera de asegurarme de tener unas vacaciones en México. He decidido de antemano que no me va a gustar San Miguel —demasiados expatriados— y me avergüenzo y me sorprendo cuando sí me gusta. Me cae bien la gente, tanto los del lugar como los extranjeros, y regreso por mi propia cuenta varias semanas después.

Esto sucede, entonces, en el viaje de regreso a San Miguel esa quincuagésima sexta primavera. Al ir caminando por un callejón particularmente empinado de la colonia Atascadero, debajo de una fronda brillante de buganvillas, hago una pausa. Me recuerda a mi isla en Grecia y me siento rebosante de felicidad. Recuerdo el sueño que tuve cuando viví allí, de nadar con los delfines aunque en la vida real el mar me aterra. Pero en mi sueño me sentía a gusto en el mar, en paz. ¿Acaso el hogar significa no tener miedo?

En esta visita a San Miguel, un amigo me invita a que lo acompañe a una reunión de Alcohólicos Anónimos. Voy por pura curiosidad, ya que nunca he ido. No es tan distinta de una lectura literaria, sólo que aquí los narradores están embobinando sus relatos enfrente de ti, colgando como arañas sin una red de seguridad abajo. Hay testimonios de un dolor increíble, de humillaciones que noquearían a cualquiera. Casi tengo miedo de mirar. Yo también ejecuto este acto que desafía a la muerte, y sé lo delicado y peligroso que es. Pero yo doy a luz a mis cuentos en la privacidad de mi estudio, luego los lavo hasta que estén limpios antes de presentarlos al público, sin dejar ver la asquerosa placenta. Estos narradores tejen su historia sin un guión, arrojando un filamento tras otro al público, palabras que deben formar un arco y llegarnos y engancharnos y, caray... ¡de qué manera! Esa noche me voy a la cama tambaleante y llorosa por razones que no puedo explicar.

Es como si me hubieran sacado un diente que no sabía que tenía flojo. Después de haber escuchado los testimonios de la vergüenza en esa reunión de AA, una antigua vergüenza burbujea y vuelve a salir a la superficie en mí. Me despierta a medianoche, y es entonces que los espíritus hablan. No a través de palabras, pero a través de una luz que atraviesa mi corazón. Y lo que me dicen es esto: "Tú no eres tu casa".

Esto parece elemental, ridículamente simple, pero es un gran descubrimiento para mí a los cincuenta y seis años de edad, aun cuando descubrí la misma verdad en Iowa City hace años y años. ¿Acaso todas las grandes verdades tienen que aprenderse y volverse a aprender como en una espiral?

No soy mi casa. Entonces, puedo irme. Puedo dejar ir todo lo que he construido, las colecciones de arte que compré para cuidar de mis amigos pintores, el estudio que edifiqué para complacer a mi madre, las fundaciones para mis compañeros escritores, la casa que creí que no dejaría hasta la muerte.

Lo que me llama la atención de México es la fluidez entre el mundo físico y el espiritual, una frontera porosa donde los vivos y los muertos cruzan sin papeles. Es una cultura de un conocimiento espiritual profundo, pero sin ninguna superioridad hacia aquellos que son espiritualmente inocentes. En la tradición espiritual más profunda, la humildad es un estado de gracia, mal interpretada como inferioridad por aquellos que no la poseen.

En el Primer Mundo, México se considera una nación del Tercer Mundo. Pero para crear esa jerarquía, se instituyeron ciertos valores. El dinero. Me parece que los países con dinero crearon esta jerarquía en la que ellos fueran los primeros.

¿Acaso son las comunidades que han sufrido más, las culturas de mayor riqueza espiritual? ¿Habrá alguna correlación entre aguantar y el alma? ¿Es la transformación del dolor en luz la alquimia que crea el alma?

De ser así, entonces al medir el espíritu del alma, México sería una nación del Primer Mundo.

Es un cielo glorioso, el cielo de Guanajuato. Como el manto de la Virgen María. Un azul puro, flotante, brillante como el Pacífico. Y flotando sobre este mar, una flotilla de nubes como galeones navegando tan de cerca que creerías que si te pararas en una silla podrías quizá tocarlas.

Una de las principales atracciones de esta región es que puedes mirar hacia afuera y ver terrenos sin construir, cerros y campo como el calendario de una taquería mexicana.

Pero, ¿por cuánto tiempo?

Tengo raíces en estas tierras que datan de siglos, pero aunque a menudo manejábamos por el vecino Querétaro de camino a los parientes de mi papá en la Ciudad de México cuando era niña, siempre pasábamos de largo por Guanajuato. No había nadie, después de todo, que conociéramos. Toda la familia de mi mamá había huido al norte en la época de la violencia, la Revolución Mexicana, con historias que desearían olvidar. Se llevaron sólo lo que les cabía en un rebozo, sólo lo que pudieron acarrear con sus propios cuerpos.

Ahora, cien años después de aquella migración al norte, me encuentro a mí misma regresando en su lugar. De nuevo, durante la época de la violencia.

Regreso a la región de donde vinimos: Guanajuato; a un pueblo fundado setenta y nueve años antes del amerizaje del Mayflower de los colonos ingleses.

Desde antes de la conquista, México ha sido un mundo de los que tienen y los que no tienen. Y a pesar de que hubo más de una década sanguinaria con la Revolución de 1911, las cosas sólo han empeorado desde entonces.

Los ciudadanos de las áreas rurales de Guanajuato tienen en promedio menos de un puñado de años de educación escolar y a veces ni siquiera eso. Si saben escribir, sólo es en letra de molde, ya que ya no se enseña la letra manuscrita. Los útiles escolares y los uniformes y las cosas extra en las "escuelas gratuitas" son tan caros, que a veces obligan a los estudiantes a abandonar sus estudios. El sueldo diario aconsejado para las empleadas domésticas en San Miguel de Allende es de unos $20 dólares al día, pero las mujeres que entrevisté ganan la mitad de esa suma. Muchas de las personas aquí que son responsables de pagar esos sueldos infrahumanos bien podrían pagar más. Son dueños de terrenos y casas, comen en restaurantes, se dan vacaciones caras. ¿Qué escogen ver y no ver si aman tanto este país?

Las muchachas jóvenes sólo pueden imaginar el amor como el logro más grande de sus pequeñas vidas. Las miro masticando los labios de sus novios en las bancas del parque enfrente de la iglesia y ojalá pudiera decirles... ¿decirles qué?

———

La mayoría de los taxistas han trabajado en el norte y admiten que la paga es buena; aquí ganan una miseria, pero quieren estar cerca de sus familias. Se consideran afortunados aunque San Miguel está inundado de extranjeros que toman lo mejor de lo mejor de aquí, incluso los recursos naturales. Los lugareños están agradecidos de al menos tener trabajo.

En lugar de sombreros, los hombres mexicanos humildes de hoy usan gorritas de béisbol. En lugar de canastas, las mujeres humildes de hoy cargan cubetas de plástico del color de los huevos de Pascua. Por dondequiera ves nopalitos, recolectados del campo silvestre; nopalitos ofrecidos en estas cubetas brillantes, que han sido lavados y a los que les han quitado las espinas con un cuchillo afilado. Una manera de tratar de llegar a fin de mes para mujeres con mucha necesidad y sin educación.

Policías, hay demasiado pocos, pero le dan prioridad a proteger a los ricos, el centro del pueblo, no a las colonias donde viven los mexicanos pobres.

Es una existencia de *apartheid*. Allá en San Antonio donde una vez viví. Aquí en San Miguel donde vivo ahora. Quizá ésta sea una verdad universal.*

* Una amiga me recuerda que el pueblo se beneficia de la filantropía de sus residentes extranjeros, y esto es verdaderamente cierto. La expatriada pionera Sterling Dickinson creó la biblioteca pública y el centro de Bellas Artes para integrar a los extranjeros y enseñarles a valorar y a respetar a México y a sus ciudadanos. Pero un chofer de San Miguel me dijo recientemente que este tipo de lugares son elitistas, al estar más allá

Al sacar a pasear a mis perros, me encuentro con dos hombres que acarrean una carretilla llena de tres rocas del tamaño de costales de cemento, una entrega para el jardín de alguien. La acarrean como una bestia con una carreta lo haría, uno jalando y el otro empujando, con todas sus fuerzas.

Es febrero, época de la Fiesta de la Candelaria, y el Parque Juárez está lleno de vendedores vendiendo plantas. Me encuentro a los dos hombres en la colonia Balcones, en uno de los puntos más altos del pueblo, una colonia de casas enormes con una amplia vista panorámica, como si mientras más grande fuera la casa, más grande el pedazo de cielo que le corresponde.

Estos dos pobres infelices. Uno, un hombre mayor, puro pellejo y hueso, empujando la carretilla. Una cara como un calcetín aguado de tanto uso, flácido y guango. El otro, grueso debido a una mala dieta, trae amarrado un mecate amarillo de plástico, que le da vueltas y vueltas a la cintura, y está jalando la carretilla cuesta arriba como un caballo de tiro.

"¿Qué llevan allí? ¿Una pirámide?", les pregunto.

"Lo venimos cargando desde el Parque Juárez", dice el abuelo orgulloso. "Los taxistas no nos querían traer".

"Así que tuvimos que caminar", agrega el gordito.

"¡Qué calvario!", les digo. "¡Espero que mencionen que se vinieron a pie todo el camino para que los recompensen por su esfuerzo".

"Ojalá", dicen, y después de descansar por sólo un momento siguen cuesta arriba, tirando más allá de sus fuerzas, aguantando más allá de la imaginación de cualquiera.

---

del presupuesto de la mayoría de la gente del lugar. Como dijo la antropóloga Ruth Béhar: "Tratamos de remediar la injusticia y la desigualdad lo mejor que podemos, pero también somos cómplices de un sistema que nos deja realizar nuestros sueños mientras otros sufren".

Después de caminar al pueblo para comprar una *baguette*, me siento a descansar de camino de vuelta a los Arcos de Atascadero. El camino a mi casa es cuesta arriba. Los Arcos son una serie de arcos junto a una maleza silvestre de tierra a la que yo llamo los duendes, donde fueron sembrados morales para alimentar a los gusanos de seda en la época del dictador/presidente Porfirio Díaz. Es aquí donde me encuentro hablando con un muchacho larguirucho y polvoriento con una perra flaca, ambos del color del café sin suficiente leche. Se sienta a mi lado y me cuenta todo acerca de su mascota, que se llama Bacha, lo que al principio creo erróneamente que es ruso, pero después en la conversación me explica que Bacha recibió su nombre en honor a la colilla de un cigarro de mariguana. Me lo dice con calma. Le digo: "Ten cuidado". "Sólo fumo en casa", dice. Le sugiero darle carne a su perra para que engorde, ya que está más flaca que cualquiera de los demás perros callejeros del pueblo. Pero me dice que no tiene dinero para carne. Le pregunto si le puedo dar un pedazo de mi pan. "Sí", dice, y arranco un pedazo para él también y un poco para mí, para que no se sienta mal. Y comemos y hablamos y luego nos despedimos. Me entristece que él no tenga dinero para comprar carne y luego me siento más triste por no haberle dado más pan o por lo menos toda la barra. Y me sentí como si fuera tan mala como San Martín, quien sólo regaló la mitad de su capa, pero yo ni siquiera hice eso. ¿Acaso soy aun más mala que San Martín?

Cuando yo estaba en la preparatoria, tomé una clase de español para hispanohablantes. Una de las tareas cada semana era una lista de palabras de vocabulario. Una de las palabras del vocabulario era a-me-tra-lla-do-ra. *¿Cuándo voy a usar esa palabra?*, pensé.

Ahora que vivo en México, me asusta ver las ametralladoras que carga la policía local por doquier como si cargaran bolsas de plástico del mercado. En las esquinas de las calles del centro, en todos los desfiles nacionales, en el Office Depot. Aun ahora sin ninguna ametralladora a la vista, no puedo entrar al Office Depot sin sentir un escalofrío involuntario.

Cuando tía Muñeca vivía, tenía que ir seguido a la Ciudad de México a recolectar las rentas de un edificio de su propiedad.

"Pero, tía", le preguntaba. "¿No te da miedo?".

"Ay, no", me decía mi tía por teléfono. "Para nada. Me quedo muy cerca del colegio militar donde tienen policías por todos lados cargando ametralladoras. Me siento muy segura".

¿Dónde está el país donde una mujer pueda sentirse segura? ¿Existe tal país?

Cuando vivía en Europa, con frecuencia citaba a Virginia Woolf: "Como mujer no tengo patria, como mujer mi patria es el mundo entero". Lo modificaría para la época actual. "Como mujer no tengo patria, como mujer soy una inmigrante en el mundo entero".

El poeta tejano José Antonio Rodríguez dice que los escritores tienen "el poder de las palabras justas".

Yo tengo el poder de hacer reír a la gente. Ese es un poder, ¿no es cierto? Y tenerlo aquí en México es un regalo que puedo dar a diario, con frecuencia, y a manos llenas, como darle a alguien una flor o un pedazo de pan. Mi papá echaba flores con frecuencia. Le gustaba darle algo a la gente aunque fuera una palabra amable. "Ah, ella era amable y bonita, igual que usted".

Cuando hago reír a la gente en inglés, es maravilloso. Cuando los hago reír con algo que he dicho en español, es pura gloria. Camino con un paso ligerito. Me siento en paz conmigo misma.

Me voy a la cama con la sensación de que he mejorado el mundo. Quizá no mucho, pero apenas lo suficiente.

No tengo un lugar en la sociedad mexicana al ser una mujer que no ha parido hijos. Si fuera joven tendría un propósito en el futuro. Pero como ya estoy más allá de los años fértiles, mucho más allá de ser una señorita, el pueblo no sabe qué pensar de mí.

Calixto y Catalina, mis empleados, insisten en llamarme señora, por respeto, pero como no soy madre de nadie, ¿cómo responder a ese llamado? Además, señora me sabe a una beata remilgada. No quiero ser nunca una señora.

Una mañana cuando camino al pueblo, saludo a dos trabajadores en la calle cerca de los Arcos. Son gente del campo con sus gorritas de béisbol, descansando al lado del camino donde brota el agua de un manantial y a los taxistas les gusta estacionarse para lavar sus coches.

"Buenos días", les digo a los dos.

"¡Buenos días, señito!", responden alegremente.

Usan esa palabra del campo que no es ni señora ni señorita, sino algo como una mezcla de ambas, como *ma'am* en inglés.

"¡Buenos días, señito!"

Se me ocurre en ese mismo instante que eso es lo que soy aquí en México, una señito.

Un perro ladra. A la distancia los tambores de los matachines que han estado tocando los tambores y bailando todo el día para la fiesta de hoy como una tribu anunciando la guerra. Por la noche el pueblo hace ecos de boleros, mariachis, música de banda. Fuegos artificiales. Un gallo. Siempre agrega un gallo. Las campanas de la iglesia. Pienso en la receta de Emily Dickinson para una pradera.

"Para hacer una pradera se necesita de un trébol y una abeja...". Para hacer un pueblo mexicano se necesita de la campana de una iglesia y un gallo... Bastaría con fuegos artificiales si hacen falta gallos.

Me siento afortunada de tener a mi lado a mi asistente, chofer, entrenador de perros, manitas y todólogo, Calixto, oriundo de San Miguel. Él es un hombre joven que una vez tuvo su grupo de rock, pero ahora trabaja para mantener a su familia como empleado doméstico, o electricista, o albañil, o cantinero, o lo que sea necesario. Sólo tiene veintiocho, pero ya tiene una familia de dos, una esposa y demasiada responsabilidad.

Calixto insiste en que vaya a ver la casa que sus abuelos están vendiendo una vez que se entera de que busco casa. No de inmediato. Me toma un tiempo comprender que voy a vivir aquí. Parece que soy la última en enterarme.

Calixto dice que necesito ver la casa de sus abuelos, ya que está en el barrio que me interesa. Llegamos al final de la tarde antes de que oscurezca. Es una casa angosta con una puerta abierta como una boca diciendo "Ahhh". En la entrada hay unas cuantas verduras en huacales, sólo unas cuantas, como en una tienda. Entonces me doy cuenta de que *es* una tienda. Una diminuta tienda de abarrotes del barrio, pero con sólo cuatro jitomates, algunos chiles secos, unas cuantas cebollas. Y ya. Como mucha gente del lugar, ponen una mesa junto a la puerta para vender uno o dos artículos: quizá unos mangos en un palo servidos con chile y limón. O chicharrones. O podría ser un pequeño letrero en un corredor anunciando tortillas hechas a mano. Una manera de ganar unos pesos extra necesarios. De modo que, ¿por qué no habrían de vender un poco de verdura los abuelos de Calixto?

Calixto me presenta. El abuelo, oscuro y seco como carne machaca, se sienta en una esquina en las sombras. Intercambiamos "Buenas tardes". Él asiente con la cabeza y me da la mano y me pregunta cómo estoy, tan cortés como sólo los mexicanos del campo pueden serlo. La casa está tan oscura como él, con sólo un foco pelón iluminando el cuarto, una luz amarilla que no puede del todo eliminar la oscuridad de las esquinas. Puedo distinguir una serie de muebles que no hacen juego, un armario de los años treinta, una cama en el mismo cuarto, una televisión murmurando en una esquina como alguien rezando una novena. Un "Buenas tardes" burbujea de la abuela sentada en la cama, pero ella no puede despegar la cara de la telenovela al decirlo. Nos habla como lo haría una persona ciega, sin voltear la cabeza, sin mirar en nuestra dirección.

La casa donde estamos es sólo una gran habitación como las casas antiguas, como las casas modernas que imitan a las casas antiguas de un solo cuarto. Afuera hay un patio angosto, un corredor abierto al cielo, atestado de pájaros enjaulados, huacales, plantas en macetas y una lavadora de rodillos. Al baño debe llegarse por este vestíbulo.

Es un asunto terrible husmear en los hogares de otra gente, mirando dentro de las alacenas, investigando las áreas privadas, como olfatearle las axilas a alguien. Me siento tanto repelida como forzada a meter mi hocico por todas partes y olfatear.

Subimos a la azotea, un espacio que se usa para muchas cosas en México, y aquí alberga varios perros pequeños que han salpicado el techo de caquita en forma de donas y churros. Calixto me dice que el tío soltero vive en el cuartito de aquí arriba, detrás de la puerta de vidrio; él es el que cuida de los abuelos, aunque sospecho que no mucho, así como no hace mucha limpieza. "¿Dónde está tu tío?", le pregunto. Calixto dice con disgusto: "Tomando afuera, de seguro".

"Es como un palomar", dice Calixto de la casa angosta y alta de sus abuelos.

"Para mí es como muchas de las casas del centro", le digo. "Angosta como una rebanada de pastel de cumpleaños. Pero si compro esta casa que tus abuelos tanto quieren vender, voy a estar desplazando a unos viejitos".

Calixto dice: "Dondequiera que usted compre una casa en el pueblo, va a estar desplazando a los viejitos de alguien".

Es una verdad que duele escuchar. Soy parte del aburguesamiento.

Aunque es fácil para mí venir al sur, me cuentan una historia de una mujer que tenía tantas ganas de ir al norte, y se me queda y se me queda grabada. El que me cuenta la historia es Servando.

Servando Bustos Ybarra: un inteligente y respetuoso mexicano de ojos verdes que tiene unos cuarenta años pero se ve más joven por la gorrita de béisbol que siempre trae puesta. Originalmente de una comunidad agrícola a las orillas del pueblo, ahora vive y trabaja como *concierge* y jardinero para un hotel *boutique* dirigido a turistas de Canadá y Estados Unidos. Servando es completamente bilingüe en inglés y español y, como es muy listo, aprende fácilmente la jerga actual. Es popular entre los huéspedes del hotel porque les muestra una profunda deferencia y por tanto confirma a los ojos de ellos su sentimiento de superioridad racial y económica. El servilismo quijotesco de Servando es típico de la hospitalidad mexicana y a menudo es malentendida por los extranjeros, que lo ven como los buenos modales propios de un sirviente, y no como la generosidad y la buena crianza de un igual en términos sociales. Servando es especialmente mexicano en que a menudo invita a sus huéspedes a tomar un cóctel y botanas a la puesta del sol de su propio bolsillo, no el de su empleador, aunque sólo gana un sueldo modesto. Para los mexicanos como Servando, es parte importante de la cortesía ofrecerles todo a sus invitados. Desde el palacio de Moctezuma, esta filosofía de "Mi casa es su casa" ha sido malinterpretada por extranjeros privilegiados que creen que tienen derecho a apropiarse de más de lo que se ofrece.

Servando tiene una cara bien parecida y cuadrada como la de una antigua cabeza olmeca de piedra, pero confiesa que le disgusta su nariz indígena. La cara de Servando está arrugada de trabajar bajo el sol, lo que hace que sus ojos de ágata sean más pronunciados, un recuerdo de la historia de la intervención extranjera en el área de Guanajuato, incluso la imposición del archiduque Maximiliano, quien fuera ejecutado por un pelotón de fusilamiento en Querétaro cercano.

Los abuelos de Servando hablaban otomí, pero en el intervalo de dos generaciones este idioma ha quedado en el olvido. De su linaje otomí él ha heredado el cuerpo fornido y las extremidades fuertes de los lugareños. A menudo se puede ver a Servando subiendo y bajando por las calles empinadas del pueblo varias veces al día, acarreando víveres o haciendo mandados para los huéspedes del hotel, y como las hormigas obreras que cargan objetos cinco veces su tamaño, Servando siempre está listo para complacer. Esta es la historia que Servando me cuenta:

Nos fuimos en camión a la embajada de Estados Unidos en Guadalajara, dos docenas de nosotros que queríamos nuestras visas. Pero la verdad de las cosas, en el fondo de mi corazón, era más por la señora, mi jefa, que me sigue pidiendo que vaya. La solicitud de visa cuesta 10.000 *pesos* [$673 dólares].

Me senté enfrente de una pareja mayor: gente humilde de rancho se veía por cómo iban vestidos. Él en ropa de vaquero, y ella una gordita chaparrita que todavía traía su delantal de la cocina debajo de una sudadera azul pálido. Ella era platicadora y me dijo que se llamaba señora Concha y que quería ir a Estados Unidos para visitar a sus dos hijos que viven afuera de Dallas.

Salimos a la una de la mañana y llegamos a Guadalajara al amanecer. Primero nos llevaron a las oficinas del Centro de Atención a Solicitan-

tes de la embajada americana y tuvimos que esperar cuatro horas para que abrieran, parados afuera en la calle, y ya había cola a las 6 a.m. ¡Quinientas personas en frente de nosotros! Quién sabe a qué horas llegarían. Primero te congelas, luego te asas cuando sale el sol. Finalmente te toman la foto, tu huella digital y ya. Cinco o seis horas y se acabó.

Nos pusieron en un hotel de una estrella tan feo que me dormí con toda la ropa puesta. Luego a la embajada americana a las ocho de la mañana. Otra cola de mil gentes. Tres horas más de pie. Luego te entrevistan en dos segundos.

Estás parado detrás de una ventana gruesa con la cónsul al otro lado hablando por un micrófono. Ella te hace preguntas enfrente de todo el mundo, porque detrás de ti más de mil gentes están escuchando.

"¿Por qué quiere ir a Estados Unidos?".

"Nada más quiero ir de vacaciones".

Miró mis papeles. "¿Quién lo invitó?".

"Mi jefa, tiene una casa allá. Quiero ir a conocer Disneylandia, porque he leído acerca de Walt Disney".

Luego mira mis papeles y dice: "Por el momento no aplica".

"Gracias".

Sentí [y aquí hace un sonido de exhalar profundamente]... *sentí, bueno, qué importa. Al contrario, sentí alivio, porque en mi mente yo ya estaba calculando el costo del viaje y no iba a poder estar allá más de un par de semanas.*

Cuando la señora Concha salió de su entrevista, se le notaba en la cara que tampoco le habían dado la visa.

"Tenía tantas ganas de ver a mis hijos. Han pasado veinte años. Esta es la tercera vez que lo intento. A veces les hablamos a mis nietos allá y ellos ¡nos contestan en inglés!".

"Señora, sé que sus hijos no pueden venir a verla porque no tienen papeles, pero, ¿no podrían los hijos de ellos que nacieron en Estados Unidos venir a visitarla? Ellos no tendrían problemas al cruzar. ¿Por qué no lo intentan? Usted está gastando dinero que no debería".

Y pensé, esta señora, tan humilde y pobre, tratando de no gastar demasiado cuando andábamos por ahí. Para hacerla sentir mejor le conté de mi tío.

"Mi tío fue a visitar a sus parientes y se sintió como si estuviera en la cárcel. No manejaba ni hablaba el idioma. Si no lo sacaban, no podía salir. No es fácil allá".

"Bueno, quizá tenga razón".

Pero no la convencí, porque ella es una madre. Sus hijos son sus hijos y quiere verlos.

México me rompe el alma a diario. Los hombres y las mujeres que tocan el timbre buscando trabajo. El hombre con demasiados dientes preguntándome si necesito a un jardinero. El centroamericano vendiendo barras de chocolate tratando de abrirse paso a través de una frontera más. La anciana con voz de miel que toca el timbre cada domingo moliéndome con sus pequeñas solicitudes, una tras otra, una a la vez como las cuentas de un rosario, forzándome a subir y bajar corriendo diecinueve escalones para ir a buscar primero un par de zapatos, luego ropa que ya no necesite, quizá un poco de sobras de la comida, cambio suelto, hasta que ya no me siento tan generosa y compasiva, me dan ganas de ahorcarla, y luego me siento miserable por mi falta de humanidad.

Y los viejitos del centro plegados como una pila de harapos en la banqueta, como bolsas colapsadas de ropa para lavar, que me bendicen. *Que la Virgen la proteja. Que la cuide y la guarde siempre. Que la Virgen se lo pague. Que la cobije bajo su manto de estrellas.*

¿Qué se sentirá ser de este pueblo donde tantas de las casas están vacías días, meses a la vez? Imagínate que no tienes casa o que tu casa no es algo que valga la pena habitar. ¿Qué se sentirá caminar por estas casas que valen un millón, dos millones, tres, cuando la casa de uno no tiene más calefacción que la leña?

A los mexicanos ricos les gusta vivir en casas que se asemejan al futuro. A los expatriados que viven aquí les gusta vivir en casas que se asemejan al pasado o casas que son del México de su imaginación. Casas que les permiten sentirse como hacendados.

¿En dónde encajo yo como una latina de Estados Unidos que quiere vivir en un convento sin las monjas?

Desayuno en la cocina con Catalina y Calixto. La plática es de cómo a veces cuando vas a un restaurante aquí en San Miguel, y no te quieren atender, te dicen que el restaurante está lleno.

"¿Es cierto? ¿En verdad les ha pasado?".

"Sí", insiste Calixto.

Me recuerda a lo que mi amiga la poeta mixteca Celerina Patricia me dijo sobre cómo tratan a los indígenas en México. Cómo en la Zona Rosa de la Ciudad de México, cuando no quieren atenderla, le dicen que todas las mesas están reservadas.

"Pero, ¿cómo puede pasar eso hoy en día?".

"Así pasa", me asegura Celerina.

Catalina y Calixto me cuentan de cuando fueron a la tienda Luna de Queso para hacerme un mandado. Cómo la dependiente atendió primero a todos los extranjeros y a los mexicanos de piel clara antes de finalmente atender a Catalina y Calixto, que habían llegado allí antes que nadie.

Aun Calixto, tan pálido como el Queso Ranchero, es despreciado, posiblemente porque se viste con camisetas que dicen "Así me desenvuelvo" con un dibujo de un rollo de papel de baño. No tiene ni la disposición ni los fondos para comprarse camisas de botones. Calixto con su europiel mestiza, pero ojos almendrados de indio. La dependiente lo ignora y a su esposa mulata, Catalina, con su belleza de jaguar nocturno. En la tienda Luna de Queso sobre Salida de Celaya atienden primero y ante todo a aquellos cuya piel es tan blanca como la cerosa luna Brie.

El 7 de mayo de 2014, a las 6:30 p.m., llevo a mi amiga Norma a un restaurante que *se llama* The Restaurant, en la calle Sollano, una exquisitez *gourmet* de lujo, al que sólo voy cuando amigos que visitan de fuera han hecho reservaciones. Yo soy igual de feliz, si no es que más feliz, comiendo en el mercado. No necesito extravagancias. Ni se me ocurre. Pero es mayo, el mes más lento en este pueblo. Mi favorito, El Correo, está cerrado, al igual que muchos negocios en esta época.

Norma y yo decidimos cenar en The Restaurant. Me adelanto porque Norma está mal de la cadera. Espero correr con suerte y conseguir una mesa sin hacer reservaciones, ya que estamos cenando entre la hora del almuerzo (2 a 4 p.m.) y la cena (8 p.m., más o menos). Cuando llego, me emociona ver que el restaurante está vacío.

"Buenas tardes", le digo a la jovencita chic que hace de recepcionista. "¿Necesito una reservación para la cena?".

"Todas las mesas están reservadas", dice la modelo de revista.

"¿De veras?".

"Pero puede sentarse en el bar", dice.

"Ah, pero, ¿no podríamos sentarnos en el patio principal?".

Un mesero llega cuando solicito esto y me escolta a una mesa en el patio principal, todo amabilidad. Finalmente Norma llega rengueando, sin aliento y adolorida, y le pregunta al mesero si ella puede fumar. Sólo en el bar, es la respuesta. Me siento un poco contrariada por todo esto, después de todas las molestias por conseguir una mesa en el patio, pero okey, por mí todo está bien.

Es una comida cara, deliciosa, pero nada memorable. Norma

está contenta y yo estoy contenta de que ella esté contenta, y eso es lo único que importa. Cuando salimos, caminamos por el patio principal, donde todas las mesas menos dos todavía están tan vacías como cuando llegamos.

Encuentro al gerente. Le pregunto si las mesas están reservadas, y ¿por qué nos dijeron que están reservadas si todavía no hay nadie aquí? Él balbucea algo de ir a hablar con la recepcionista, pero sé que ella sólo está siguiendo las normas de la administración. Le digo que soy escritora y confieso que ésta será una historia muy interesante sobre la cual escribir.

Se me ocurre que me han confundido con una lugareña. Se me niega una mesa en The Restaurant y ahora ya sé por qué. Está lleno de gringos, es un restaurante dirigido a ellos y que los hace sentir como si estuvieran en Beverly Hills, cuando en realidad están en México.

Bienvenido a México. México lindo y querido.

Cuando mi tío Nene murió recientemente, sus hijos no tenían idea de dónde esparcir sus cenizas: en la Ciudad de México, donde nació, o en Chicago, donde vivían. Durante la última década de su vida, cuando era viudo, tío Nene eligió inmigrar de vuelta a México y vivir en las afueras de Guadalajara. Pero a sus hijos no les agradaba la nueva vida que él había elegido: una esposa más joven que cualquiera de sus hijos, un bebé más joven que sus propios nietos. Pobrecito tío Nene. ¿Dónde está el hogar? En vida, vivió dentro de su taller. Y ahora en su muerte, sus cenizas están en una urna en el mismo taller de Chicago donde trabajó como tapicero. Sus hijos han decidido compartir sus cenizas y mandar la mitad a su "viuda" en México. Se sienten satisfechos de haber ideado esta solución tan diplomática.

El mes pasado regresé a Estados Unidos a clausurar la casa donde había vivido por dos décadas. Cuando al principio compré la casa, mi padre estaba furioso. No podía entender por qué yo había escogido una casa de cien años, cuando fácilmente podría haber comprado una nuevecita. Pero me encantan las casas antiguas. Su duende, su alma y espíritu.

La primera preocupación de mi padre era que no podría cuidar de una casa yo sola. Una de las primeras cosas que hizo cuando entró fue brincar en el piso de duela. "Mira", dijo mientras brincaba. Los tablones rechinaban y gemían como si los estuviera lastimando. Esto era prueba suficiente, pensó él, para mostrarme cuán imprudente había sido mi decisión. Pero, después de unas semanas, mi padre se dio cuenta de que yo tenía a un equipo —un hacelotodo, un jardinero y una empleada doméstica— atendiendo las necesidades de la casa viejita. Echó un suspiro y finalmente admitió que yo había hecho lo correcto.

Ahora, veinte años después, estoy vendiendo la casa que dije que nunca iba a vender. La última noche me despierto a las 3 a.m. para que me recoja un taxi a las 4:30 para llevarme al aeropuerto de San Antonio. El chofer llega media hora antes, pero mis maletas ya están esperando en el porche del frente.

Antes de cerrar con llave, echo un vistazo a los cuartos vacíos. Pienso en todas las personas creadoras que han pasado por esta casa y por mi vida. Cineastas y pintores, diseñadores y escritores, arquitectos y activistas, políticos y poetas, organizadores y educadores, músicos y bailarines, cantantes y científicos, *performers* y monjas feministas. Un taller de escritura nació en este comedor y luego se convirtió en la Fundación Macondo. Aquí comenzaron los MacArturos, esa camarilla de becarios latinos de la Fundación MacArthur; aquí se reunieron y celebraron. Tantos locos —lugareños y de lejos— pasaron por estos cuartos. El equivalente a veinte años.

Jalo firmemente la puerta detrás de mí, la cierro por última vez y me pregunto esto:

"¿Cómo te sientes?".

Y me digo a mí misma, *siento... gratitud.*

Esta casa de San Antonio ya no me produce alegría. Pasó de ser una gran dama a ser un gran dolor en el ya-sabes-qué, una cascarrabias constantemente dando bastonazos en el piso en busca de toda mi atención. "Ya no me cuidas", quiero confesarle a mi casa, pero no quiero herir sus sentimientos. Durante demasiado tiempo he sentido cómo mi soledad y mi concentración se han visto invadidas ahora que el Paseo del Río se ha extendido por detrás de mi reja trasera. Los peatones trotan al otro lado a todas horas, incluso durante la noche, haciendo que mis perros se alboroten y mi corazón se sobresalte. Los condominios, bajo construcción en la orilla opuesta, rugen y gruñen y chisporrotean al nacer, desatando polvaredas. No quiero admitirlo, pero mi casa hace que sienta miedo.

Pienso en lo que mis amigos y mis empleados mexicanos dijeron recientemente cuando les conté que iba a viajar al norte a Estados Unidos. "¿No te da miedo?".*

Eso es exactamente lo que me dijeron mis amigos de Estados Unidos cuando les dije que me iba a mudar a México. "¿No te da miedo?".

Poco después de los atentados del 11 de septiembre, en un programa de radio en México, uno de los que llamaban dio a Estados

* Cuando les recuerdo a los mexicanos sobre los secuestros y las desapariciones en su propio país, la corrupción política, las violaciones a los derechos humanos y la guerra contra las drogas, contraargumentan: "Sí, pero no tenemos que mandar a nuestros niños a la escuela, con miedo a que los asesinen otros niños".

La sala vacía de mi casa en San Antonio,
enero de 2015

Unidos un nuevo nombre. En lugar de "los Estados Unidos", se refirió a este como "los Asustados Unidos". Estamos viviendo en la época del susto, a ambos lados, en todos lados, en todas las fronteras, por toda la Tierra.

La paradoja es esta: el miedo nos une, el miedo nos separa. En el Estados Unidos de después del 11 de septiembre, donde se permite tanto veneno en los medios hacia la gente que se parece a mí, ya no me siento en casa en mi casa. No deberías tener miedo en tu propia casa.

A menudo en entrevistas me preguntan cómo es que me identifico como mexicana tanto como americana, a lo que contesto: "Bueno, pues tú tienes a una madre *y* a un padre, ¿no? ¿Cómo puedes quererlos a los dos? Amar a uno no anula al otro".

He estado viviendo en la Patria de los Padres durante mucho tiempo. Ahora es tiempo de explorar la Madre Patria, porque qué es México sino una sociedad matriarcal, aun si las matriarcas a veces crean a monstruos. ¿Acaso un macho no es otra palabra para un niño mimado?*

Me asomo por la ventana del taxi para ver la casa mientras el chofer vuelve a acomodar las maletas en la cajuela. Las luces del porche brillan jovialmente a través de los plafones de estaño perforado de Isaac Maxwell. Los magueyes y nopales que sembré están haciendo un hermoso baile flamenco en la oscuridad; mira cuánto han crecido. Los nogales y los mezquites, los centinelas de la casa, se despiden sin tristeza. Miro la casa a la que he llamado hogar por tanto tiempo. *Estoy* agradecida.

Le digo al chofer: "Vámonos".

16 *de febrero de* 2015
Casa O'Leary
San Miguel de los Chichimecas

* Tengo toda la fe de que las madres y las abuelas son la solución a la violencia no sólo en México, sino en todo el mundo. No hay nada más venerado en la cultura mexicana que la madre, excepto quizá la madre de una madre, y más allá la santa madre de madres, la diosa Guadalupe.

Una vez por la televisión en San Antonio, una cámara de TV siguió en vivo un tenso intercambio entre un francotirador refugiado en su casa y la policía de San Antonio. En medio de este drama, la abuela del francotirador llegó a casa y preguntó qué estaba pasando. Cuando se lo explicaron, irrumpió por la cinta amarilla de la policía, entró ella sola, y salió con el joven culpable colgado de su brazo mientras ella le daba de trancazos y nalgadas con su chancla. Lo que el mundo necesita ahora son las brigadas de las abuelas para avergonzar, darles de trancazos y nalgadas a los meros machos del mundo.

Pilón: Infinito

Había una vez una mujer que anhelaba vivir en una casa completamente suya, donde las habitaciones estuvieran limpias y silenciosas, y ella pudiera trabajar. Se enamoraba de las casas por su silencio, así como por su luz. Pero ella no tenía una casa propia.

Ella rentaba cuartos baratos en edificios construidos para coches, donde los cuartos para la gente eran sólo una idea tardía, aunque los coches realmente no necesitaban de protección, pues era en una tierra donde realmente nunca hacía frío. El calor entraba por el techo de hojalata, y las cucarachas, laqueadas como escarabajos egipcios, entraban marchando por las grietas como si fueran de la realeza egipcia. Los roedores desesperados se arrastraban por entre las paredes.

El sol brillaba de forma dura y despiadada en esta tierra, y los nopalitos y las flores florecían la mayor parte del año. Y cuando no, las nueces crujían debajo de los zapatos. En esta época, las escandalosas urracas sacudían sus plumas, negras y brillantes como la piel de los ríos nocturnos, y se reunían en el esqueleto de los árboles invernales.

A veces esta mujer vivía en casas prestadas, pero éstas contenían su propio veneno. No eran para siempre, y enamorarse de ellas y saber que a la larga tendría que abandonarlas era tan terrible como enamorarse del marido de otra. Enamorarse de esa forma no es más que pura tortura.

Las casas iban y venían, coqueteaban con ella, pero no estaban destinadas a ser suyas. Hasta que un día, una mujer sabia llegó y pidió agua. La mujer que no era dueña de ninguna casa recordó que dar agua es una forma de recibir una bendición, así que con ganas, le dio agua a la mujer sabia.

"Quiero darte algo a cambio. ¿Qué es lo que más deseas? ¿Un marido?".

"Ay, no, ya no".

"¿Un coche nuevo?".

"No valen la pena. Siempre compro usado".

"¿Zapatos entonces?"

"No tengo espacio para guardar los que ya tengo. Lo que en realidad quiero es tener una casa propia".

"¿Quién no?", dijo la mujer sabia. "Espera un poco. Hasta la vista".

Y sucedió que apareció una casa, no sólo una de la cual se enamoró, sino una que estaba a la venta y a un precio que ella podía pagar, sin contar siquiera con un agente de bienes raíces. Ella estaba terriblemente asustada, pero su agente y su contadora le dieron ánimo, que es como el valor pero con un empujón.

Era una casa con un árbol de mezquite a un lado bailando un arabesco y un nogal enfrente que dejaba caer su fruto sobre el techo en el otoño como monedas —zas, zas— y un río atrás serpenteando para formar una S elegante. ¡Vaya! Era una casa tan linda, que cada vez que metía la llave en la cerradura, tenía que reírse.

Pintó la casa de violeta debido a su apabullante amor y, ay, qué conmoción causó esto. ¿Quién se hubiera imaginado que el violeta causaría tanto dolor a los demás? Pero a la gente que no tiene vida propia le gusta entrometerse en la vida de aquellos que sí la tienen.

Mucho antes que después, el sol destiñó esta casa de violeta a azul, y la próxima vez que fue hora de pintarla, la mujer supo que debía pintarla de un tono más oscuro de rosa, para que se destiñera de un rosa fuerte a un rosado claro.

Esta casa, aunque fue grande en un principio, se volvió más pequeña con el paso del tiempo a medida que ella crecía y crecía, de modo que cerca del final de su estancia allí, ella se sentía como Alicia en la ilustración de Sir John Tenniel después de haber bebido de la botella que dice "Bébeme". Para colmo de males, ella había llenado la casa de muebles, perros, un hombre y muchos cachivaches. Como era industriosa, construyó otra casita al lado de la primera, del color de la caléndula de mil pétalos, el xempoaxóchitl. Y allí puso sus libros y su escritorio, y a los invitados que se quedaban a pasar la noche.

Con el tiempo, una tercera casa, al cruzar la calle, llegó a ser suya, y dentro de esta casa, la cual pintó de azul, decidió poner todas las cosas que le estorbaban para hacer su trabajo: escritores residentes, talleres, recibos de impuestos e incluso el hombre con quien vivía ahora, que era tan dulce como la cajeta pero tan desordenado como un remolino texano en agosto, y a la larga le pediría que se marchara.

Pero ay, cómo gemían y lloraban las casas, y eran peores que niños chiquitos.

"Necesito una escalera de caracol para llegar al techo y ver las estrellas", dijo la Casa Xempoaxóchitl.

"¡Pero mírame a mí! Yo necesito luces para que la gente de noche pueda ver que ahora soy rosa", dijo la casa antes conocida como Violeta, porque ya se había acostumbrado a la fama.

"Pero a mí me hace falta pintura nueva", dijo la Casa Azul, "y mi techo necesita de composturas y mis puertas necesitan remiendos y mi vidrio está resquebrajado. Comparada con ustedes dos, me veo bastante amolada".

Pues, la mujer que era dueña de estas tres casas no tenía idea de que le ocasionarían desvelos por las noches con sus quejidos. Estaban tan mimadas como unas cortesanas, eran tan vanidosas como flores de invernadero, tan exigentes como hijas de papá y necesitaban las cosas ya o se aguantarían la respiración y se derrumbarían bajo el peso de las estaciones.

La mujer que era dueña de las tres casas se sentó a su escritorio e intentó trabajar soñando despierta, porque esa era su profesión. Pero como el miedo es grande y el valor pequeño, no pudo soñar ni un solo sueño.

Finalmente, decidió dormir una siesta y escuchar sus sueños nocturnos. Y de esa manera, en su sueño se dio cuenta de que había historias a todo su alrededor, unas que le contaba el vecino al estacionar su coche, otra que le traía la señora de la limpieza, otra que su jardinero arrancaba tan perfecta como una rosa de Castilla. ¡Vaya!

¡De pensar! Estas habían estado dando vueltas y volando por todas partes todo este tiempo, y eran gratis para quien quisiera tomarlas. Sólo tenías que sentarte quieta y tranquila, y de los cielos estas revoloteaban y aterrizaban en tu pelo. Historias sin comienzo ni fin, conectando todo lo pequeño y lo grande, resplandeciendo desde el centro del universo hasta el infinito.

Descanso

Ai
María Romualda Felipa Anguiano de Cordero
Gloria Anzaldúa
Enrique Arteaga Cisneros
Gertrude Baker
Gwendolyn Brooks
Ronnie Burk
Reverendo Tom Chavana
Carolina Cisneros Cordero
Estela Cisneros Beamonte
Alfredo Cisneros del Moral
Edna Cisneros del Moral
José Enrique Cisneros del Moral
Jorge Cisneros del Moral
Luis Gonzaga Cisneros y Guillén
Efraín Cordero
José Cordero
Manuel Cordero
Tomasa Cordero Alcalá
Guadalupe Cordero Cabrera
Elvira Cordero de Cisneros
José Eleuterio Cordero Rodríguez
Eulalia Cordero Rosen Gómez
José de Lara García
Trinidad del Moral de Cisneros
María Dermoût

Marguerite Duras
Federico Fellini
Carlos Fuentes
Eduardo Galeano
Alejandro Garza Fuentes
William Geyer
Cynthia Harper
Óscar Hijuelos
Rick Hunter
Ryszard Kapuściński
James Patrick Kirby
Danny López Lozano
Salem Malović
Eugene Martínez
Jerry Weston Mathis
Isaac Maxwell
Craig Pennel
Astor Piazzolla
Victoria Rizo de Anguiano
Mercè Rodoreda
Luis Omar Salinas
Mario David Sánchez
Roger Solís
Antonios Stavrou
Studs Terkel
Chavela Vargas
Senador John Vasconcellos
Mariana Yampolsky

Agradecimientos

Una vez me quejé con Eduardo Galeano de que yo sentía que no tenía un hogar. Su respuesta: "Tienes muchos hogares a la vez". Pues, es cierto, me di cuenta, después de reflexionar sobre ello. Muchas puertas se han abierto en el pasado y me han acogido cuando yo no tenía adónde más ir o no sabía cuál sería mi próxima dirección. A veces fue un cuarto propio lo que se me ofreció, y otras veces fue una casa entera. Doy las gracias a todos aquellos que generosamente me han dado albergue.

Casas prestadas: Cavanaugh O'Leary y Blanca Uzeta O'Leary; Sara Stevenson y Richard Queen; J. Frank Dobie Paisano House; Fundación Michael Karolyi; Mabel Dodge Lujan House; Arturo Madrid y Antonia Castañeda; Juan Ríos y Estévan Rael Gálvez; Rosemary Catácalos; Norma Cantú y Elvia Niebla; Alfred y Julie Cisneros; Tey Diana Rebolledo y Michael Passi; Denise Chávez y Daniel C. Zolinsky; Ruth Béhar; Dennis Mathis; Tracy y Teresa Boyer; Phyllis López-Kirby.

"Hogar dulce hogar" casas editoriales: Mango Press de Gary Soto y Lorna Dee Cervantes, Third Woman Press de Norma Alarcón, Turtle Bay de Joni Evans y Julie Grau, y mi hogar actual, Vintage y Alfred A. Knopf. Mil y un gracias. Agradecimiento tardío: en aquella época en que apareció *Woman Hollering Creek* por primera vez, Ann Beattie me dio una de mis primeras notas publicitarias para la contraportada. Quiero agradecérselo finalmente de forma impresa, ya que fui demasiado tímida como para escribirle y darle las gracias en aquel entonces.

Obreros de la construcción: Macarena Hernández, Yvette DeChávez, Erasmo Guerra, Ruth Béhar, Norma Alarcón, Dennis Mathis, Liliana Valenzuela.

Buenos centavos: Nely Galán, Tracy Boyer, Marie Silverman. Buen sentido: Ida Roldán.

Experta en Feng Shui: Gayle Elliott.

Curanderas literarias: Dra. Sonia Saldívar-Hull y Dra. María Herrera-Sobek. Duendes del arte: Tey Mariana Nunn y Cesereo Moreno.

Contratistas: Dra. Tey Diana Rebolledo y Dra. Carla Trujillo.

Equipo de casa en San Antonio: Se necesita de una aldea para mudar a una escritora. Mis gracias como siempre a Bill Sánchez, Alejandro Sánchez, Josephine (Josie) F. Garza, Macarena Hernández, Ray Santisteban, Natalia Treviño, Miguel García, Jessica Fuentes, Irma Carolina Rubio, Juanita Chávez, Daniel Gamboa, Dave el vaquero Chávez, Nancy Barohn, Roger Vásquez, Ann Van Pelt.

Equipo México: Ernesto Espinoza López, Eunice Chávez Muñoz, Francisco Ramírez Arzolar, Benjamín Huerta García, Rodolfo Ybarra, Cyndy Severson y especialmente mi madrina Mary Katherine Wainwright, quien me propuso como candidata para el San Miguel Writers' Conference en el 2011. Brujas: Diana Phillips y Gaby Vidrio. Partera de la casa: Susan Rensberger. Vendedora de bienes raíces de la Divina Providencia: Karen Reyes.

Inspección de la casa: Josie F. Garza, Macarena Hernández, Ito Romo, Liliana Valenzuela, Gayle Elliott, Norma Alarcón, Susan Bergholz, Ruth Béhar, Charlie Hall.

Obra de cimientos: David Kepes, Susan Bergholz, Bill Sánchez, Roland Mazuca, Orlando Bolaños, Olivia Doerge Mena, el Guadalupe Cultural Arts Center, Eve Porter, K. T. Whitehead, David

Rodríguez, John Phillip Santos, Richard Blanco, Ruth Béhar, Josie Garza, I're'ne Lara Silva, Moisés Silva, Kristin Naca, Francisco Aragón, Kathy Sosa, Miryam Bujanda, Cynthia Pérez, Dra. Ellen Riojas Clark y Ramiro Salazar.

Domadores de animales: Yvette Benavides, David Martin Davies, Christianna Davies, Betty Padilla Beck, Debra Muñoz-Bratina, Rebecca Martínez, Mónica Riojas Wozniak, Macarena Hernández.

Documentación: *Visual*: Gracias a todos los fotógrafos que dieron permiso de que usáramos sus imágenes. Ver los créditos de las ilustraciones para la larga lista de personas con quienes quedo en deuda. Un agradecimiento especial a Diana Solís, Lourdes Portillo, Ester Hernández, Josie F. Garza. *Audio*: Mis agradecimientos a Scott Cresswell y Daniel García por guiarme a través de la grabación de audio de este libro en inglés. Fue un montón de trabajo pero muy divertido.

Archivistas: Josie F. Garza, Roxanne Rose Peña, Bibi Lobo y sobre todo Ray Santisteban.

Paisajitas: Cassandra Pappas y Stephanie Ross, quienes diseñaron exquisitamente este libro.

Arquitecta: Robin Desser, quien me dio un anteproyecto maravilloso e inspiración a medida que se construía la casa. Gracias, corazón de melón, por tus ojitos. Debidas gracias también a la asistente de Robin, la concienzuda, siempre eficaz Jennifer Kurdyla, por su artesanía de calidad, a la medida.

Las multiusos para toda ocasión: Amor, gratitud y más amor a las hermanas de mi corazón, Josie F. Garza y Macarena Hernández, quienes trabajaron fines de semana, noches y días festivos en este libro tan amorosa y tenazmente como si fuera el suyo propio. ¡Qué suerte la mía!

Madrina de las letras: La Santa Susan Bergholz, una veladora con una llama como una conflagración. Eres mi protectora. Bendita seas.

A todos, aquellos que están conmigo ahora y aquellos que son espíritu, mis amigos, maestros y antepasados, que abrieron brecha para que yo esté aquí en este momento, gracias.

Virgen de Guadalupe, estoy aquí para cumplir.

Créditos de las ilustraciones

A menos que se especifique lo contrario, todas las fotografías son de la colección personal de la autora. Hemos tratado de identificar a todos los titulares de derechos de autor; en caso de alguna omisión y con previa notificación al editorial, se harán las correcciones debidas en impresiones posteriores.

vi, 281: Fotografía por Diana Solís
203: Fotografía por Diana Solís
11: © 2015 Dennis Mathis. Todos los derechos reservados. dennis@grandviewpark.com
22: Beatriz Badikian-Gartler
51: (arriba y abajo) José Luis Rivera-Barrera, *Enamoramiento*, 1985, mezquite tallado. San Antonio Museum of Art, comprado con fondos de la fundación Robert J. Klerberg Jr. Y Helen C. Kleberg, 97.7. Imagen cortesía del San Antonio Museum of Art. Fotografía de Al Rendón.
55: Usado con permiso de Pantheon Books, una división de Penguin Random House. Sobrecubierta diseñada por Peter Mendelsund.
59: Norma Alarcón
67: Fotografía cortesía de Kathy Sosa
83: Norma Alarcón
86: Ana Castillo
103: Rubén Guzmán
105: Rubén Guzmán
119: D.R. © 2015 Mariana Yampolsky Cultural Foundation, México
123: Superstock
132: © Enrique Cisneros
155: © Enrique Cisneros
157: © Enrique Cisneros
158: (izq.) © Enrique Cisneros; (der.) *La gitana*, 1920, Louis Kronberg © Isabella Stewart Gardner Museum, Boston, MA, USA/Bridgeman Images
159: Franco Mondini-Ruiz
160: (arriba) Rolando Briseño; (abajo) Anne Wallace
161: De la colección personal de David Zamora Casas, fotografía de Mary Jesse Garza
162: Joan Frederick
163: Terry Ybáñez, *Mural de Emma Tenayuca*, Kwik Wash, S. Presa y Vance St., San Antonio, TX
164: Cortesía de Ángel Rodríguez Díaz
167: Alma López
173: Norma Alarcón
176: Norma Alarcón
178: © *San Antonio Express-News*/ Zuma Wire
184: Fotografía cortesía de Phyllis Browning Company
190: *Altar para los hombres*, Terry Ybáñez, anteriormente propiedad de Sandra S. Cisneros

197: © 2015 Tina Dickey
203: © Enrique Cisneros
206: Procesión. Día de los Muertos, fotografía © por Joan Frederick
208: © Enrique Cisneros
211: Ted Dvoracek
215: Robert Yabeck
230: © 2015 Josephine F. Garza
250: Getty Images
256: Museo Franz Mayer Collection; pintura de Sebastiana Inés Josefa de San Agustín, óleo sobre lienzo, Nueva España
287: © 2015 Dennis Mathis. Todos los derechos reservados. dennis@granviewpark.com
288: Fotografía de Ted Dvoracek
298: Fotografía cortesía de Phyllis Browning Company
300: Fotografía por Ray Santisteban
301: Fotografía por Addison Doty
312: Cortesía de Ester Hernández
313: Ray Santisteban
327: © Xodalt Films & Video
348: Fotografía de Peter Rad, para *The New York Times Magazine*
366: © Robert Kaiser
387: © 2015 Josephine F. Garza

Los siguientes ensayos aparecieron por primera vez en las siguientes publicaciones:

Elle: "Vivan los Muertos" (octubre de 1991)

Granta (Chicago): "Ofrenda for My Mother" (diciembre de 2009)

House & Garden: "Que vivan los colores" (abril de 2002)

Los Angeles Times: "An Ofrenda for My Father" (26 de octubre, 1997) y "Un Poquito de tu Amor" (22 de febrero, 1998)

Los Angeles Times Book Review: "My Wicked Wicked Ways" tomado de *My Wicked Wicked Ways* (Knopf, 1992), que apareció impreso por primera vez en "Poem as Preface" (6 de septiembre, 1992)

The New York Times: "Who Wants Stories Now" (14 de marzo, 1993) y "To Seville, with Love" (16 de noviembre, 2003)

The New York Times Magazine: "Chavela Vargas" (28 de diciembre, 2012)

Tonantzin: "Luis Omar Salinas" (enero de 1984)

The Washington Post Book World: "Marguerite Duras" (febrero de 2005)

Muchas de las historias fueron publicadas por primera vez en los siguientes:

"Eduardo Galeano" de la introducción a *Days and Nights of Love and War* por Eduardo Galeano (Monthly Review Press, 2000)

"Mercè Rodoreda" de la introducción a *Camellia Street* por Mercè Rodoreda (Graywolf, 1993)

"*The House on Mango Street's* 10th Birthday" de *The House on Mango Street 10th Anniversary Edition* (Vintage, 1993)

"El pleito / *The Quarrel*" de *Moctezuma's Table: Rolando Briseño's Mexican and Chicano Tablescapes* por Rolando Briseño (Texas A&M University Press, 2010)

"Infinito Botánica" de *High Pink Tex-Mex Fairy Tales* por Franco Mondini-Ruiz (Distributed Art Publishers, Inc., 2005)

"A House of My Own" de *The House on Mango Street 25th Anniversary Edition* (Vintage, 2006)

"Resurrections" de *¿Has visto a María?* (Vintage Español, 2012)

TAMBIÉN POR

SANDRA CISNEROS

LA CASA EN MANGO STREET

Elogiado por la crítica, admirado por lectores de todas las edades, en escuelas y universidades de todo el país y traducido a una multitud de idiomas, *La Casa en Mango Street* es la extraordinaria historia de Esperanza Cordero. Contado a través de una serie de viñetas —a veces desgarradoras, a veces profundamente alegres— es el relato de una niña latina que crece en un barrio de Chicago, inventando por sí misma en qué y en quién se convertirá. Pocos libros de nuestra era han conmovido a tantos lectores.

Ficción

TAMBIÉN DISPONIBLE

El Arroyo de la Llorona y Otros Cuentos
Caramelo
¿Has visto a María?